高等职业教育旅游类"十二五"

U0683271

旅游景区经营与管理

LüYOU JINGQU JINGYING YU GUANLI

王庆国 主编

第二版

郑州大学出版社

郑 州

图书在版编目(CIP)数据

旅游景区经营与管理/王庆国主编. —2 版. —郑州:郑州大学出版社,
2012.3(2016.5 重印)

(高等职业教育旅游类"十二五"规划教材)

ISBN 978-7-5645-0689-6

Ⅰ.①旅…　Ⅱ.①王…　Ⅲ.①旅游区-经济管理-高等职业
教育-教材　Ⅳ.①F590.6

中国版本图书馆 CIP 数据核字(2012)第 005506 号

郑州大学出版社出版发行

郑州市大学路40 号　　　　　　　　　邮政编码:450052

出版人:张功员　　　　　　　　　　　发行部电话:0371-66966070

全国新华书店经销

河南文华印务有限公司印制

开本:787 mm×1 092 mm　1/16

印张:14

字数:323 千字

版次:2012 年3 月第 2 版　　　　　　　印次:2016 年5 月第 3 次印刷

书号:ISBN 978-7-5645-0689-6　　　定价:26.00 元

作者名单

主　编　　王庆国

副主编　　黄安定　胡红梅

编　委　　(以姓氏笔画为序)
　　　　　王庆国　李志丹　李晓楠　胡红梅
　　　　　昝惠芳　常卫锋　黄安定　臧　思

内容提要

　　全书共分十二章,主要内容包括:旅游景区概述、旅游景区的区位选择与布局分区、旅游景区的形象策划、旅游景区的品牌塑造、旅游景区的产品创新、旅游景区市场营销、旅游景区服务质量控制与管理、旅游景区人力资源管理、旅游景区游客管理、旅游景区环境管理、旅游景区安全管理和旅游景区信息系统管理。

　　本书以"景区—经营—管理"为主线,突出条理性、可操作性和实用性,对当今旅游景区在经营与管理过程中出现的新问题进行了全面剖析,反映了最新的研究动向和开发热点,不但系统地阐述了成功的旅游景区在经营和管理过程中涉及的每一个重要方面,而且通过大量案例进行了实证分析和研究。

　　本书内容丰富、取材广泛、论述有力、分析透彻,不仅适合做高职高专院校景区开发与管理专业的课程教材,也是景区经营管理人员进行景区日常经营管理的工具用书,是景区管理人员进行景区经营服务和经营管理的培训用书。

出版说明

2006 年,我社组织一批具有丰富教学经验的高水平专家学者编写的《高等职业教育旅游管理专业"十一五"规划教材》顺利出版,取得了不俗的成绩,得到了全国百余所旅游院校的肯定。

5 年来,我国旅游行业发展突飞猛进,旅游环境今非昔比。许多理论和思想不断丰富、更新,对旅游类高职学生的能力要求不断提高、细化,旅游院校的教学理念也随之不断调整,专业分类也发生了新的变化。这样的大环境要求旅游教材必须与时俱进,不断完善内容体系、吸纳新的研究成果、丰富表现形式,反复锤炼提升品质。

5 年来,我们始终本着为培养创新精神的技能型高素质人才服务的原则,密切关注旅游行业发展的趋势和新特色,先后组织了二十余次调研活动,认真归纳了来自全国六十余所旅游院校的反馈意见,不断改进,坚持"多些研究性成果,少些剪辑性成果","多些操作性内容,适度理论性内容","多些创新性东西,适度继承性东西",力求做出精品教材。

本套《高等职业教育旅游类"十二五"规划教材》是在"'十一五'规划教材"的基础上建立起来的,算是第二版教材,涵盖了高职旅游管理类的专业核心课程和专业基础课程,共有 19 种,新增了《客源国概况》。整套教材特色如下:

1. 以就业为导向,与"双证制"紧密衔接。"双证制"是高职教育的特色所在,本套教材在编写过程中贴近市场,选取实践性强的课程,按照项目化、模块化的方式编写,尤其在实践教材的开发上下大力气。

2. 注重实训内容,校企合作编写。沿袭上版教材的编写模式,本次的编写队伍依然由旅游院校的专职教师和旅游业的中高层管理者组成,特别是按照实践情况,提炼精选了具有典型性和经典性的案例。

3.依然体现"五性"和"五个结合"。即体现先进性、前瞻性、新颖性、职业性、科学性,做到"与实际部门结合、与证书考试结合、与升学考试结合、与就业需求结合、与市场需求结合"。

4.立体开发。上版教材由于时间仓促,留下了一些遗憾。本次全部配备了教学课件和教学资源库,方便教学需要。

由于旅游行业发展速度很快,加上编者学识有限,本系列教材的疏忽和不足之处在所难免,恳请各位专家和读者不吝赐教,以使之更加完善。

前 言

截至 2010 年年底，国家旅游局网站上公布的 A 级景区共 2 526 家，其中 5A 级景区 76 家，4A 级景区 873 家，3A 级景区 521 家，2A 级景区 926 家，1A 级景区 130 家。数量庞大的旅游景区在塑造我国旅游品牌、推动我国旅游经济发展以及提升我国旅游产业国际竞争力方面都产生了重要作用。伴随着我国旅游业迅猛发展，旅游景区大型化、商业化、体制多样化趋势越来越明显，为适应市场需求，当代的旅游景区已经逐步走向集团化经营。旅游景区的经营与管理也相应出现了一系列新的研究动向和热点问题。为了跟得上学科发展的脚步，进一步适应旅游景区经营与管理实际工作的需要，我们决定对原教材第一版进行修订，推出第二版。

在吸取众多前辈专家和学者的研究成果的基础上，针对高职高专旅游景区开发与管理专业学生的专业特点和就业方向，在本书第二版的编写过程中，我们跳出了过去景区管理教材只重视景区经营管理理论的固有模式，更加重视景区开发、建设、管理、服务等一线岗位需要的专业能力和技能的培养，将景区管理视为一个动态的管理过程；并结合专业课教师一线教学的实践，穿插了一些我们的观点和认识，力求使内容丰富，语言通俗，注重突出职业特点和实用价值。为方便学生的学习，还结合教学实践加入了大量的技能和实训内容，以适应于高职高专学生的知识层次与就业需要。

本书第二版的内容相比第一版，除了部分章节对原有内容进行修订之外，其中第 6 章、第 7 章和第 8 章(原第 9 章)作了较大的修改，新增了第 12 章旅游景区信息系统管理的内容。

通过本次修订，《旅游景区经营与管理》的科学性和时代性有了进一步的提升，其结构体系更符合实际需要，内容也更为新颖、实用、富有特色。

承上所言，本书为高职高专景区开发与管理专业教材，因此，第二版在修订过程中结合高职高专旅游景区开发与管理专业人才培养的目标和技能要求，以就业为导向，注重对学生的实践能力和

专业技术应用能力的培养,在修订上力求突出以下特点:

第一,具有职业教育特点,有别于普通高校的本科教材。注重科学性,强调能力的培养,强化技能的训练。

第二,注重应用性。在"实用"上下工夫,强调可操作性,让学生看得懂,学得会,用得上。

第三,注重内容的时代性。要求尽可能反映最新的科学技术成果,尽可能多地使用最新的案例和数据。

本书由郑州旅游职业学院王庆国任主编并负责全书写作大纲,最后由胡红梅通稿。

参编人员及编写分工为:郑州旅游职业学院胡红梅编写第1章、第7章和第11章;郑州旅游职业学院黄安定编写第2章;郑州旅游职业学院王庆国编写第3章和第4章;郑州旅游职业学院臧思编写第5章;郑州旅游职业学院李晓楠编写第6章;郑州旅游职业学院昝惠芳编写第8章;开封大学常卫锋编写第9章、第10章;郑州旅游职业学院李志丹编写第12章。

教材在编写过程中得到了郑州旅游职业学院和开封大学的大力支持,在此一并感谢。

由于时间紧迫,参编人员水平有限,错误与不妥之处在所难免,恳请专家、学者、同仁及广大读者批评指正。

编者
2011 年 8 月

目 录

1

旅游景区概述

课前导读

　　旅游景区是构成旅游业的核心,食、住、行、游、购、娱六大旅游要素在旅游景区中充分体现,而旅行社、旅游饭店、旅游交通等都是围绕旅游景区向旅游者提供各种追加利益的企业,旅游景区在旅游业中有举足轻重的地位。截至 2010 年年底,国家旅游局网站上公布的 A 级景区共 2 526 家,其中 5A 级景区 76 家,4A 级景区 873 家,3A 级景区 521 家,2A 级景区 926 家,1A 级景区 130 家。数量庞大的旅游景区在塑造我国旅游品牌、推动我国旅游经济发展以及提升我国旅游产业国际竞争力方面都产生了重要作用。

　　旅游景区的内涵是什么? 旅游景区的经营管理是如何运作的? 这些都是景区管理者要了解的。本章从旅游景区在旅游业中的地位入手,介绍了旅游景区的概念、内涵、分类等,构建了旅游景区经营与管理的框架体系,对旅游景区的发展历史进行短暂回顾,并对未来趋势进行预测和展望。

教学目标

　　1.了解旅游景区的基本概念、特征、分类以及我国景区的发展现状和趋势。

　　2.理解旅游景区经营、管理的基本理论。

　　3.掌握旅游景区经营、管理的具体内容。

　　旅游景区是旅游业的重要组成部分,是旅游业发展的基础,其在旅游业发展过程中的地位非常重要。作为旅游者进行旅游活动的重要场所,景区通过向旅游者提供形式多样、内容丰富的活动项目和旅游服务来满足游客参观、游览、休闲、娱乐、求知等各种需求。因此，旅游景区如何进行合理的开发规划和科学的经营管理对于景区的发展非常重要。本章通过对旅游景区概念及特征的辨析，阐述了旅游景区的类型及发展历程，在此基础上阐明了旅游景区经营管理的内容，并对旅游景区的未来发展趋势进行了展望。

1.1　旅游景区的概念及特征

1.1.1　旅游景区概念的界定

景区因其空间范围大小及功能的不同，人们对其称呼也不同，比较常见的称呼有旅游景点、旅游景区、旅游区、旅游目的地等。

1.1.1.1　我国关于旅游景区的常见称呼

（1）旅游景点

旅游景点是由具有某种或多种价值，能够吸引游客前来观光、游览、休闲、度假的自然景物、人文景观以及能够满足游客需要的旅游设施构成的，具有明确的空间界线的多元环境空间和经营实体。这一实体可以通过对游客进出的管理和提供相关服务达到盈利或保护该环境空间的目的。

（2）旅游景区

旅游景区是指以其特有的旅游特色和价值吸引旅游者前来，通过提供相应的旅游设施和服务，满足其观光游览、休闲娱乐、度假康体、科考探险、教育和特殊旅游需求，有专门的旅游经营管理的旅游管理地域综合体。

（3）旅游区

旅游区是以旅游及其相关活动为主要功能或主要功能之一的空间地域。旅游区（点）是指具有参观游览、休闲度假、康乐健身等功能，具备相应旅游服务设施并提供相应旅游服务的独立管理区。该管理区应有统一的经营管理机构和明确的地域范围。包括风景区、文博院馆、寺庙观堂、旅游度假区、自然保护区、主题公园、森林公园、地质公园、游乐园、动物园、植物园及工业、农业、经贸、科教、军事、体育、文化艺术等各类旅游区（点）。

（4）旅游目的地

旅游目的地又称旅游地，是相对于客源地而言的。这个概念虽然常常被使用，但目前国内尚无完整的定义。旅游目的地通常具有如下特点：①旅游目的地是一个大尺度的地理区域概念；②旅游目的地包括了旅游业发展所需要的各要素，如资源、设施及服务等；③旅游目的地多依附于一定的城市（镇），而城市（镇）也往往成为旅游吸引物的一部分；④旅游目的地不具有完全的旅游规定性，资源、设施及服务不一定专为游客所使用，当地居民同样有权享用。

1.1.1.2　旅游景区的概念

在我们看来,旅游景区实际上是由旅游吸引物、配套设施和各种服务组成的地域综合体,是依托旅游吸引物从事旅游休闲经营管理活动的有明确地域范围的区域。它包括以下几个含义:①是一个有明确地域范围的区域;②以旅游吸引物为依托;③从事旅游休闲活动;④有统一的管理机构。

1.1.2　旅游景区的特征

旅游景区是核心旅游产品,一般来讲,旅游景区通常具有以下几个特征。

(1)有一定的空间范围

旅游景区无论规模大小,都应有一个相对明确的空间范围。有的景区只有一幢建筑或一个庭院,有的景区则绵延几十千米。

(2)有旅游吸引物

吸引物是旅游景区构成要素中的核心要素,也是激发旅游者旅游动机的重要因素。不同类型的景区具有不同的吸引物。山岳风景类的旅游景区主要以山清水秀的自然景观吸引游客;古迹名胜类的旅游景区则以其历史、艺术和科学价值为吸引因素;自然保护区以野趣和珍稀的动植物为主要吸引物。

(3)有一定的旅游服务设施

旅游景区必须能够为游客提供必要的旅游服务设施以保证游客在景区内的游览和休闲活动。这些设施主要包括旅游线路标志、景点解说牌、娱乐设施、休憩设施等。

(4)优越的区位条件

旅游是一种独特的异地体验,景区产品的销售需要游客发生空间位移,因此,景区建设选址非常重要。紧邻交通枢纽,可进入性强,是景区经营成功的保障。

(5)优美的环境

对游客来说,悦目的景观、清新的空气、舒适的环境,既是观赏对象,又是其能够实现放松身心、舒缓压力的保证。因此,优美的环境是旅游景区吸引游客的基础条件。

(6)具有多种旅游功能

旅游功能是旅游景区吸引力的主要体现,是景区作为一种旅游产品的价值基础。不同类型的景区其旅游功能也各不相同。例如,旅游度假区的主要功能是康乐和休闲,风景名胜区的主要功能是参观、游览,博物馆的主要功能是教育和求知等。

(7)有专门的管理机构

旅游景区作为一个相对独立的单位,应该设有专门的管理机构,以确保其旅游资源得到有效保护,旅游活动得以正常进行。

1.2　旅游景区的类型

旅游景区的类型有不同的划分标准,可以从景区旅游资源的性质、景区的旅游功能、景区开发与保护的关系等方面进行划分。

按照景区旅游资源的性质,可将景区划分为自然风景型景区、历史文化型景区及人工型景区。自然风景型景区的主要旅游资源是山、河、湖、海等自然风景,此类景区主要包括自然保护区、森林公园、风景名胜区等。历史文化型景区的主要旅游资源是人类社会经济发展的产物,不是为旅游的目的而特意建造的,如故宫、长城等。人工型景区包括主题公园和游乐园等,主要是人工建造一些建筑和设施供游人休闲娱乐。

按照景区的旅游功能,可将景区划分为以观光游览为主要旅游活动的观光型景区,以休闲疗养为主要旅游活动的度假型景区,以开展科学研究活动为主的科学考察型景区,以开展探险活动为主的探险型景区及以开展宗教朝拜和宗教圣地观光活动为主的宗教型景区。

按照开发与保护的关系,可将景区划分为以经济开发为主要目的的经济开发型景区和以保护资源为主要目的的资源保护型景区。本书按照开发与保护关系分类。

1.2.1　经济开发型旅游景区

此类景区的主要目的是追求经济利益,其开发经营主体来源多样化,既可以是国有企事业单位,也可以是民营企业或外资企业,资金来源十分广泛。但它们都有一个相同特点,基本上都采用了现代企业管理模式,能够遵循市场经济规律,朝着"产权清晰、责权明确、政企分开、科学管理"的现代企业制度发展。经济开发型旅游景区主要包括主题公园和旅游度假区两种类型。

(1)主题公园

主题公园是为了满足旅游者多样化休闲娱乐需求和选择而建造的一种具有创意性游园线索和策划性活动方式的现代旅游目的地形态,是近年来兴起的一种以娱乐活动为主的旅游景区。

1955年,美国人沃尔特·迪士尼以其出色的创造力和想象力,在美国洛杉矶创造了一个理想而愉悦的世界——迪士尼乐园。迪士尼乐园的出现开创了主题公园的先河。到了1980年,美国已有18个主题公园,每年吸引6 000多万人。1990年日本已有14个大型主题公园。1989年深圳锦绣中华的成功开业标志着中国主题公园的诞生,之后主题公园在中国发展非常迅速。

在中国已建成的主题公园按照其主题可分为:①以传统文化、民族文化为主题,如中国民族文化村,云南民俗村,杭州宋城等;②以科幻、童话幻想为主题,如广东中山宇游科幻城;③以动植物观赏为主题,如西安秦岭野生动物园;④以异国他乡的文化、奇特环境为主题,如北京世界公园、深圳世界之窗;⑤以文学作品为主题,如北京大观园、无锡影视城、河北正定荣国府等。

（2）旅游度假区

旅游度假区是为满足休闲度假者健身、疗养、娱乐、消遣等需求，在风光秀丽、景色优美、气候宜人的地区兴建的度假住宅（主要是度假酒店和度假别墅），以及体育、娱乐、文化设施的区域。度假区的管理采用的是政府指导下的企业化管理模式，一般设立度假区管委会，这是一个政府派出机构，负责度假区的规划、基础设施建设与招商，具体项目由企业自主经营，自负盈亏。

1.2.2 资源保护型旅游景区

旅游资源，特别是"二老（老天爷、老祖宗）型"的旅游资源是资源保护型景区的依托。因此，该类景区的目标具有多重性，资源的不可再生性决定了其社会文化和环境价值往往超过了经济价值。由于旅游资源的公共性，在经营上具有明显的排他性和垄断性，政府对其干预程度较高。此种类型的景区主要包括风景名胜区、自然保护区、地质公园、森林公园、文物保护单位等。

（1）风景名胜区

风景名胜区是国家法定的区域概念，是经建设部门审定命名的风景名胜集中地区。其功能是保护生态、生物多样性与环境状况，发展旅游事业，丰富文化生活，开展科研和教育，促进社会进步，通过合理开发，发挥经济效益和社会效益。我国对风景名胜区的管理方针是"严格保护、统一管理、合理开发、永续利用"。

（2）自然保护区

自然保护区是指对有代表性的自然生态系统，珍稀、濒危野生动植物种的天然集中分布区，有特殊意义的自然遗迹等保护对象所在的区域，依法划出一定面积予以特殊保护和管理的区域。其管理目标是：保护动植物的栖息地、生态系统和使动植物种群尽可能小地受到外界的侵扰，保持遗传资源的进化演替，保持现有的生态进化过程。

自然保护区的管理单位是环保部门，林业、农业、地矿、水利、海洋等部门在各自的范围内，主管有关的自然保护。自然保护区一般可分为核心区、缓冲区和试验区，自然保护区内保存完好的天然状态的生态系统，一级珍稀、濒危动植物的集中分布地被称为核心区，除依照规定批准的科学研究外，禁止任何单位和个人进入。在核心区的外围是缓冲区，只准进入从事科学研究观测活动。缓冲区外围为试验区，可以进入从事科学试验、教学实习、参观考察、旅游以及驯化、繁殖珍稀、濒危野生动植物等活动。

（3）地质公园

近年来，我国逐渐开始把地质遗迹比较集中的区域建成地质公园，形成保护与开发利用相结合的良性发展。所谓地质遗迹是在地球历史时期，由内力地质作用和外力地质作用形成，反映了地质历史演化过程和物理、化学条件或环境的变化。这是人类认识地质现象、推测地质环境和演变条件的重要依据，是人们恢复地质历史的主要参数。地质遗迹是一种资源，保护下来既可以供人们研究，又可以通过适度开发成为供人们参观、开展科普教育的基地。

(4)森林公园

森林公园是指森林景观优美,自然景观和人文景观集中,具有一定规模,可供人们游览、休息或进行科学、文化、教育活动的场所。森林公园的主管部门是林业部门,森林公园可分为国家级、省级、地市级和县级等。森林公园的归口管理单位是林业部门,森林公园的开发建设可以由森林公园经营管理机构单独进行,也可同其他单位或个人以合资、合作等方式联合进行,但不允许改变森林公园经营管理机构的隶属关系。在森林公园的核心景区,除必要的保护和附属设施外,不得建设宾馆、招待所、疗养院和其他工程设施。森林公园的目标是保护自然景观,维持历史、文化遗迹的风貌,保护生物群落及物种的自然状态,提供游憩、科普教育的机会。森林公园的管理方式是:保护为主,适度开发,对公众开放。

(5)文物保护单位

设立文物保护单位是国家文物部门对重要的文物实施保护的一种方法。按照新《中华人民共和国文物保护法》的规定,文物保护单位的保护范围是由政府划定,实践中具体工作由文物行政部门和文物机构承担。文物行政部门经过调查研究,征求有关部门意见,形成保护范围的划定方案后,报人民政府审批并公布。全国重点文物保护单位和省级文物保护单位的保护范围由省、自治区、直辖市人民政府批准,由同级人民政府文物行政部门报国务院文物行政部门备案。文物保护单位本身不是旅游景区的概念,但被列为重点保护的文物一般都具有极高的旅游价值,对游客有极强的吸引力。文物保护单位的管理方针是:保护为主,抢救第一,合理利用,加强管理。

1.3　我国旅游景区的发展历程、发展现状及未来趋势

1.3.1　我国旅游景区的发展历程

旅游景区的产生发展是与人类旅游活动行为的发展相伴而生的,有着悠久的历史和动态的发展历程。我国旅游景区的发展经历了古代萌芽阶段、近代兴起阶段、现代综合发展阶段和当代规范管理阶段。

(1)古代萌芽阶段

早在原始社会后期,生产力有了较大发展,商业活动逐渐盛行,人们拓展了视野、增加了见闻,求新、求异、求乐的旅游动机初步产生。此外,求学、求知、宗教朝拜也成为人们体验经历形成的重要原因。在中国古代还产生了一类失意文人群体畅游山水娱情冶性,带动了旅游审美文化和旅游文学的进步。在这一时期,旅游景区以旅游资源的形态存在,没有人为的开发、经营行业介入,没有系统的旅游地域组合,也不具备特定、完善的旅游服务功能,更不带有功利性质。

(2)近代兴起阶段

工业革命以后,生产力的极大发展,特别是交通工具的改进,使游客的快速长途旅行

成为可能,旅游主体突破了少数人奢侈活动的局面,旅游需求也不局限于"游山玩水"的初级形式。与此相应,为了迎接大批游客,旅游景区竞相配备各种相关服务设施,但由于人们功利性占主导地位,经营管理方法的科学性较低,旅游文化的商业气息浓烈,缺乏高质量旅游开发规划,资源破坏现象严重,产品开发缺乏新意,旅游功能单一。

(3)现代综合发展阶段

第二次世界大战以后,各国经济飞跃发展,高科技现代化的交通工具、通讯设备、旅游设施的普及促进了大众旅游时代来临。旅游者的需求呈现了多样化、个性化的特点,旅游需求和供给条件的不断发展、相互作用,促成了旅游景区产品不断丰富,功能日益完善,服务迅捷周到的综合发展模式。旅游景区经营管理的科学化也越来越受重视:旅游景区已成为一种文化地域载体;高质量的规划已被管理者广泛接受;经营目标实现了三维化;环境美化服务设施更完善,服务人性化,对旅游景区形象建设和市场营销成为经营管理者的核心任务之一。

(4)当代规范管理阶段

20世纪90年代至今,我国景区发展的重点从开发转向规范管理,国家旅游局对各类景区加强了旅游行业规范管理。为了规范和提高各类景区的经营管理和服务水平,促进景区升级,国家出台了《国家旅游区等级划分与评定》国家标准,国家旅游局还分批公布了国家A级景区,并根据全国工农业旅游示范点评定标准,在2004年公布了首批全国工农业旅游示范点306个。

1.3.2 我国旅游景区的发展现状

我国旅游景区是旅游行业中最晚放开经营的,由于受社会历史、国家政策、区域经济发展水平等诸多因素的影响,景区目前的整体发展现状有以下几点。

(1)中、东、西部地区景区发展水平不均衡

景区发展水平不一致与地方经济发展水平有一定关系。我国东部沿海地区受国家政策优待,经济发展迅速,旅游景区的经营管理水平也较高,正大力发展深度的休闲度假旅游。中部地区经济发展水平与东部有一定的差距,旅游景区的发展也受到一定的限制。但中部地区旅游资源非常丰富,近年来正努力从观光型旅游向度假型旅游发展过度。西部地区经济发展较为落后,旅游景区的起步也比较晚,正大力发展观光型旅游。近年来国家"西部大开发"战略的实施,给西部的发展注入了很大的活力,必会带来景区发展水平的极大提高。

(2)传统型产品仍占据主要地位

从目前旅游景区的产品组合来看,大山大河、文化遗产、历史遗迹、自然观光等传统型产品较多,而且产品雷同,资源破坏现象严重;现代旅游产品较少,多元化发展不够,深度体验类产品仍比较欠缺。

(3)景区的经营管理水平有待提高

我国旅游景区由于受历史条件的影响和限制,多头管理和条块分割现象比较严重,管理模式也各不相同,景区管理尚未整体实现规范化、标准化,景区的开发、建设与管理

仍然存在很多问题,经营管理水平有待进一步提升。

(4)A级景区评定标准仍发挥着重大作用

A级景区评定标准自出台以来,一直在促进我国旅游景区的发展方面起着举足轻重的作用。目前,我国旅游景区的发展还处在起步阶段,景区产品仍以传统型旅游产品为主,景区的建设和经营管理仍然需要评定标准引导,未来A级景区评定标准将继续发挥重要作用。

补充阅读材料

中国旅游景区经营现状

作为旅游大国,中国有多少家旅游景区?截至2010年年底,国家旅游局网站上公布的A级景区共2 526家,其中5A级景区76家,4A级景区873家,3A级景区521家,2A级景区926家,1A级景区130家。统计显示,我国旅游景区给地方带来了日益丰厚的经济效益。国家旅游局对2004年全国468家A级景区的抽样分析显示,我国旅游景区平均年营业旅游收入达到1 744.79万元,其中门票收入809.36万元,实现利润118.76万元;人均创收6.82万元,人均创利0.74万元;旅游景区平均年收入利润率为6.81%。旅游景区的社会、环境、文化等综合效益也日益显著。据统计,我国A级景区共带动社会就业15.33万人,带动社会就业总收入21.80亿元。平均每个景区吸纳就业人数201人,带动社会就业328人,带动社会就业总收入465.72万元,带动社会就业人均年收入1.42万元。我国旅游的产品结构中仍然存在"长短腿"。旅游产品分为观光旅游、度假旅游和专项旅游三部分,以旅游景区为主的观光旅游是我国旅游业的"长腿",度假旅游和专项旅游是"短腿"。从黄金周的接待情况就可以看出旅游产品准备不充分,假日办公布的景点统计数据还是以传统观光景点为主,没有新的替代产品。今后我国旅游将坚持观光产品为主,同时要积极开发度假休闲、都市娱乐、会展旅游等新型的度假旅游产品和专项旅游产品。目前我国大量的旅游资源还没有成为完整成熟的旅游产品,当务之急是加深开发深度,从强调数量型旅游向效益型旅游转变。为此,旅游景区就应当引进专业化的管理方式,改变目前停留在初步水平、管理不专业的现状。各地在开发旅游资源时,要考虑旅游资源垄断性强、稀缺性强的特点,但引入市场机制,对旅游资源进行高水平的社会化开发是一肯定要实现的,目前一些旅游景点在开发上出现的问题,并不在于开发本身,而是开发的社会化和市场化程度不够,没有采取社会化大生产的方式进行开发。

1.3.3 我国旅游景区的发展趋势

从当前旅游景区发展的态势来看,景区的未来发展有以下几个趋势。

（1）环保意识增强

因为旅游景区的主要卖点之一就是环境，没有一个好的环境，旅游景区就是"无源之水，无本之木"。因此，在各类景区中，都会大力绿化和美化环境，同时在各个细节上达到可持续发展的要求。

（2）效益意识增强

旅游景区开发的热潮仍然在持续升温，结果是必然造成传统旅游景区客源的分流。这种分流态势的加强迫使企业采取新的对策，在旅游资源的开发上，实际上就面临着一个从追求规模到追求效益的转变。总体来说现在还处于追求规模的阶段，深化开发、深化利用不足，这种粗放型的资源利用只是单纯地追求人数、追求规模，这种方式恐怕不能再实行了，深化利用、追求效益，是一种新的趋势。

（3）绿色产品盛行

绿色产品的直接含义是生态旅游产品体系，如森林旅游、滑雪旅游、海洋旅游、观鸟旅游等，进一步含义是符合生态保护原则的人工产品，如野生动物园、海洋公园等。随着科技进步，人类活动对自然环境的影响也越发显著，这反而激发了人们亲近自然的心理。因此，亲近自然、回归自然成为时尚，顺应这一趋势，景区开发必将开发更多的绿色产品。

（4）活动项目突出参与性

景区必须提供游客某种独特的旅游体验，才能给游客留下深刻印象。景区项目如果没有参与，难以形成真正的体验。游客不仅是体验的主体也是体验的成分，参与性体现在两方面，项目本身需要游客参与以及游客参与项目的设计与组合。景区是剧场，顾客既是观众也是演员。重在参与不是一句空洞的口号，观众已经不满足于作为一个被动的旁观者。很多景区已经明确认识到这一点，并开始在活动项目上大动脑筋，提高游客的参与程度，刺激游客的参与欲望。

（5）服务更加人性化

现代社会条件下的游客不仅关注景观资源的质量，同时更加关注景区的服务。在景区服务中，员工起着非常重要的作用。员工的微笑、眼神交流、令人愉悦的行为、特定角色的表演，以及与顾客接触的每一细节都影响着景区服务的总体质量。现在的服务业特别重视服务情景中的员工与顾客面对面接触的真实时刻的管理，这一切都为了给游客一个快乐体验，体现出人性化的细致关怀。

1.4　旅游景区经营管理的内容

旅游景区经营管理是对旅游景区的人、财、物、信息等多种资源实施合理和高效配置，以便实现旅游景区经济效益、社会效益和环境效益最大化，最终实现旅游景区和谐持续发展的动态管理过程。

1.4.1　旅游景区管理的理论基础

景区管理是一项系统、复杂的活动过程，是管理科学中科学管理理论、行为科学理论等古典和现代管理科学理论在实践中的应用,具体应用领域见表1-1。

表1-1　旅游景区经营管理理论应用

基本理论	科学管理理论	行为科学	管理科学理论	管理丛林理论	和谐发展理论
在景区中的应用领域	标准化、规范化服务质量管理,设施建设和工程质量管理	员工、游客管理,人本关怀环境的创造	财务管理、物流管理、安全管理	战略管理、信息管理	相关利益方关系管理,特别是和社区居民关系管理

1.4.2　旅游景区经营管理的内容

旅游景区经营管理是一项复杂的系统工程,具体包括以下几方面的内容。

(1)景区选址与布局

旅游景区的选址首先从区位选择开始,在社会、经济与环境承载力及分区管理法规的约束下,寻找旅游景观、旅游设施与服务在空间上的最优配置。其理论依据是经济地理学中的区位论,在现实中还受到决策者的价值取向的影响。应用广泛的方法是加权评分法,即选定评价指标系列,采用塔尔非法请专家对各指标的权重打分,然后加总比较各可能区位的分值大小,得分大者即为最佳区位。邹统钎给出的评价指标主要有:资源条件、市场规模、地理条件、气候、交通条件、能源供应、水源、排水、扩展余地、环境保护、安全、协作、劳动力来源、门票销售、投资费用等。

(2)景区形象策划

景区作为旅游经济的重要组成部分,人们自然会考虑将企业形象战略应用到景区中。本书将讨论旅游景区形象问题的背景及研究意义,在此基础上,将有关方面的理论研究成果与旅游形象的策划实践相结合,多学科的理论与方法,提出旅游形象研究的概念体系,并以人一地认知理论为基础,以地理学的地域分异规律和地理空间的等级层次性观点为依据,探讨旅游景区形象的认知理论和时空分布规律,构造旅游形象系统策划的统一模式,建立旅游形象设计和传播的可操作性方法。

(3)景区品牌塑造和提升

品牌塑造和提升是品牌管理的重要组成部分,它是有效整合品牌原有资源,进行品牌的再塑造的系统工程。旅游景区可以遵循这一体系原则,导入CI,进行产品开发、营销、运用公关及其他广告形式,进行品牌提升工程。

(4)景区产品创新

景区产品是一种体验,因为无论是有形的景观、设施,还是无形的服务,旅游者都是无法带走的,旅游者所能获得的只是一次旅游经历和体验。从产品生命周期理论可知,景区产品必须不断创新才能永葆活力,特别是在游客需求日益个性化、多样化的时代,创新是旅游景区维持生命力的唯一途径。景区产品创新的方向必须注重游客体验,注重生态环境的保护。创新内涵包括主题创新、结构创新、功能创新等。

（5）景区市场营销

景区经营管理的首要任务在于激发旅游者的动机,吸引旅游者前来游览参观。在旅游景区竞争日益激烈、消费者日益成熟的市场环境中,如何进行有效的营销设计、体现特色鲜明的景区形象、增强景区竞争能力、提高景区的品牌价值、运用合理的营销组合策略,是景区面临的紧迫任务。

（6）景区服务质量控制与管理

景区的服务质量是决定景区营销效果和经济效益的最主要因素,景区质量管理是景区管理的重要组成部分,是构成景区竞争力的关键因素。景区管理部门要根据景区服务的特点,运用有效的服务质量管理措施和手段,引入质量管理的标准体系,对景区服务质量进行有效的控制,不断提高景区产品和服务的质量,最大限度地满足游客的需求,获得最佳效益。

（7）景区人力资源管理

人力资源管理是景区管理的基本内容之一,其基本目的在于"吸引、保留、激励与开发"景区所需的人力资源,要把景区所需的人力资源吸引到景区中来,将他们保留在景区之内,调动他们的工作积极性,开发他们的潜能,充分发挥他们的积极作用,使他们主动、自愿地为景区的经营发展服务。

（8）景区游客管理

游客是景区的上帝,但是部分游客素质低下,导致旅游资源和生态环境遭到破坏的现象也时有发生。因此,加强游客管理就成为景区的一项任务。景区要正确引导游客的旅游行为,并通过合理的管理方式和技术手段加强对游客的管理。此外,还要加强景区经营管理者和游客的沟通,以便于游客管理工作的开展。

（9）景区环境管理

旅游景区的环境是吸引游客的卖点之一,景区环境管理的任务包括:景区环境容量的确定、实施,景区环境质量标准确定、实施,景区环境治理、保持等工作,构建和谐景区,使景区实现可持续发展。

（10）景区安全管理

景区安全管理对于景区的发展有着重要的意义。忽视景区安全管理,会给景区经营带来致命的影响。景区做好安全管理工作,设置健全的安全管理机构,培养员工的安全意识,完善旅游安全标志,做好治安防治工作,能够有效减少旅游安全事故的发生,降低损失并提高景区的经济效益。

（11）景区信息系统管理

随着人们出游方式的改变,自助游与自驾游游客的增多,旅游业信息化的呼声越来越高。景区要做好对外的市场动态信息、游客接待信息、门禁票务信息和对内的财务会计信息、物流资源信息、人力资源信息等信息化管理工作,以适应景区信息管理的未来发展趋势,指导景区的可持续发展。

本章小结

　　本章主要介绍了旅游景区的概念、特征及景区的分类,简单介绍了我国旅游景区的发展历程,并对我国景区目前的发展现状进行了分析,展望了景区发展的未来趋势,指出了景区经营管理的基本理论,阐述了景区经营管理的具体内容。

重点概念

　　旅游景区　风景名胜区　主题公园　旅游度假区　森林公园　地质公园　自然保护区　景区管理

案例分析

宋城集团旅游发展之路

　　作为一家民营旅游企业集团,杭州宋城集团在景区开设中注重文化内涵,强调文化品位,走出了一条旅游开发与文化产业相结合的道路。如果说旅游是文化产业之外的一个独立行业,那么,在对二者的连接与融合上,宋城集团以丰富多彩、形态各异的民俗活动、舞台节目、广场节目和影视表演丰富景区文化内涵,提升景区文化品位。

　　1996 年宋城集团第一项目——宋城启用时,就提出"文化是宋城的灵魂"这一口号。文化的表现形式是多种多样的:宋城的城墙由上千块特制的青砖砌成,城门口的九龙柱是在山东曲阜用整块的大理石雕琢出来的,景区高大的城门楼、泛着青光的石板街、"巨大虚架桥天柱"的红桥以及财神殿、观音堂、月老祠等,都是对古文化的阐释。仅有这些是不够的,虽然它们是对一千年前中国都市建筑文化、婚俗文化、饮食文化、神灵信仰文化的再现,但它们只是文化的物化,而不是一种鲜活的东西。作为一个以反映两宋文化为主题的公园,它需要有一种更为直观和亲切的表达方式,需要提炼和升华。所以,宋城还拥有开封盘鼓、舞中幡、皮影戏等民间杂艺表演,蜡染、制锡、活字印刷等作坊表演,以及杨志卖刀、梁红玉击鼓抗金、汴河大战等大型影视表演,水幕电影大型歌舞《宋成千古情》等 40 多种娱乐性、参与性节目。这些节目从不同角度,以不同手法烘托了共同的主题,有力地再现了张择端《清明上河图》中宋代都市的繁荣景象。

　　从宋城开始,注重文化内涵,强调文化品质成为宋城集团景区开发的传统。集团所属的杭州乐园更是中国最大的综合性游乐公园,除了广阔的水面、茂密的森林、充满异国风情的景观以及各种最新的极限运动、游乐项目以外,还有影视场景剧《海盗大战》等大型演出。承担表演任务的宋城艺术总团也在不断发展壮大,现有5个分团,专职演员300人,成为国内较大规模的专业艺术团体之一。

　　思考:通过宋城集团的发展之路,简要说明宋城主题公园的开发体现了未来景区的哪些发展趋势,并结合香港迪士尼乐园和深圳华侨城等主题公园的成功案例,对宋城主题公园的未来发展提出合理化建议。

基本训练

一、名词解释

风景名胜区　　主题公园　　地质公园　　自然保护区

二、简答

1. 什么是旅游景区?旅游景区具有哪些特征?

2. 旅游景区未来的发展趋势是什么?

三、实训

　　参观、考察当地最有特色的一家旅游景区,总结其所属类型和基本特征,调查其经营管理状况。

2

旅游景区的区位选择与布局分区

课前导读

　　旅游景区的区位选择与布局分区不仅是景区开发设计过程中重点考虑的问题，也是景区进行成功经营与管理的一个必要的组成部分。旅游景区准确的区位选择应遵循哪些方法理论？景区布局要注意哪些原则？对于不同类型的旅游景区又包含有哪些不同的功能分区？这些都是本章要探讨的问题。本章内容首先介绍旅游景区区位选择的理论依据、影响区位选择的因素以及国内外景区区位选择的方法实践；其次讲述了景区布局的原则、任务及相关的布局模式；最后结合具有代表性的景区类型，阐述如何在景区内部进行一定的功能分区。

> **教学目标**
> 1. 了解景区区位选择的方法理论和景区布局模式的内容。
> 2. 掌握影响景区区位选择的因素及景区布局、功能分区的原则。
> 3. 认识景区区位选择与功能分区的相关实践。

2.1　旅游景区的区位选择

　　旅游景区的区位从宏观空间范畴来讲，主要是指在区域环境下所处的位置和地位，其中自然地理环境、经济地理环境和交通地理环境在空间上的有机结合构成了区域大环境。具体到旅游景区的区位选择，简而言之就是确定旅游景区投资经营与管理的最佳地理位置。旅游景区区位的准确选择是旅游景区成功经营与管理的重要组成部分。

2.1.1　旅游景区区位选择的方法理论

　　旅游景区区位选择的主要理论来源是地理学中的区位论。区位论主要是研究和探讨地理空间对各种经济活动分布的影响,相应的研究理论非常多,其中对旅游景区区位选择产生积极意义的法则有以下几点。

　　(1)距离衰减法则

　　距离衰减法则来源于物理学上牛顿的万有引力公式,认为地理各要素之间是相互作用的,但这种作用力最大的特点就是随着距离的增长出现反向的运动,即距离越大,吸引力越小。纵观旅游景区的吸引范围,也表现出这样一种倾向,即随着旅游目的地和客源市场之间的距离拉大,接待的游客数量随之变少。根据研究表明,影响旅游景区距离衰减规律的调节变量主要有:①人群密度的影响。旅游景区人口密度较为拥挤,则游历时间更长,距离显得更远。②游程伴随性的影响。有家人和朋友伴随的旅途显得较近,无人陪伴的旅程显得较远。③旅程满意度的影响。愉快、高兴的旅途一般显得较为短暂,这样的旅游景区也具有较高的吸引力。④交通工具的选择。选择飞机、火车的乘客,由于旅行时间较短,距离感知较近。⑤旅游经验的影响。听过和被介绍过该旅游景区,一般会缩短旅游者的感知距离。⑥知名景观和地标的影响。有知名景观和地标的旅游景区一般会提高旅游者的期待,感知距离较近。

　　(2)加权平分法则

　　加权平分法则是对多个可行性的区位选择方案,根据一定的评价指标由专家进行打分,经过核加总分,比较各参与选择区位的总的分值,得分最高者成为最佳区位选择。选用此种方法的评价指标主要有:资源条件、交通条件、市场规模、气候条件、水源及排水、能源供给、环境保护、劳动力来源、安全环境、扩展余地等,在评价过程中各指标的权重有别。

　　(3)格伦顾客行为法则

　　格伦和N. J.格伦在1966年建立了一个"行为"方法,通过对典型消费者进行调查,确定消费者人数,估算出可能的消费量,从而确定市场潜力,通过比较选择最佳区位。其工作包括几个特定的步骤:①调查消费者基本情况;②识辨消费者动机与偏好;③确定期望消费者的人数;④确定期望消费者的消费量;⑤比较区位成本与利润确定最佳区位。

2.1.2　旅游景区区位选择的影响因素

　　(1)资源条件

　　资源条件贮存于旅游景区空间范围内。对旅游者产生吸引力的资源,经过开发和经营可以转化为旅游产品,供旅游者消费。景区中旅游资源条件主要包括自然类型和人文类型,它们的丰厚度、集聚度和品位档次构成了旅游景区吸引力的重要条件。是否具备得天独厚的资源条件,不仅是旅游者在选择旅游目的地时所关注的,也是旅游景区经营与管理者在区位选择时重点考虑的因素。只有具备特色的资源条件才会更加容易形成旅游者前往该景区旅游的行为,从而带动景区的发展。

（2）经济特征

经济特征包括收入、消费习性、区域经济状况和企业关系。收入和消费习性是相对潜在的旅游者来说的,拥有一定的收入来源,才有可能形成现成的旅游消费行为。区域经济状况通常会影响土地、资金、劳动力的可获得性及成本。企业关系涉及同行业的竞争和其他行业的竞争,前者主要争夺客源,后者主要争夺资源。

（3）交通格局

旅游景区的交通格局可以从航空、铁路、公路和水上交通四个大的方面去考察。交通影响可进入性,而可进入性是衡量景区交通条件的基本标准。景区的可进入性是指景区与外界联系的交通设施,我们通常说某景区可进入性强,就是表明该景区能够为游客提供方便、快捷、安全地进入和离开的交通条件。如可进入性成为我国创建5A级旅游景区的核心条件,标准很高,要求可进入性好、交通设施完善、进出便捷;或具有一级公路、高等级航道、航线直达;或具有旅游专线交通工具。景区的交通涉及大量的基础设施建设问题,许多著名的旅游景区因交通问题得不到开发利用,甚至有很多旅游景区因交通不合理造成旅游气氛丧失,导致旅游环境破坏。

（4）社会要素

影响旅游景区的社会要素,首先是景区客源地的社会人口特征。景区成败的关键在于是否有消费者消费景区的旅游产品和服务,这就要求景区的经营与管理者对景区客源地的人口进行分析,包括分析其数量、闲暇时间、婚姻状况、家庭规模、教育水平、从事职业、对旅游的态度等,使旅游景区的区位选择能够满足客源地人口对各种旅游产品及服务的偏好,吸引客源地人口对景区的旅游产品和服务进行消费,带动景区的不断发展。其次是社区环境。社区对旅游的重视程度也影响旅游景区的发展,社区对旅游业的态度经常影响旅游景区的游客经历、旅游的就业、基础设施的建设等。

（5）城镇依托关系

景区与城镇的依托关系主要是指两者之间的距离和依托城镇的重要性。城镇离景区越近,对景区的发展就越有利。城镇是人口与经济的集散地,邻近景区所在地的中心城镇,既是景区客源的重要来源,也是信息中心、交通和技术、资金、能源、商品物资的供应源。城镇还提供劳力、物产、文娱、银行、给水、医疗等,称为景区的"后院"。在中国,景区资源丰富的地区通常社会经济条件落后,因此,应充分依托城市和乡镇。

2.1.3 旅游景区区位选择实践

一般来说,对于以自然景观为主的旅游景区的区位选择以资源指向为主,即区位接近资源地;以人造景观为主的旅游景区的区位选择以市场为导向,即期望接近市场。然而,在具体的旅游景区区位选择实践中,对于不同类型的旅游景区,其区位选择的指标是不一样的。

中国风景名胜区是祖国壮美河山的缩影,确定风景名胜区的标准是:自然景物、人文景物或科学价值比较集中,环境优美,可供人们游览、休息或进行科学文化教育活动,具有一定的规模和范围。在生态环境上,要培植最优的生态环境。比如,嵩山国家级风景名胜区,此区位于河南省登封县境内,是1982年国务院首批公布的国家级重点风景名胜区。中岳嵩山由海拔1 494米的太室山和海拔1 512米的少室山等组成,雄峙中原,群峰耸立,层峦叠嶂,构成嵩山风景名胜区的主体构架。嵩山风景名胜区自古为文人荟萃之地,历代帝王将相、文人学士、高僧名道、拳豪义侠留下了大量名胜古迹,如始建于北魏的少林寺,规模宏大的中岳庙,我国四大书院之一的嵩阳书院,以及我国现存最古老的砖砌佛塔嵩岳寺塔。地处中原腹地的嵩山风景名胜区,正以优越的区位条件吸引四方来客。

我国选择国家级旅游度假区的标准是:旅游度假资源丰富、对外交通便捷、国际旅游比较发达、对外工作基础较好的地区。1992年,随着全国人民生活水平的不断提高,个人用于旅游的消费在不断提高。为了适应人民对于旅游消费的新要求,为了促进我国旅游业的全面发展,国家批准成立了12家国家级旅游度假区。近年来,国家级旅游度假区的数量和质量,始终在不断提高,吸引越来越多的游客。在这些度假区中,游客不仅可以欣赏到或神奇或优美的自然和人工景观,参加各种娱乐休闲活动,也可以享受舒适的住宿条件,将工作带到这里,使枯燥的工作、会议变得轻松舒适。旅游度假区已经受到众多游客的喜爱,来到这些精心选择的度假区,让人放松心情,享受生活。

补充阅读材料

亚龙湾位于三亚市东南28千米处,是海南最南端的一个半月形海湾,全长约7.5千米,是海南名景之一。亚龙湾年平均气温25.5 ℃,海水温度22 ℃~25.1 ℃,终年可游泳,被誉为"天下第一湾"。

亚龙湾气候温和、风景如画。这里有蓝蓝的天空、明媚温暖的阳光、清新湿润的空气、连绵起伏的青山、千姿百态的岩石、原始幽静的红树林、波平浪静的海湾、清澈透明的海水、洁白细腻的沙滩以及五彩缤纷的海底景观;8千米长的海岸线上椰影婆娑,生长着众多奇花异草和原始热带植被,各具特色的度假酒店错落有致地分布于此,恰似一颗颗璀璨的明珠,把亚龙湾装扮的风情万种、光彩照人。

亚龙湾集中了现代旅游五大要素海洋、沙滩、阳光、绿色、新鲜空气于一体,呈现明显的热带海洋性气候。这里海湾面积达66平方千米,可同时容纳10万人嬉水畅游,数千只游艇游弋追逐。这里的海水清澈见底,可以清晰地看见10米以下的海底景观。这里8千米长的海滩宽阔平缓,沙粒洁白细腻,可与国际上任何著名的热带海滨旅游度假胜地媲美。

对于滑雪度假区,理想的区位取决于许多因素。首先,从环境来看,需要同时具备各种理想条件,包括气候条件、降雪条件、光照条件以及降雪保留程度和林木覆盖率。理想的地理区位应当避免极端的气候条件以及大风问题,最好的降雪应当是干性的,250英寸的最小雪层厚度是现代滑雪场的标准厚度。森林增加了景观的审美效果,同时可降低大风对滑雪者及山地的影响。在光线单调时,森林还可以形成光线强弱对比的变化,森林还可以给专业滑雪者带来挑战的乐趣。其次,地势是地理区位选择需要考虑的又一要素,滑雪度假区的地势需要有足够的垂直落差,坡度在25%~75%。变化万千的地势与风景可形成美丽的、令人愉悦的景观。对于滑雪度假区来说,理想的地理区位选择的第三个要素是需要有一个足够大的空间作为大本营区,能够架设升降机及修建其他旅游设施、住宿设施等。决定滑雪度假区地理区位选择的第四个要素是滑雪季节的长短。

图2-1 泰国芭堤亚海湾

在国外,基于各国国情的不同,对旅游景区区位选择的标准也是不尽相同。在加拿大,国家公园选择的要素主要包括有独特的自然特征、文化遗产特征、自然区域代表性的质量、地方政府原先的计划、可进入性、户外游憩机会、教育价值、对环境的潜在威胁、地方的支持等。另外,加拿大国家公园的选择需要经历五个步骤:鉴别典型的自然区、挑选潜在的国家公园、评价国家公园的可行性、谈判商讨新公园协议、立法建立新的国家公园。斐济的旅游景区选择标准是:有突出的旅游资源,足够吸引并满足当地及海外旅游者的各种不同的旅游需求;具有自然的真实性,足以代表斐济的特征;具有开发的可行性;具有历史、考古、生态的特殊性、代表性和重要性;具备方便快捷的交通条件,有助于促进文化交流;有利于保护与恢复传统活动、风俗及工艺。泰国在1976年确定16个面向国际旅游市场开放的旅游景区时,其区位选择参考的标准包括:各旅游吸引物必须具有很高的质量并具有唯一性,同时还要考虑基本吸引物、辅助设施、可进入性、旅游压力等状况。在上述区位选择标准的影响下,泰国在近三十年的国际旅游的发展进程中,涌现出了许多闻名遐迩、具有国际品位的景区。其中芭堤亚海湾(图2-1)位于泰国首都曼谷东南147千米,岛屿面积53平方千米,这里风光旖旎,气候宜人,碧海浩瀚。20世纪60年代芭堤亚还只是一个小渔村,20世纪70年代后期,泰国发展对外旅游,芭堤亚成为首选区域。它逐渐成为泰国乃至东南亚最大的海滨度假城市,以连绵的海滩、丰富多彩的水上活动和令人眼花缭乱的夜生活而闻名,芭堤亚被誉为"东方的夏威夷"、"世外桃源"、"度假天堂"、"东方明珠"。芭堤亚最著名的当数人妖表演;在市区以东15千米,还有一个东芭文化村,在那里可看到民族歌舞表演和大象的精彩表演。

2.2　旅游景区的布局

旅游景区的布局就是对景区中众多景观资源要素和服务设施等要素进行空间上的整合。旅游景区的布局是从区位选择入手,在社会、经济和环境承载力等的约束下,寻求旅游景观、旅游设施和旅游服务在空间上的最优配置。

2.2.1　旅游景区布局的原则

(1)科学性原则

要综合考虑,科学布局,因地制宜地满足旅游景区多功能的需要。首先在布局中紧紧围绕满足人的需求这个核心,让景区布局真正达到符合人们生活环境的高度,使人们从景区旅游活动的参与中得到某种身心益处。比如,人有寻求友谊的需求,因此景区布局应该依此设置相关方便人们聚集的场所,提供各种社交机会、分享友情的机会。同时,旅游景区布局应满足美学上的需求,布局中利用形状、线条、质感、色彩效应等创造一种实质的经历,还要保证技术可行、管理方便和经济上实惠。

(2)整体性原则

要合理划分和利用地域空间,合理组织安排各功能系统,使各功能区域合理衔接,相互促进,构成一个有机整体,因地制宜地满足旅游区多功能需要,包括供水、供电、交通、通讯、医疗、保安等基础设施的设置;餐厅、旅馆、商场、游泳池、健身房、球类运动场的布置格局;旅游管理、职员宿舍的位置选择的统一组织安排。

(3)弹性原则

要方便经营管理,注重长远考虑,留有发展余地。

(4)保护性原则

在保护的基础上加以布局,使景区的布局能够促进自然生态与人文环境的协调发展。

2.2.2 旅游景区布局的任务

旅游景区布局的根本任务是实现景区空间环境上的统一、完善,综合效益上的最佳、优化效能,社会生活上协调共享,即:①为人们提供一个舒适、方便、卫生、高效、优美的空间环境,为游客创造一种特殊的经历。②为旅游景区建立一种有机的秩序,包括物质秩序与社会秩序。③立足现实并富有想象力。建立适合当地风格的旅游体验,适时考虑游客越来越多明显的个性化需求。④综合平衡各方的利益与需求。

2.2.3 几种典型的布局实践

对于一个完整的旅游景区,其布局模式虽然多种多样,但其基本要素相似,纵观旅游景区的布局实践,大体有以下几种比较典型的布局形式。

(1)一线式布局

一线式布局(图2-2)适用于旅游资源和服务设施主要沿着交通线分布的情况,交通线有时是公路,有时是水路,有时甚至交通线路本身也是组成游览的一个重要内容。我国海岸线漫长,拥有丰富的滨海旅游资源。我国现有的旅游度假区中有1/3以上为海滨旅游度假区,它们沿海岸线呈一线式布局模式分布。广西北海银滩1992年被列为国家级旅游度假区,是中国的35个"王牌景点"之一,享有"天下第一滩"的美誉。它位于广西北海市南端,面临浩瀚的蓝色大海,东西绵延24千米,以滩长平、沙细白、水温净、浪柔软、无鲨鱼、无污染的特点称奇于世。银滩集阳光、空气、沙滩、海水等优点于一体,夏无酷热,冬无严寒,是避暑防寒的旅游度假胜地。这里空气清新自然,负氧离子含量是内陆城市的50~100倍,年平均气温22.6 ℃。这里的海岸太阳辐射能的年平均值,相当于每平方米每天获得3.7度电的热能,空气中含有较多的碘、氯化镁、氯化钠等,很适合日光浴,是休闲疗养的好环境。银滩现已形成3个度假单元(银滩公园、海滩公园、恒利海洋运动度假娱乐中心)和雅致的陆岸住宅别墅、酒店群,中西建筑争妍比美,亭台楼阁别有情趣,四周植树林荫,草地茵绿,环境幽美。银滩的各景点沿海岸线呈一线式布局模式分布,这种布局模式有利于充分利用通常所说的"3S"资源——阳光、沙滩、海水以及滨海宜人舒适的气候。

(2)环核式布局

环核布局(图2-3)适应于以下情况:第一种是服务的集聚度,基础设施与服务设施主要集中在某一个中心区域上,而旅游资源则围绕在这一中心区域的布局。例如,从广义的旅游景区的角度看,在我国一些大中城市周边地区环城市旅游带应运而生并得以迅猛发展。据不完全统计,以上海为中心、200千米为半径的范围内,国家、省、市级旅游景区不少于50个。此外,北京、广州、武汉等大城市周边都有一大批旅游景区呈环核式布局模式分布。第二种是资源的集聚度,比如在许多景区内,存在着旅游资源不均衡的现象,其中有一个核心景区,聚集了大量高品位的旅游资源,而为此服务的基础设施及服务设施也主要在这里进行布置,周边的旅游资源则构成辅助性的吸引物。

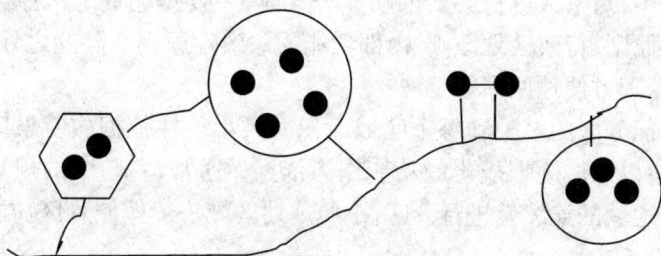

图 2-2　一线式布局示意图

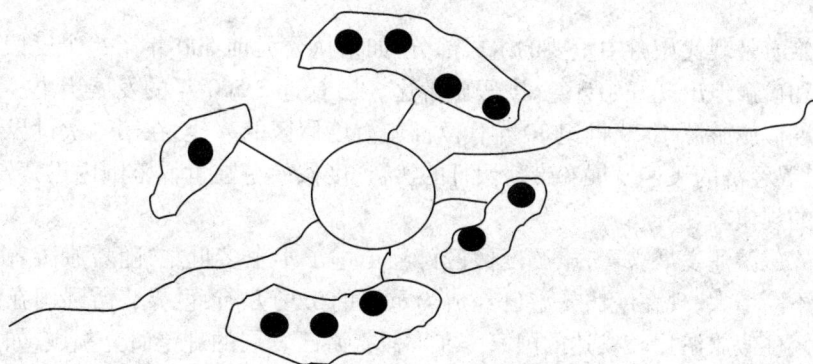

图 2-3　环核式布局示意图

(3)组合式布局

组合式布局适用于几个处于同等地位,但在地域范围和功能上不能相互重合的资源。

河南白云山景区在 2005 年被评为中国最美的景区之一,整个景区总面积超过 168 平方千米,这里有神秘的原始森林、壮观的龙潭飞瀑、古老的唐代银杏、罕见的千年杜鹃、独特的野生牡丹、惊险的云飞蹦极,已开发白云峰、小黄山、玉皇顶、九龙瀑布、原始森林、白云湖六大观光区。白云山在景区布局时,对已开发的六个观光区采用组合式布局,这里风光旖旎:春季万木吐芳,繁花似锦;夏日青山苍翠,气候凉爽;入秋红叶满山,硕果累累;隆冬银装素裹,冰雕玉砌。

2.3　旅游景区功能分区

2.3.1　旅游景区功能分区原则

旅游景区的功能分区是为了找到该景区的资源优势,确定其市场定位与发展战略,利于景区内部的经营,也利于景区的管理。

在景区发展中,对景区进行必要的功能分区时,主要遵循的分区原则有地貌景观与文化景观连续性原则、行政区划原则、内部功能的一致性原则。除此之外,通常还考虑交通便捷性原则、管理方便性原则等。

旅游景区功能分区的多少和每个区域面积的大小往往依据旅游景区的具体情况而定,理想的分区应以总体规划规定的功能作为依据。通常情况,大的规划区域一般按照景观的类似性与地域的连续性进行分区,小的规划区域一般按照景区功能要求的不同进行分区。

2.3.2 旅游度假区分区

度假旅游是现代旅游中重要的组成部分,如果从公元前500年第一个度假地——希腊的温泉和矿泉地出现开始计算,度假旅游迄今已有近2 500年的发展历史。近代真正意义上的度假旅游源于20世纪30年代欧洲旅游度假区的兴建,在第二次世界大战结束后,随着世界经济的飞速发展和带薪假日的实行,度假旅游在世界范围内迅猛发展,并形成产业化的规模。

从世界旅游业发展来看,旅游度假区已经走过了半个多世纪,随着旅游者中度假人数比例的不断增大,现在度假旅游已经成为重要的市场方向,世界旅游强国在很大程度上都是休闲度假旅游比较发达的国家。在度假旅游区发展的理论研究领域,如何对旅游度假区进行更加合理的功能分区并进行必要的创新,一直是学术界研究和争论的关注点。国外学者沃尔布林德在1970年提出了"娱乐同心圆"理论,这种分区方式最突出的特点是在旅游景区的中心布局一个服务中心,形成吸引物综合体;傅思特1973年提出了关于核心保护区、游憩缓冲区、密集游憩区划分的"三区理论",即:核心是受到严密保护的自然区,限制乃至禁止游客进入;围绕它的便是娱乐区,在娱乐区里配置了野营、越野、划船、观望点等设施与服务;最外层是服务区,为游客提供各式服务,有餐厅、休闲地、商店、或高密度的娱乐设施。在这些功能分区理论的基础上,旅游度假区可以合理地规划组合花草树木、房屋、森林、小溪等景观,做到"因地制宜"、"构景随机",以达到天然生动的造景效果。

江苏省天目湖旅游度假区位于常州市溧阳城南8千米处,被誉为"江南明珠"、"绿色仙景",是首批国家4A级景区(点)之一,是江苏省省级旅游度假区。全区拥有300平方千米的生态保护区,区内坐落着沙河、大溪两座国家级大型水库,且处于浙江天目山的余脉,从高空俯视,犹如少女脸上一双亮丽的眼睛,故名"天目湖"。景区包括旅游中心区、农业历史文化区、国际度假区、森林公园区、自然保护区及湖上娱乐区6个功能分区,另外还有40万亩的绿色食品开发带,内有山水园、湖上风光、乡村田园、绣球岛、壮元阁、鸟岛、太公山等景点。湖区集太湖的烟波浩渺之势、西湖的浓妆淡抹之美、千岛湖的环拱珠琏之局等特色于一体,通过系统、科学的进行功能分区,形成一湖碧水,清冽纯洁;泛舟湖上,白帆点点;波光粼粼,野鸭起落;流泉飞瀑,悬崖披绿;松涛竹海,猴鹿出没,置身其中,情趣横生,给人以回归大自然的美妙感觉。另外,山东省荣成市桑沟湾度假区对沙滩背后的盐田虾池进行清淤利用,恢复泻湖原貌,形成"海—滩—湖—城"的格局,获得了较好的视觉美感,这是较为成功的典型范例。

博鳌旅游度假区位于海南省琼州市博鳌镇,濒临南海,是著名的万泉河入海口所在地。这里的地形、地貌可与美国的迈阿密、澳大利亚的黄金海岸、墨西哥的坎昆媲美。这里的自然生态保护近乎完美,被外国专家称为"世界河流入海口自然环境保护得最完美的处女地",随着四季的变化,椰林葱郁,潮汐起落,远山如黛,可谓人间仙境。整个度假区总面积15平方千米,在景区功能分区上,分为太阳城中心接待区、万泉河水上观光游览区、东屿岛国际会议区、九曲江温泉度假区、玉带滩海滨度假区、龙潭岭山景度假区、大灵湖滨度假区、沙美内海生态游览区和千儒农业生态示范区共9个功能区。经过合理、科学的功能分区,景区内融江、河、湖、海、岛屿、山岭于一体,集沙滩、椰林、奇石、田园等风景精华于一身。景区西部有三座山岭:龙潭岭、文阁岭、田贡岭,东部一条狭长的沙洲"玉带滩"把河水、海水分开,在万泉河、九曲河、龙滚河汇合处的水域中,有东屿岛、鸳鸯岛、沙坡岛三个岛屿,河水、海水相汇处便是博鳌港。三河、三岛、三岭、一港与南海浑然一体,组成了度假区独一无二的丰富内涵。点缀在不同功能区中具有浓郁民族特色,反映风土民情、社会民俗的建筑、饮食、服装、歌舞、手工艺品等,使得博鳌旅游度假区更显魅力、更富旅游吸引力。

2.3.3　国家公园分区

(1)国家公园的由来

1870年美国的一个探险队发现黄石地区奇异的间歇喷泉和壮丽的自然景观,按当时的美国法律,任何人都有权把他们所发现的黄石间歇喷泉据为己有,但他们却认为,黄石奇观不应属于任何个人所有,应当划为一个"国家公园"。1872年3月1日国会通过了一项法案,规定黄石地区(约9 000平方千米)"自此在美利坚合众国法律下予以保存,不得开垦、占据或买卖,为了人民的福祉与享受,划定为公众公园"。从此,世界上第一个国家公园——美国黄石公园诞生,100多年来,世界上已有124个国家建立了2 600多个国家公园。

(2)分区制

分区制是国家公园进行经营和管理方面最重要的手段之一,是为了国家公园内的大部分土地及其生物资源得以保存野生状态,把人为的设施限制在最小限度以内。国家公园分区的中心思想是把公园作为科研和教育中心,作为人与环境关系的课堂,对公园进行保护性的低密度的利用,提高"野游体验质量"。为了正确处理公园的保护与利用的关系,一般把国家公园划分为3~5个不同的功能区,如生态保护区、特殊景观区、历史文化区、游憩区、一般控制区等。

1)生态保护区

供研究生态的自然区,只对工作人员,不对游人开放。

2)历史文化区

保护历史文物及其环境的地区,在不影响历史原貌的原则下,其附近可以适当建卫生、保护设施和绿化。

3）特殊景观区

美学价值很高,供游览观赏的自然区,严格限制开发,除必要的安全、卫生及道路外,不得新建任何建筑物。

4）游憩区

游憩区也称设施集中区或公园服务区。本区可以建设必要的服务设施,如游人中心、旅馆、商店、车站、停车场、电讯、管理等设施。对于建筑的要求:尺度要小、用地方材料、地方风格、与环境协调等规定。

5）一般控制区

一般控制区亦称普遍区,除以上四区外,皆属一般控制区,有的控制区包括公园界外相邻地段。

此外,有的还规定:"商业性服务设施如旅馆、商店、服务站和公园管理楼等,凡有可能均应设置在国家公园邻近地区。"有的国家还规定,公园之内的交通工具,只要可行,应使用非机动交通工具;美国规定不准在国家公园内修建索道。

补充阅读材料

美国黄石国家公园

黄石公园是美国也是全世界第一个国家公园,是世界上最壮观的国家公园之一。黄石公园地处号称"美国脊梁"的落基山脉,北、中部园区海拔 2 400 多米,公园东北角的鹰峰海拔 3 462 米,是整个公园的最高点。黄石公园总面积 8 956 平方千米,大部分位于怀俄明州西北部,有一部分伸展到蒙大拿州和爱达荷州。共有东、南、西、北及东北 5 个入口。在辽阔的怀俄明州自然森林区内,最初吸引人们兴趣并使黄石成为国家公园的显著特征是地质方面的地热现象,这里拥有比世界上其他所有地方都多的间歇泉和温泉,彩色的黄石河大峡谷,化石森林,以及黄石湖。黄石国家公园还以拥有灰熊、狼、野牛、麋鹿等野生动物而闻名于世。黄石公园分五个区:①西北的马默斯温泉区以石灰石台阶为主,故也称热台阶区;②东北为罗斯福区,仍保留着老西部景观;③中间为峡谷区,可观赏黄石大峡谷和瀑布;④东南为黄石湖区,主要是湖光山色;⑤西及西南为间歇喷泉区,遍布间歇喷泉、温泉、蒸气、热水潭、泥地和喷气孔。

2.3.4　风景名胜区分区

我国的国家风景名胜区,就其性质、功能及其保护利用而言,相当于国外的国家公园。国家风景区是壮丽河山的缩影,它的独特之处在于:类型多样,历史悠久,内容丰富,并以自然为主体,自然与文化融为一体。

我国各风景名胜区由于级别、大小、特点等的差别,在组成部分上有所不同,但在功能分区上一般可以分为以下几种。

(1)旅游接待区

这是风景名胜区的重要组成部分,要求有较好的餐饮、住宿条件,有较完备的商业服务、电讯设施等。在不同的风景名胜区中,有的将旅游接待区分片设在若干专用地段,相对集中,便于管理;有的将游览接待区分布在风景点附近;有的是在风景区中或城市边缘,集中开辟旅游接待区;有的风景名胜区,在条件允许的情形下,选择适当地区新建一个单一性质的旅游接待小城镇,把各种旅游接待服务设施组织在一起,形成旅游接待区,如河北秦皇岛的北戴河。

(2)游览观光区

这是风景区的主要组成部分,是旅游者最集中的场所,是具有较高观赏价值和特色的地段。风景点最为集中,自然景观与人文遗迹融为一体是游览观光区的一大特点。同一个风景区通常由多个游览观光区组成,各游览点的景观主题应各有特色,有以山岳为主,以突出峰石、洞穴的游览主题,如陕西华山西峰的莲花峰、云南的路南石林(图2-4)、贵州的织金洞;有以水景为主,一突出河川、湖泊、瀑布等主题,如长江三峡、桂林漓江、江苏太湖、杭州西湖、黄河壶口瀑布、黄果树瀑布(图2-5)等;有以岛屿为主,突出滨海风光为主题,如青岛海滨、厦门鼓浪屿、广西北海围洲岛等;有以人文景观为主的,突出文物古迹等主题,如龙门石窟(图2-6)、八达岭长城等。此外,还有各种以气象原因而形成的气象气候景致,如泰山日出、峨眉"宝光"等。

图2-4　云南路南石林　　　图2-5　黄果树瀑布　　　图2-6　龙门石窟

(3)休闲疗养区

许多风景区开辟了休闲疗养区,并成为风景区一个比较重要的组成部分,如陕西临潼华清池风景区中的骊山温泉疗养院、河南信阳鸡公山别墅群疗养区等,都是专门的休闲疗养。风景名胜区中的休闲疗养区通常是专用地段,应与一般游人有所隔离,避免相互干扰。

(4)商务服务区

商务服务区借助必要的商业服务设施为游人和当地居民服务,在分区布局时应注意与周围环境协调。

(5)行政管理区

这是风景区中行政管理机构集中的地段,一般不与游人发生直接联系。

（6）加工工业区

加工工业区主要是为风景区旅游者提供所需食品加工以及工艺品加工等。该区靠近或分散于居民区中,有的工艺品还可以为旅游者提供参观游览机会。

本章小结

旅游景区进行正确的区位选择时需要依据一定的方法理论,并且要考虑到资源条件、社会经济、交通格局、社会要素、城镇依托关系等因素的影响。在景区进行区位选择过程中,由于景区类型、国情的差异,实践的方法有所不同。旅游景区布局和功能分区遵循各自不同的原则,一线式布局、环核式布局、组合式布局是景区布局最具代表性的布局模式。旅游景区功能分区最常见的类型是对旅游度假区、国家公园、风景名胜区等进行相应的功能分区。

重点概念

景区区位选择　旅游景区布局　　一线式布局　　环核式布局　　组合式布局

案例分析

香港迪士尼乐园成功的启示——区位因素

香港迪士尼乐园是一个位于香港迪士尼度假区的主题乐园,设有一些独一无二的特色景点,两家迪士尼主题酒店,以及多彩多姿的购物、饮食和娱乐设施。特色景点包括梦想景区美国小镇大街、探险世界、幻想世界及明日世界,在乐园内还可寻得迪士尼的卡通人物米奇老鼠、小熊维尼、花木兰、灰姑娘、睡美人等。到访香港迪士尼乐园的游客将会暂时远离现实世界,走进缤纷的童话故事王国,感受神秘奇幻的未来国度及惊险刺激的历险世界。香港迪士尼乐园 2005 年 9 月正式开园,入场人数首年估计超过 500 万人次,经济收益达 60 亿港元,未来 40 年迪士尼会为香港带来 1 460 亿元经济收益。

香港迪士尼乐园成功的一个重要的因素在于——区位因素,它的区位选择注意两结合,一是交通方便与都市功能的结合。既要考虑游客来时的便利,又要考虑走时的交通疏散,还要求周边具有服务配套设施等功能,为未来发展留有一定发展空间也非常重要。二是区域环境与居住商流的结合。旅游项目建设的地点要有一定的商流,这是流动客源的重要组成部分,同时要关注当地居民的经济文化层次和数量,这对其能否成为景区的客源有直接影响。区位因素里不仅仅是位置要素,还与香港经济的高速发展有关。香港作为一个移民城市,每年接纳的内地探亲游客非常多,香港居民有实力承担亲属的这种消费。香港人均收入的增长与门票的比值有一定的合理性,这种特有的区位因素是其他地区难以具备的。

思考: 香港迪士尼乐园成功的主要原因。

基本训练

一、简答

1. 影响旅游景区区位选择的主要因素有哪些?
2. 旅游景区在布局方面应该遵循哪些原则?
3. 风景名胜区主要包含哪些比较重要的功能区?

二、实训

调查家乡的某个旅游景区,分析其主要采取哪种布局形式。

3

旅游景区的形象策划

课前导读

　　形象是旅游景区的生命,也是形成竞争优势的最有力工具。在竞争激烈的旅游市场,景区形象的建设已成为经营策略的重点。形象策划是旅游景区创建品牌、实施营销的核心,也是培育市场、培育忠诚消费者的必由之路。

　　本章通过对旅游景区形象的概念理解,景区形象的构成要素,以及旅游景区形象定位和形象策划的内容进行介绍,并配以案例,使学生对景区形象有比较全面的认识和了解,树立景区形象建设的观念。

教学目标

　　1.了解旅游景区形象的概念,对我国旅游景区形象建设有客观的认识和了解。

　　2.掌握旅游景区形象策划的构成要素。

　　3.了解旅游景区形象定位的概念和定位原则,掌握景区形象定位的方法。

　　4.掌握旅游景区 CIS 设计的方法,认识文化包装的实用意义。

3.1　旅游景区形象及其定位

3.1.1　旅游景区形象的概念

　　旅游景区形象为一定时期和一定环境下社会公众(包括旅游者)对旅游景区认识后

形成的一种总体评价,是景区的表现与特征在公众心目中的反映。

广义地讲景区形象应该包括能够被社会公众所感知的有关景区的各种外在表现,这种外在表现既包括有形的硬件设施,如景区的空间外观、标志标识、服务设施等;也包括无形的形象要素,如文化背景、人文环境、服务展示、公关活动等。这些形象因素相互融合,形成综合的感知形象,带给公众全方位的体验和感受。

景区形象不可能是长盛不衰的,随着景区的发展,公众需求的变化,景区企业营销战略的调整等因素的不断影响,景区形象也会发生一定范围的变化。同时景区形象的评价通过旅游者心理感觉和知觉感知反映出来,其确定者只能是公众,因此对旅游景区形象的确定还要充分考虑景区发展的生命周期和旅游者对形象感知的规律变化。

景区形象是一个整体概念,向公众传播的是一种抽象概括的模糊信息,是景区经营组织本身的营销理念,是企业文化、产品特色、服务品质、管理模式及社会贡献等诸多因素的综合体现,因此具有很强的可塑性和持久的影响力。

3.1.2　旅游景区形象研究的意义和作用

专家认为,旅游首先取决于公众对旅游地地理背景和地理环境的认知形象,是认知形象而不是客观事物本身影响了公众的行为,同时旅游产品很大程度上属于一种精神产品,它的营销更加依赖于形象的建立和推广,因此旅游形象直接影响人们的决策行为,进而影响旅游活动。

3.1.2.1　旅游景区形象研究的意义

在日趋激烈的景区竞争当中,人们对商品的宣传广告置信度也许并不是太感兴趣,然而,人们都十分推崇名牌产品,十分信赖形象好的景区企业。良好的形象对景区企业的意义有以下几点。

(1)从良好的内部形象来看

1)促进企业内部的协调与合作

现代景区企业组织机构日趋庞大,员工数较多,想要顺利发展,取得成功,关键在于统一企业与员工个人的目标,形成团结和谐的人际关系和协作关系。

2)增强员工的向心力和归属感

景区企业应该通过关心全体员工的生活,增强员工的福利待遇(包括解决员工在工作、生活方面的各种困难),来激发员工对企业的归属感、荣誉感。从根本上改善旅游企业人员不稳定、流失量大的问题,使景区企业的形象更加稳固。

3)激发员工的工作热情和积极性

一个景区是否能够成功经营,在很大程度上取决于全体员工是否具有积极进取的精神风貌。公共关系人员通过培养员工正确的价值观念,有针对性的满足员工的需求,创造和谐的工作环境等方式来激发员工的工作热情和积极性,创建景区企业的文化模式,使员工的潜在能力充分发挥出来。

（2）从良好的外部形象来看

1）传递景区企业信息，树立良好的社会形象

外部公众对一个景区是否产生好感和信任，前提是景区企业要让公众对企业有深入的了解。因此，在企业取得成就、作出贡献时，应及时将企业信息与公众沟通，使公众对企业产生深刻的印象和好感，形成良好的社会形象。

2）影响和改变公众的态度，创造有利的舆论环境

公共关系的外部沟通过程实际上就是一个影响和转变公众态度，创造有利于企业发展的舆论环境过程。景区企业既要保持和坚定那些持赞同和支持态度的人，扩大他们对其他公众的影响，也要重视对反对面态度的转化工作。

3）沟通与公众的情感，表达企业的善意

情感是形成态度的重要因素。企业的外部沟通要充分发挥公共关系感情沟通的作用。例如景区在节假日向公众表达亲切问候、策划节庆活动、举办公益宣传活动、免费派发门票活动等，通过这些公共关系活动表达企业真诚的善意和美好的祝愿，表达对公众的尊重和关心，同时也增强公众对景区企业的信任和好感，建立稳定和友谊。

4）协调外部社会关系，争取公众的理解和支持

社会群体构成了企业生存发展的重要外部环境。他们对景区企业的看法，直接影响景区的声誉。景区企业为了建立和维护良好的公共关系，必须加强与社会群体的交流和沟通，建立良好的公共关系。对一个景区而言，游客、景区所在地相关部门、相关旅游企业、竞争对手、政府、新闻媒介等都会影响景区企业的形象。

3.1.2.2 旅游景区形象研究的作用

旅游景区形象在景区的经营管理中发挥着重要的作用。

从旅游需求角度讲，良好的景区形象是旅游者出行选择的决定因素。更多的旅游者在目的地选择中，除了考虑时间、距离、交通、旅行成本等因素之外，更关注的是旅游目的地或景区的形象。

从旅游目的地本身可提供的选择来看，具有良好社会声誉且形象鲜明的景区形象节省了旅游者的决策时间与成本，降低了旅游者选择旅游消费的风险，具有较高的信任度。因此，现代大众更习惯依赖旅游地形象或品牌来决定是否出游或重游。

从景区本身来看，在日趋激烈的市场竞争中，良好的企业形象是景区可持续经营的决定因素。

以旅游景区为载体的旅游形象正在我国起步发展。在此意义上来讲，旅游景区在规划建设和经营实践中，只有深入仔细地了解、分析、研究景区，通过传播媒介树立良好的形象，才能保证旅游景区拥有稳定的客源。

3.1.3 旅游景区形象的构成要素

景区形象的构成是个复杂的系统，这里我们以景区形象的具体表现形式为依据，将其大概分为六个结构内容。

（1）景区景观形象

景区景观形象主要是游客对景区各种景观外貌特征、自然地理、历史文化、民俗风情等要素的直接感知,这是景区形象的基础。例如风景名胜区的山水景观、主题公园的建筑风格等,它们是景区形象的主导吸引因素。

（2）景区的服务产品质量形象

景区的服务产品质量形象主要是景区所提供的基础设施和服务产品的质量。其中服务产品质量包括两方面内容:一是对于吃、住、行、游、购、娱六大旅游要素的衔接状况所提供的服务;二是在提供服务的过程中所表现出的管理水平和员工之间的协调合作。这是景区形象的核心内容。

旅游产品的无形性决定了游客在购买前无法试验或试用产品。因此,景区所提供的服务产品质量成为直接被游客感知的印象。随着景区功能综合性的增强和游客需求水平的提高,塑造良好的服务产品形象成为景区良好口碑的决定因素。

（3）景区的文化形象

旅游景区的知名度、美誉度以及整体的旅游氛围,都需要文化底蕴的支持。景区经营者,越来越注重景区的文化包装,即通过发掘利用该地的历史文化遗存、宗教文化传统、民间信仰、民俗文化等非物质文化遗产,推动景区形象的塑造、品牌的打造、旅游产品的设计开发,达到提升景区形象的目的。

（4）景区的社会形象

游览地是否能使人们感受到温暖和亲切,在最大程度上消除陌生感和恐惧感,主要通过人与人之间的交往行为来实现。因此,景区所在地社区的参与,包括旅游景区居民的文化素质、对旅游者的态度、社区参与旅游的保障机制等因素,都会成为影响旅游景区综合整体形象的因素。

（5）景区的企业形象

景区企业以提供服务产品为主。因此,良好的、统一的企业形象,能够维系员工的企业文化,员工整体的精神面貌都是维护景区形象的重要因素。

（6）环境要素

旅游景区所在地的政治、经济和社会环境影响着旅游者对旅游景区以及整个地区的形象认知和评价。旅游景区及其所在地区的安全状况、治安条件、消费条件和水平、地区公共设施的完善程度、旅游业的管理水平、旅游法规的实施状况、地区社会的政治状况等,都会对旅游行为决策产生较大影响。

3.1.4　旅游景区形象的定位

3.1.4.1　"定位"的含义

"定位"一词来源于广告学的概念,强调的是促使商品深入人心的策略与手段。市场定位就是指设计一定的营销组合,以影响潜在顾客对一个品牌、产品或一个企业组织的全面认识和感知;形象定位是探讨如何使产品进入消费者的心中,最终被消费者所接受。

3.1.4.2　旅游景区形象定位

景区形象定位就是要使景区形象深入潜在游客的心中,使景区在游客心中形成生动、鲜明而强烈的感知形象,树立起景区独特的风格和吸引力。

景区形象定位首先要明确旅游景区在消费者心目中留下的印象和所处的地位,应通过独特的形象和鲜明的特征将旅游景区形象的定位信息准确地传达给旅游者,同时形象信息必须符合目标群体的心理需求,且具有一定时间的稳定性,以达到增加旅游景区知名度,建立游客对于景区品牌的忠诚度。针对景区个体来讲,形象定位的基础来源于景区自身的自然、人文旅游资源的独特内涵和优质旅游服务及其体现的精神风貌,是自身区别于其他景区的关键因素。

景区形象定位实际上是个双赢的过程,即要创造一个能充分被游客接受认知的形象,同时,这个形象又能将旅游景区的特点、优势表现到最佳,从而激发游客的购买欲望和旅游决策,甚至激发旅游者的深层情感空间。

3.1.4.3　旅游景区形象定位的原则

(1)主题标志化原则

主题体现的是景区的独特性,景区必须有一个或若干鲜明的主题,并通过景观设计、建筑风格、项目策划、产品推广等将主题直观的表现出来,突出景区产品和服务的特色,树立景区的品牌,从而对游客形成强烈的视觉冲击和心理诱惑。

(2)内容差异化原则

内容差异化原则主要是针对景区所面对的竞争者,目的在于使景区的形象与竞争者有明显的差别,从而创造独特的吸引力和核心竞争力。差异化原则利用了旅游者对特色的关注和忠诚。

(3)表现口号化原则

口号如同广告词,是景区形象定位最简练、最直观的表述,也是使旅游者了解并记住景区形象的最有效方式之一。主题口号是形象定位最好的表现形式。

口号设计应遵循一定的原则:突出特色,体现地方特征;突出内涵,强调文化包装;突出个性,符合区域市场需求;突出鲜明,体现时代特色。例如:长城(不到长城非好汉)、深圳欢乐谷(奇妙的欢乐之旅)、武夷山(千载儒释道,万古山水茶,世界遗产地,中国武夷山)、开封清明上河园(一朝步入画卷,一日梦回千年)、西安大唐芙蓉园(在曲江花影里品位盛唐)等。

3.1.4.4　旅游景区形象定位的程序和步骤

(1)通过市场细分,明确目标市场

了解公众(包括潜在和现实旅游者)对景区的印象和态度,并对此进行量化研究和分析是景区形象定位的基础。具体方法包括采访受访者对景区的总体印象,对景区功能的满意度;引导被访者对景区进行感性描述;判断受访者认为最独特的吸引物;等等。

游客的心理需求是不断发展变化的,并且受到各种因素的影响。针对大众的标准化服务会随着游客经验的丰富,观念的更新产生新的分化与差异。因此,旅游景区要对所在地客源市场进行细分,选择适合的目标消费群体,进行差异化的形象定位。

（2）根据市场的需求,确定形象定位

景区形象定位要以目标市场的需求或潜在需求为导向,但要注意根据市场需求进行定位并不是一味的盲从游客的喜好,景区企业要充分分析旅游者需求的发展趋势,掌握游客需求变化,引导需求潮流。

（3）依托资源优势,打造企业形象

结合景区的地理文脉和空间层次,分析旅游景区在同类型景点中的优劣势是景区形象设计成败的关键。景区形象的魅力与吸引力应该是个相对的概念,也就是说只有结合对景区在同类型或同一区域内竞争力,才能真正清楚自己目前旅游形象的真正状态以及自己应该采用哪种合适的形象定位和定位战略。

3.1.4.5 旅游景区形象定位的基本方法

（1）领先定位法

领先定位法的对象是具有独一无二和垄断性特征的景区,例如八达岭长城、埃及金字塔,它们是世界上绝无仅有的人类奇迹,其地位是不可取代的,它们的定位就是领先定位,这种定位是景区形象持久魅力所在。然而这种处于绝对领先地位的景区毕竟只是少数,大多数景区可以借鉴此种方法,在不同范围中彰显个性,进行一定范围的市场垄断,特别是人造景观可以创造自己在同类型景区中的领先地位,在不同标准的形象阶梯中占据领先地位。

（2）比附定位法

景区资源具有一定的稳定性,并不是每个景区都能在消费者心目中占有形象阶梯的最高位。因此,一些景区企业在定位宣传中避开第一位,采取"次优"原则,实质上是希望借助"第一"的优势和光芒,同时避免了勉强夸大,比起充斥市场的"第一"、"最大"来,更能给消费者留下了深刻的印象。例如苏州定位为"东方威尼斯",海南定位为"东方夏威夷"即是采用了这种定位方法,利用他人的声望抬高自己,扩大影响,从而获得了游客的广泛认知。

（3）特色定位法

特色定位法指景区通过突出自己的资源特色、产品特色,把独特的自然景观、人文景观作为自己的卖点,并以这种特定的形象向社会公众展示、推介的方法。

（4）重新定位法

重新定位法并非一种独立的定位方法,而是适应景区发展周期和市场变化的一种再定位。从消费者的角度说,大部分消费者都具有"喜新厌旧"的心理倾向,希望景区能够以新的更贴近自己的形象出现。因此,重新定位可以重新在旅游者心目中引发兴奋点。

（5）狭缝定位法

狭缝定位又称填补空白式定位,是指避开与强有力竞争者直接对抗的一种定位方法。其原因在于旅游地不具有明显的特色优势,从而利用被其他旅游地遗忘的旅游市场角落,塑造自己的旅游形象。这种方法的核心是分析旅游者心中已有的形象类别,发现和创造与众不同、从未有过的主题形象,开辟一个全新的形象阶梯,能帮助旅游地在旅游目标市场上迅速树立良好的形象。

（6）逆向定位法

逆向定位是根据旅游消费者的心理,采用逆向思维的方式,打破常规的思维模式,强调并宣传定位对象是消费者心中第一位形象的对立面或相反面,同时开辟了一个新的易于接受的心理形象阶梯。例如,河南省林州市林滤山旅游区以"暑天山上看冰锥,冬天峡谷观桃花"的奇特形象定位来征服目标消费群体。

旅游景区的定位方法不是一成不变的,旅游景区应该审时度势,灵活运用。例如面对强烈的竞争压力,可以"反其道而行之",打破旅游者的习惯性思维进行设计和宣传,开创新的形象阶梯,开放式的野生动物园就是成功的例子。

3.2 旅游景区形象策划的主要方法和内容

3.2.1 CIS 设计

20 世纪 70 年代,国际上盛行一种新的组织形象管理方法——CIS 战略。CIS 是英文 Corporate Identity System 的缩写,意为企业识别系统。从公共关系的角度看,它意味着组织的一种整体形象管理。CIS 是对与企业形象有关的诸要素进行全面系统地设计,通过全方位的信息传送塑造出为内外公众所认同的整体形象的企业形象战略系统。

CIS 的内容包括三个方面:理念系统、行为系统、标识系统。现代公关理论中,还增加了顾客满意的内容。其中理念系统是组织最高层的思想系统和战略系统,是 CIS 设计的根本依据和核心;行为系统是组织运行的所有规程策略,是动态的识别形式,规范着组织内部的组织、管理、教育以及面向社会的一切活动,实际上是组织的运作模式;视觉系统是指组织视觉识别的一切事物,分列项目多、层面广,是静态的识别符号,也是 CIS 中直接向社会传递信息的部分。顾客满意是景区营销的宗旨,坚持顾客满意是实现和维护旅游景区形象的根本。

CIS 是在组织塑造形象的基础上,把组织的理念、精神、文化通过一种设计形成独特的个性和别具一格的模式展示在公众面前并得到社会的公认。因此,景区经营中应当重视形象战略的实施。

3.2.2 旅游景区 CIS 设计

目前,我国很多地方都在对旅游景区进行资源、市场、产品一体化综合开发的基础上,导入了形象策划的方法,更加重视旅游形象设计在旅游业发展中的作用,通过为产品和服务设计塑造鲜明、独特的形象,构造完善的景区识别系统,以强化景区的营销功能,凸显景区的特色,形成差异化优势,从而增强其市场竞争力。

3.2.2.1　旅游景区 CIS 设计的概念

旅游景区 CIS 是景区为了塑造良好的形象,通过统一的视觉设计,运用整体传达沟通体系,将组织的经营理念、文化活动传递出去,以突出景区的个性和精神,与社会公众建立双向沟通关系,从而使社会公众产生认同感和共同价值观的一种战略性活动。

3.2.2.2　旅游景区 CIS 设计的作用

将 CIS 引入旅游,引入景区经营管理是非常必要的。旅游景区是以提供服务性产品为主的企业,统一的、良好的企业形象直接影响其经营和销售业绩。

(1)提高企业竞争力

现在的市场竞争,首先是形象的竞争,推行 CIS 企业形象设计,实施企业形象战略,已成为现代景区企业的基本战略。为统一和提升企业的形象力,使 CIS 企业形象设计表现出符合社会价值观要求的一面,景区就必须进行形象管理和形象设计。

(2)调动员工积极性,增强景区企业凝聚力

景区可通过 CIS 企业形象设计对其办公系统、提供服务产品的各个环节、管理系统以及营销、包装、广告等系统形象形成规范化设计和规范化管理,由此来调动企业每个员工的积极性,使其自觉参与企业的发展战略。

(3)凸显个性,占有市场

通过 CIS 设计,明确景区企业各部门的职责,使企业经营在各职能部门中有效运作,建立景区在同质化倾向日益严重的竞争环境中的个性形象,使景区产品与其他同类产品区别开来,在同行中脱颖而出,迅速有效地帮助景区创造出名牌效应,占有市场。

(4)使景区经营管理更加科学化、条理化

CIS 企业形象设计系统的实施,可使景区的经营管理走向科学化和条理化,趋向符号化。根据市场和企业的发展的有目的制订经营理念,制订一套能够贯彻的管理原则和管理规范,以符号的形式参照执行,使企业的生产过程和市场流通流程化,以降低成本和损耗,并有效地提高产品质量。

3.2.2.3　旅游景区 CIS 设计的原则

(1)目标一致原则

景区 CIS 体现了景区经营理念。经营理念代表的是最高营销决策层的意志,是旅游组织识别活动的依据。它能规范与引导旅游组织及其员工的行动方向;为组织提供凝聚力和向心力,使组织内部朝着相同的利益和目标一体化发展;是景区统一鲜明的外在形象的核心和灵魂。

(2)统一性原则

CIS 系统强调组织的宗旨、精神等内在动力,这种内在力量要通过管理方法、组织建设、公共关系、教育培训等一系列组织经营管理活动来体现,同时这种体现必须借助统一的规范,以达到塑造良好形象、强化组织在公众心目中的印象的效果。

（3）可识别性原则

景区首先是一个范围概念，无论哪种类型的景区模式，其包含的资源内容都是很丰富的，即使景区有再强的理念标准，仍必须借助一定的标识体现出来，以便公众能够快速而明确地识别景区的形象。

（4）整体性原则

CIS 系统要求景区经营理念、人员和物力等多方面的有机配合，达到整体的协调统一，最终实现塑造良好景区形象的目标。

3.2.2.4 旅游景区 CIS 设计的内容

旅游景区形象策划理论作为区域旅游形象理论的延伸，成功移植了企业形象策划的理论和方法，并进行了行业创新。这里，我们通过理念识别（MI）、行为识别（BI）、视觉识别（VI）、顾客满意（CS）四个部分进行研究分析。

（1）景区组织理念识别系统

1）景区组织理念的含义

景区的组织理念（MI）是指具有独特个性，体现景区所依托的文脉特色和经营管理原则的精神和思想，是景区形象的原动力，通常包括旅游景区的价值观、经营使命和目标经营方针等，是旅游景区形象策划的基础、核心和灵魂。

2）景区组织理念的基本内容

景区组织理念应该是能够体现个性的经营活动思想或观念，建立在对景区所在地文脉的深刻分析和把握的基础上，同时要适应当地的文化脉络、时代需求和社会发展趋势。

景区 MI 要素通常包括景区使命（包括经济使命和社会使命），经营哲学（包括景区经营者所倡导的价值观、经营指导思想方法、企业文化），发展战略和经营目标，行为准则。

旅游景区的经济使命是为了推动国家和地区的经济发展、产业经济结构调整和旅游行业经济效益的提高。旅游景区的社会使命是指景区的经营发展应该适应和满足社会发展的需要。对于现代景区的经营者来说，不仅肩负着发展之责，也肩负着保护的责任，这就需要处理好短期效益和长期发展之间的多种关系和矛盾，考虑当地环境的需求，适应可持续发展的社会趋势。

经营哲学是指体现景区组织共同价值观和共同信念，代表景区特色、被群体认可的统一精神，包括共同的理想追求、价值准则、思想作风、道德情操、工作态度、行为规范等。统一精神是通过领导者和员工之间的上行下效来共同完成，它像企业的动脉把整个组织的经营思想、方针目标、管理方式、发展规划等化作增强向心力和凝聚力的意识，贯穿于工作的各个环节，并最终形成固定的企业文化，以便于表达和传播企业形象。

发展战略和目标指的是景区发展的长期规划和具体要达到的目标和标准，是景区经营思想的具体化。

行为准则不同于岗位守则，它是上至最高领导、下到基层员工都必须遵守的行为理念。如"对待游客要像对待家人"、"从认真做起"等，语言简单，具有可操作性。

（2）景区行为识别系统

景区行为识别系统（BI）包括两部分。

1）对内行为

运用先进的管理方法,对员工进行培训;建立激励体制,完善职工福利体制;进行新项目的研讨开发;营造良好的企业文化氛围等。保证景区所提供产品的质量。

2）对外行为

市场调查、广告宣传、公关活动、促销活动、竞争策略、公益文化活动以及与各类公众的关系等,可以使公众充分了解景区所传达的信息,增加认同感,在公众心目中树立良好的形象。

景区引入行为识别系统的目的是设计并实施与景区理念保持高度一致的景区日常经营管理与接待服务工作中具体可操作的行为规范,并由此通过行销传播深入旅游者的心中,以营造出景区内部与外部良好的经营环境。

（3）景区视觉识别系统

旅游景区形象系统中最为突出的就是它的视觉景观实体,它以更加形象、直观的方式冲击游客的感官,形成强烈的印象。因此,视觉识别（VI）对于景区的 CIS 设计显得更为重要。统一、美观、标志化的景区视觉识别系统是传达景区理念、建立知名度和塑造景区形象最为有效的方式。

景区视觉识别系统主要包括三个方面。

1）景区视觉景观形象系统

景区视觉景观形象即景区本身所具备的自然、人文资源。

2）景区视觉符号识别系统

景区本身是一个划定的空间,要在一定区域内锁定游客的感官,给游客留下美好的视觉印象,并树立企业形象,同时还要为游客提供方便实用的指示性符号。因此,符号识别系统在景区规划和形象设计中的作用更为重要。景区视觉符号通常包括:①景区标志。例如景区名称、标志、标准字、标准色。②景区环境。景区的基础环境设施也是景区游览环境的一部分,同样要求统一、美观的形象。例如道路、绿化、路灯、指示牌、厕所、装饰小品、环境卫生等。③景区广告。例如宣传标语、口号、宣传资料（宣传册、电子宣传资料、礼品资料）、户外广告、媒体广告、景区吉祥物、纪念品等。④景区经营形象。包括旅游用车（区间车、服务车、供给车、环卫车、清障车）、员工制服、办公建筑外观以及各项事物用品等。⑤当地宏观环境。景区所在地的治安、卫生、绿化、基础设施环境,当地居民的素质、态度,都会给旅游者直观的印象评价。因此,我们也将它归属为视觉符号系统。

3）景区宏观环境识别系统

从现代旅游发展的水平趋势来看,旅游者更欣赏能够与当地环境相协调,凸显文化特色的景区景点。因此,对景区所在地宏观环境和居民形象的设计也成为景区视觉识别系统的一个组成部分。

（4）景区顾客满意

随着 CIS 的引入和发展,经营者越来越重视形象系统的终极目标,即顾客满意（CS）。旅游消费者直接参与旅游服务的过程,也就是旅游产品生产的过程,他们在接受服务的环节中得到的体验、感受、所持的态度,以及由此带来的印象和看法都成为衡量景区产品质量的主要标准。因此,在景区经营管理中贯穿"顾客满意"是塑造和维护景区形象的宗旨。

3.2.3　旅游景区文化包装

3.2.3.1　文化包装对于旅游景区形象塑造的意义

20 世纪 80 年代,随着现代人类史上出现巨大的文化浪潮,世界旅游业也逐步转向以文化与精神享受为目标的新的文化旅游。国际旅游界在分析这种趋势时,认为"人们再也不会简单地把旅游与度假看做是一种消磨时间的娱乐形式了,而是把它当做锻炼身体,丰富精神生活和增加知识的途径"。这种新的"文化旅游时期"的鲜明特征,使旅游者的旅游动机不仅是为了在物质上得到满足和享受,更多的是追求知识,获得信息,受到教益,得到文化享受,提高精神享受的质量。世界旅游组织提出 1998 年世界旅游日的口号就是"旅游从中受到教益",充分反映了当今世界旅游已开始进入文化旅游时期。

景区文化包装人为地增强了景区文化符号和文化氛围在公众心目中的印象和影响功能,增加了旅游景区景点的文化"含金量",提高了景区建设的文化品位,是景区塑造文化形象的一项系统工作。因此,在旅游资源的开发和对景区景点的利用中,加强文化开发,挖掘资源的文化内涵,培育文化竞争的优势是景区能够持久发展的永动力。

3.2.3.2　旅游景区文化包装的基本环节

(1)整合文化资源

景区所蕴涵的历史文化积存,决定了该景区文化形象的定位。整合景区范围内的文化背景和文化脉络,确定所要展示的文化主题或主线,使景区形象鲜明、突出,具有特色。

(2)确定文化基调

确定文化基调是景区文化包装的前提和依据。在整合资源的基础上,确定突出景区形象的基本风格和定位,包括景区的文字、色彩标识、企业形象,特别是景区资源的历史文化内涵的概括体现。

(3)创新文化产品

景区产品应与景区文化基调相协调,突出项目的知识性、参与性和体验性。与产品配套的环境建设,包括规划设计、地理环境保护、配套设施开发和环境卫生保护等都应与景区的整体文化氛围相融合,营造景区的文化氛围。

补充阅读材料

春秋淹城——一个极富创意的
以中国传统文化为主题的现代主题公园

常州春秋淹城主题乐园是首家春秋文化主题梦幻乐园,总投资 10 亿元。它位于中国春秋淹城旅游区之内、常州市武进区中心城区。该景区核心部分——春秋淹城遗址，占地300公顷，距今已有2 500多年的历史，考古确认为春秋时期所筑。1988年被列为全国重点文物保护单位，目前已被国家文物局列入申报世界文化遗产预备名录，是我国目前保存最完整、最古老的春秋时期地面城池遗址。

2006年建成的仿古商业街，虽然规模宏大，但人气不足，影响了商业的开展；淹城博物馆建筑体量宏大，馆藏文物丰富且档次较高，野生动物园曾在2007年"十一"期间吸引了6.5万名游客，但都因整个旅游区没有开发到位，这两个项目的作用没有得到充分发挥，淹城的社会经济及旅游价值一直没有凸现出来。另外，从淹城的长远发展来看，常州市和武进区政府也希望淹城依托春秋遗址建成5A级旅游区，打造世界文化遗产和"文化遗产型"旅游目的地。在这一背景下，2007年11月，由绿维创景公司重新策划和规划淹城，创新性的打造了一个以中国传统文化为主题的现代主题公园。

第一，准确的文化定位。

在充分分析了淹城公园现有问题和优势的前提下，规划团队准确地把春秋淹城定位为以中国春秋文化品牌为依托的文化休闲型旅游目的地，提出了"一回走千年，春秋看淹城"的形象定位口号。以打造中国唯一的春秋文化品牌旅游区、5A级旅游区和世界文化遗产为目标。具体策划思路主要有：①立足小淹城，演绎大春秋；②空中看淹城，凸显淹城价值③活化春秋文化，促进遗产保护。

第二，成功的产品设计、包装。

"明清看北京，汉唐看西安，春秋看淹城"这是规划团队给常州春秋淹城旅游区的总体定位。以此为指导，依托具有独特景观魅力的"三城三河"的国家级文物保护单位淹城遗址，在保护区之外，建设一个春秋乐园。为了将其打造成为中国首家以春秋文化为表现内容的主题公园，规划团队按照"系统展现春秋历史，深度体验春秋文化，在游乐与娱乐中获取教益"三大原则和"内虚外实，有效保护，文化延伸，产品配套；谜城形象，文化体验，休闲环境"的旅游产品创新技术路线，在观光模式和体验模式上都进行了创意策划，形成了春秋文化体验主题的创新旅游产品。

第三，观光和文化体验模式的创新。

通过对国内文化遗产、遗址公园的类比分析可以发现，历史遗址在严格的保护前提下一般采用观光旅游形式。遗址的旅游开发受文物保护法的限制很多，因而多采取与之联系的博物馆来表现其内容。如今的淹城遗址除了"三城三河"外已无其他物质遗存，也就是说淹城旅游区并不具备采用文化遗产类(博物馆)展示、观光模式的客观条件。因此，规划团队大胆创新策划，用主题公园的手法和中国文化相结合的体验模式进行创新，从而打造一个完全创新的中国传统古文化与现代娱乐游乐相结合的文化主题乐园——春秋乐园。诸如创新性地提出做一个春秋文化雕塑景观艺术大门，用石窟艺术墙的手法表现诸子百家，用孔子学堂的方式来展现儒家文化，用雕刻绘画的形式在山体中展现富有传奇色彩的春秋丽人的故事场景，用吴王宫的历史背景包装一个户外演出场地，用春秋版图的方式表现春秋的历史地理的文化内涵，用伍子胥过昭关的典故来打造漂流项目，用春秋战国时期的战争背景装点波浪翻滚项目,用孙武点将的典故来做高空观览项目,用硅胶仿真机器人打造孔子形象跟游客交流互动,用声光水影效果演绎主题水影秀,等等。

第四,文化主题化、情景化、动感化的设计理念和手法。

首先,历史文化与载体自然结合,全面营造主题意境。主题乐园意境的营造需要园区内的所有设施、建筑和景观都要围绕同一文化主题来设置,都要为展现文化主题内涵而服务,而且在设计过程中要力求历史文化和载体间的有机结合,使历史文化的展现合理而自然,不突兀、不勉强。因此,春秋乐园内的所有建筑物、附属设施、景观、导引标识系统、表演、活动、服饰、商品等元素,都需要与所要传达的春秋文化有关,才能更好地体现浓厚的春秋文化气息,营造春秋文化意境,从而为旅游者增添更多体验和游乐性。规划团队选择以适宜的各种园林景观、建筑等要素为载体,以春秋文化为表现内容,取春秋文化之魂魄,浓缩于园区的一草一木、一桌一椅。假山流水、亭台楼榭、殿堂厅室、塔舫桥关、景区大门、演艺舞台、游乐设施等,都蕴含着丰富的历史文化信息,使得当游客在园区内游历体验时,随着空间和时间的转换,春秋时期诸侯争霸、百家争鸣的历史宏卷展现在游客的面前。

其次,游乐设施的主题化包装。主题乐园中所有的游乐设施,必须经过特定的主题包装,形成独具特色的、无法复制的游乐设施和项目,才能形成该乐园的核心卖点和核心吸引力。春秋乐园作为一个以历史文化为主题的游乐园,园区内的一切建筑、设施和景观都应该围绕这一主题来进行设置,凸显春秋文化,决不能有现代化的、裸露的、钢铁结构的建筑和设施出现在园区内。因此,策划组在游乐设施的包装中,运用了主题化设计手法,设置了春秋文化意境下的互动型游乐项目,通过与春秋文化的"零距离接触"为游客提供全方位的愉悦感和体验感。如:"歌舞升平"利用春秋歌舞文化包装传统的旋转木马项目,形成中国春秋文化模式下的旋转游乐,更具有文化魅力及体验乐趣,与整个文化主题结合,与整个园区融洽。

再次,景观建筑的情景化、动感化设计。情景化是通过营造一种文化环境和时代氛围,再现当时的民俗风情和社会风貌,通过营造氛围、制造环境、设计场景等来实现,使主体、客体或载体之间在各种游乐中实现互动,情因景生,景因情人,最终达到情景交融的境界,形成旅游体验的氛围、场景和情境空间。每个功能区及旅游十要素"食、住、行、游、购、娱、体、疗、学、悟"的每个环节,都需要围绕主题定位展开,形成"情境"氛围,达到游客在情境之中体验和感悟的效果。动感化是在原本静态的项目中,引入鲜活的、互动的、动态的主观感受,从而赋予项目富有活力、活泼健康的意味。"动感"不是运动本身,而是以人的感觉为主导的,是"运动的感觉"和"互动的感觉"。

春秋淹城主题乐园是一个"创新里程碑——中国历史文化的现代游憩模式转化"。中国古代文化如何转化为现代人喜闻乐见的、拥有市场吸引力的、新型的游憩方式,从而建构出旅游、休闲、娱乐、游乐的产品,是中国旅游界一直在探索的课题。常州春秋淹城乐园的开园,是一个游憩模式设计的突破,即把最具差异的两类事物——中国传统文化与西方现代主题乐园结合在一起,形成创新的旅游产品。

本章小结

　　本章主要阐述了旅游景区形象的概念和景区形象的构成要素,介绍景区形象定位的概念、作用、原则和内容,以及旅游景区形象策划的方法,即 CIS 形象策划系统以及景区的文化包装。

重点概念

　　旅游景区形象　　旅游景区形象定位　　景区 CIS　　顾客满意

案例分析

清明上河园——成功的主题形象打造中西部主题公园奇迹

　　河南开封清明上河园是一座以北宋著名画家张择端的《清明上河图》为蓝本,再现北宋市井生活和民俗文化的大型民俗风情主题公园。自 1998 年开园以来,清明上河园牢牢把握宋文化这一主题,创造性地再现了近千年前北宋汴梁的景象,为后人了解、感知、体验北宋文化提供了一个真实的场景。随着清明上河园的游客接待量年年攀升,原有的 335 亩园区远远不能满足游客的需求。2005 年,投资 1 个亿,以表现北宋繁华都城风貌的皇家园林区正式开园迎宾。清明上河园成功打造了我国中西部主题公园的奇迹,回看清明上河园的经营之路,准确的市场形象定位是其成功的关键,一个成功的主题公园依赖于全方位的形象策划。

　　第一,主题形象客观、准确、全面地反映了旅游区的主题形象。

　　七朝古都的开封在历史上极尽辉煌,北宋时达到鼎盛,画家张择端为此作《清明上河图》。"开封城,门摞门,城摞城,城下还有几座城"常有人用这句顺口溜来描述开封。但遗憾的是,由于黄河泛滥和历史原因,汴梁城在清代之后衰落了。后人要如何去寻觅这座七朝古都昔日的风采,清明上河园为人们构筑了时光隧道,"一朝步入画卷,一日梦回千年",准确的主题形象抓住了开封古城的文化内涵,突出了宋文化主题特色,奠定了清园成功的基础。

　　第二,形象定位紧跟市场需求。

　　主题形象的推出就是要吸引游客的眼球,因此必须考虑目标市场的需求和偏好。清明上河园从建造到推出市场经历了大量的市场考查和反复的市场论证。避免了国内景区"假、大、空"的通病,不走"亚洲第一"、"国内第一"式的孤芳自赏,以自我为中心的定位。在园区建造上,以 1∶1 的比例复制了蓝本中最能体现汴梁城市风貌的东京码头、虹桥、上善楼、东京食街、演绎场等建筑,并以此为载体推出景区内荟萃流传至今的宋代杂要、气功、斗鸡、马球、蹴鞠等古代文化精华,不论是从景区的建筑设计、店铺设置、沿街叫卖,还是到商品交易、服饰道具、节目表演,都反映了北宋社会的真实生活。这种定位拉近了景区和游客的距离,满足了游客参观、体验、欣赏等多方面的需求。

第三,稳定的主题形象,不断深化和丰富的文化内涵。

开封清明上河园开园以来,一直秉承自身稳定的宋文化主题形象,在游客心目中形成了品牌概念,但在形象内涵上景区一直在不断努力创新,丰富自身的文化内涵。例如打造皇家园林二期园区,并以此挖掘汴河大战、女子马球、水傀儡等大型宋代演艺项目。2007年4月份,清明上河园投巨资开始策划并实施大型山水实景演出《大宋·东京梦华》项目,围绕宋文化主题,通过对北宋优秀历史文化的发掘,将八首经典宋词和一副古画串联演出,构成了对开封古城辉煌历史的追溯,形成清明上河园文化主题的又一大亮点。

现在,清明上河园已经成为河南文化产业的一张名片,开封"宋都古城文化产业园区"荣膺国家级文化产业示范园区。

思考:清明上河园如何在稳定的主题形象定位前提下实现主题形象的创新?

基本训练

一、选择

1. 针对景区所面对的竞争者,目的在于使景区的形象与竞争者有明显的差别,从而创造独特的吸引力和核心竞争力。这种指导思想指的是旅游景区形象定位原则中的(　　)。

A. 主题标志化原则　　　　B. 内容差异化原则　　　　C. 表现口号化原则

2. 景区形象定位方法中通过突出自己的资源特色、产品特色,把独特的自然景观、人文景观作为自己的卖点,并以这种特定的形象向社会公众展示、推介的方法是(　　)。

A. 领先定位法　　　　　　B. 比附定位法　　　　　　C. 特色定位法

D. 重新定位法

3. 旅游景区形象识别系统(CIS)中最突出、最直观的是(　　)。

A. 理念识别系统　　　　　B. 行为识别系统　　　　　C. 视觉识别系统。

二、简答

1. 如何认识景区形象在景区经营中的重要意义?

2. 讨论景区形象的各构成要素在营造景区整体形象中的作用。

三、判断

以你熟悉的某一景区为例,分析归纳该景区分属于 CIS 系统 MI、BI、VI、CS 的构成要素。

4

旅游景区的品牌塑造

![课前导读]

课前导读

  21 世纪是品牌竞争的世纪。随着市场竞争的加剧,个性化旅游的盛行,消费者的品牌意识已日渐增强。旅游业是服务业中的一种,旅游产品的不可储存性、不可移动性和不可试用性等特点,以及旅游消费是一种心理感受消费的特性,都决定了景区品牌对于景区发展的特殊作用及其所处的特殊地位。由此可见,景区品牌管理是景区发展的关键,更是景区在激烈的市场竞争中站稳脚跟、取得胜利的优势所在。

教学目标

1. 了解景区品牌的含义和作用。
2. 掌握景区品牌定位的含义和内容。
3. 掌握景区品牌推广的方式。
4. 掌握景区品牌经营的策略,认识景区品牌创新的重要意义。

4.1 旅游景区品牌的含义和作用

  品牌就是商品的牌子,具体表现为通常所见的商标。旅游产品的不可移动性,决定了旅游产品要靠形象的传播,使其为潜在旅游者所认知,从而产生旅游动机,并最终实现出游计划。对于游客,品牌是选择旅游目的地的重要导向;对于景区而言,品牌是强化旅游产品差异化功能的有力手段。品牌作为联系旅游景区与游客的不可或缺的纽带和桥梁,在购买过程中对消费者购买决策的影响尤为重要。由景区品牌所带来的地方品牌效应对当地政治、经济、文化的带动作用日益彰显。

4.1.1　旅游景区品牌的含义

景区品牌是由品牌名称、品牌标志和商标(具体包括文字、标记、符号、图案、颜色等要素)组合而成,由旅游景区向旅游者展示,用来帮助旅游者识别旅游产品和服务,并使之与竞争对手的产品和服务相区别的商业名称、产品特征及其标志。品牌作为旅游景区的"视觉识别"是景区形象最有效的传播媒介,它将景区组织的理念、精神、思想、方针等主体性内容加以浓缩和外化,引起公众的注意,给公众留下全面、准确、明了、统一的深刻印象,使之产生认同感。

通常景区品牌拥有一些共性的特征。

第一,景区品牌必须同所在地环境(包括政治环境、经济环境、文化背景)相适应,必须同景区自身紧密结合。

第二,品牌商标化。不论是景区的文化品牌,还是实物品牌或者服务特色、创意活动,都必须通过市场的运作,实现商标化。景区企业应该尽可能地将品牌在有关部门注册商标,这是加强品牌保护、维护景区品牌形象的重要措施。在市场经济时代,遵循经济运作方式是必要的,给品牌注册是品牌存在的前提和基础。

第三,景区品牌与景区企业应该是一个整体。没有完善的经营体制和管理组织,没有企业价值和资源内涵的支撑,没有景区的不断发展、创新,品牌只能是一个空架子,或者停滞不前,很快被消费者遗忘,被市场淘汰。

第四,景区品牌生命力的最终原动力依靠的是景区组织先进的经营理念,优质的产品与服务,知识与人才的聚集程度以及景区的创新力。景区品牌的存亡来自旅游者的满意度与口碑。

4.1.2　旅游景区品牌经营的作用

对于旅游景区来说,品牌是诚信的载体,是向消费者传达产品核心价值的有效途径,它对于景区的经营有重要的作用。

(1)区分识别作用

品牌给景区经营带来的最直观的作用就是利用鲜明的形象标识同众多的竞争对手区分开来,这源于品牌形式的独特性。例如可口可乐的"瓶子",麦当劳的"金色拱门"都具有很强的区分识别功能。

(2)产品实物化作用

旅游产品拥有和一般实物产品不同的特殊性,包括无形产品或者难以量化的实物产品。因此,景区一旦建立了品牌并实现品牌的专利化,其产品便被有形化了,同时也得到了很好的保护。这与世界遗产中的文化遗产部分有异曲同工之妙。

(3)信息传递作用

旅游景区品牌是景区整体形象的浓缩,可以传达景区的特色、文化、个性,容易被大众接受。在竞争异常激烈的旅游市场,景区品牌无疑成为旅游者的"速记工具"。

(4)承诺作用

一个成熟的景区品牌就如同景区经营者交给游客的一份承诺书,是对景区服务质量的一种保证,从而减少了消费者的购买风险。国内的景区还很少有自己唯一的品牌承诺,能够达到像4A级景区的认知效果。

(5)情感功能

一个成功的个性化的景区品牌应该具有情感功能。例如人们提到迪士尼就会感受到快乐、愉悦、童趣与幻想,脑海中浮现出可爱的米老鼠,这就是品牌的情感功能。

4.1.3 我国旅游景区品牌现状

近年来,我国一些旅游景区开始探索品牌经营之路,它们在大力开发旅游产品的同时,怀着强烈的传播意识,利用大众传播媒体,运用广告、公关等营销手段,努力塑造景区的良好形象,取得了很好的传播效果,赢得了一定的经济效益,在一定范围内确立了良好的品牌形象。如深圳的"华侨城"、北京大观园、九寨沟、平遥古城、丽江古城、少林寺、云台山等,都取得了骄人的品牌业绩。但就全国范围内的情况来看,我国旅游景区的品牌建设还存在一些题,主要表现在以下几点。

(1)对景区品牌经营的重要性认识不足

品牌是企业的无形资产,在知识经济和市场经济时代,它成为景区决胜市场的战略工具,是景区市场竞争力的核心。近几年,随着旅游业的迅猛发展,市场竞争不断加剧,景区经营管理者们普遍认识到营销的重要性,形象意识逐渐觉醒,他们开始借助各种手段进行景区信息的传播和形象的包装。但从市场反映出的情况来看,他们大多数只是从促销的层面认识信息传播和形象打造,看重的是短期直接的营销效果,并未能从"品牌经营"的高度认识品牌的战略意义。看不到景区品牌经营的战略意义,也就不可能将景区品牌管理置于战略管理的重要地位加以重视。

(2)没有掌握景区品牌经营的科学方法

一些旅游景区尽管在品牌建设中做了大量工作,由于受思维的限制,他们大多没有对景区的品牌经营进行科学规划,对品牌发展方案也缺乏科学论证,未能取得预期的效果。

(3)注重打造,忽视管理

基于对品牌竞争的推崇,当前旅游业界非常流行"品牌打造",大手笔、大投资的现象比比皆是。"品牌经营"或"品牌管理"少有闻及。片面强调品牌打造,很容易使景区陷入经营的误区;片面追求品牌效应带来的市场份额和销售量,忽视品牌的长期建设,很容易造成短期经营行为。品牌管理是一个持续的动态过程,也是一个周而复始的循环过程,景区品牌在这个过程中不断修正、完善和提升,进而创造出更大的价值。忽视品牌管理,不能着眼于景区长远利益的"品牌打造",是无益于景区的发展的。

4.2 旅游景区品牌的塑造和传播

4.2.1 旅游景区的品牌塑造

4.2.1.1 市场分析

市场分析是塑造景区品牌的第一步,没有准确敏锐的市场分析,就无法进行合理的定位。市场分析就是通过对客源地市场状况、当地历史文化、民俗、资源状况等进行深入研究并对分析结果进行总结和提炼,为品牌的定位做好准备。

4.2.1.2 品牌定位

景区品牌定位是指景区所设想的品牌在目标消费者心目中独特的位置,当某种需要一旦产生,消费者就会先想到这一品牌。其目的就是争取达到景区所设想的品牌形象与消费者心目中的实际形象相吻合,使消费者产生共鸣。

品牌定位是品牌建设的基础,是塑造品牌过程中的关键一环。好的品牌定位是品牌塑造成功的一半。景区品牌定位就是将景区品牌的功能、特征与消费者心理上的需要连接起来,明确景区品牌在消费者心目中产生何种印象、何种地位,确立景区品牌形象,争取达到景区所设想的品牌形象与消费者心目中的实际形象相吻合,使消费者产生共鸣,最终赢得市场客源。

(1)旅游景区品牌定位的内容

1)品牌文化定位

品牌文化指品牌背景中的精神层面。景区的品牌文化应该是建立在深度挖掘景观和地区文化积淀的基础上,通过不同载体体现景区所在地的人文价值。品牌文化要以品牌营销为出发点,旨在为旅游者带来丰富的文化体验,增强景区的文化辐射功能,打造品牌的竞争优势和市场地位。

2)品牌产品定位

产品是景区品牌的核心内容。产品质量的优劣、产品卖点的准确定位等都直接决定着品牌的塑造。找准卖点是建立在深入了解景区资源优势的基础上,推出最能代表景区特色、体现竞争优势的产品。

此外,产品的定位一定要有的放矢,给予现实及潜在游客独特和完善的利益承诺。同时要意识到建立与维系品牌的关键是良好、稳定的服务,不围绕服务做文章就造不出优质的景区产品,也就难以打造品牌,可以说优质的服务产品是打造景区品牌的基础。

3)品牌价值定位

消费者购买景区产品是为获得享受和体验,感受景区所提供的服务。因此,确定旅游者购买决策的利益价值,也是品牌定位中要考虑的重要因素。景区欲打造的品牌能够满足旅游者期望得到的那些功能性利益和情感性利益,从而确定景区品牌的深层次卖点,是景区明确品牌定位、强化品牌识别和竞争优势的决定因素。

4)品牌管理定位

建立品牌管理制度,建立品牌经营系统的组织结构,对管理的每个环节制订标准化管理制度,实施控制细则,这是品牌管理的基础。现代景区经营管理中还应做好对品牌的保护以及中长期规划,使这个无形资产得到有效利用。良好的景区品牌需要来自管理内部的多方面综合支持,以达到不断积累景区品牌资源和强化景区持续竞争优势的目的。

(2)旅游景区品牌定位的方法

景区品牌定位有多种方法,随着市场的不断发展变化,定位方法和角度也在不断更新变化,这里介绍几种常见的方法。

1)比附定位法

比附定位法即"借光"法。一些竞争优势不明显的景区可以结合自身的资源特色借用著名景区的市场影响来抬高自己。比如将河南的黄河小浪底称为"北方的千岛湖"。

2)逆向定位法

逆向定位法就是打破常规思维模式,以与人们常见的内容和形式相反的情况来塑造市场形象,起到标新立异的效果。如用"人在笼内,动物在笼外"的思维来颠覆常见的野生动物园"动物在笼内,人在笼外"的观赏方式。

3)差异共生定位法

差异共生定位法就是寻找与类似景区的不同点和共性,突出自身的特性,同时又与著名景区的相似点作类比,利用特性创建自身品牌。例如南岳衡山景区,与同为山岳景观的其他四岳对比,重点突出自身的"秀",给旅游者留下深刻印象。

4)狭缝市场定位法

那些不具有明显特色优势的景区,可以利用被其他景区遗忘的市场角落来塑造自己旅游产品的市场形象,把"小蛋糕"做精做细,打造自己的精品。

4.2.2 旅游景区品牌的传播

很多旅游景区由于对品牌市场传播不够,未能使好的旅游资源转化成市场优势,阻碍了景区的快速发展。景区品牌要深入顾客的心灵,为消费者熟知和接受,要依赖于品牌的推广。旅游景区品牌推广是指景区通过各种有效的传播手段,将品牌信息传递给目标受众,以提高景区品牌的知名度、认知度、美誉度和顾客忠诚度,从而实现景区品牌价值增值的目的。旅游景区品牌的传播要借助一定的工具来实现。

(1)节事活动

节事活动是景区品牌传播的最有效方式。景区通过举办大型节事活动可以吸引各种媒体的注意,使景区品牌形象的受众范围不断扩大,达到运用眼球经济原理带动景区品牌推广传播的目的。如海南博鳌承办亚洲论坛、北京承办奥运会、上海承办世博会等。

（2）广告

广告宣传包括多种方式，主要是利用报刊、杂志、广播、电视、交通工具等多种形式推广景区品牌形象，使景区品牌形象展现到各阶层旅游消费者眼前，扩大受众范围。

（3）公共关系

公共关系指品牌通过新闻报道和对社会公众活动的参与而进行的品牌传播，并由此建立品牌与公众之间的沟通和互动关系。以公众为对象，以沟通为手段，以互惠为原则，以促进与不同公众的良好关系，树立景区的良好形象为目标，是景区公关宣传的内在涵义。

景区公关推广可以采用不同形式，主要有以下几种。

1）宣传公关

利用传播媒体和手段，向社会公众宣传展示自己的发展成就和公益形象，在公众心目中建立良好的社会印象和舆论导向。

2）交际公关

景区通过与公众联络感情、协调关系、化解矛盾等直接接触，建立良好的人际关系。比如现场咨询、建立意见反馈渠道等，这种方式对于增强顾客对景区的忠诚度，扩大景区声誉有显著作用。

3）社会公关

景区通过举办各种具有社会性、文化性、公益性或者体育参与性的活动，提升景区的社会知名度和品牌价值，塑造良好的景区文化形象。

4）征询型公关

通过采集信息、舆论调查、民意测验等方式，为景区的经营管理决策提供可参考的客观依据，了解影响游客选择购买的潜在因素，不断完善景区的形象。这是促进景区营销的间接性手段。

5）服务型公关

景区为公众提供热情、周到和方便的服务本身就是良好的公关模式，既在不着商业痕迹的直接服务中起到了即时刺激消费的作用，又能在旅游消费者的口碑效应中达到扩大销售的目的。

（4）口碑宣传

口碑传播是游客在完成景区的游览活动后，对景区的产品和服务综合评价并向他人进行传播的过程。通常情况下，口碑是大多数旅游者获得旅游信息的主要途径。因此，景区是否能赢得良好的口碑是建设品牌的重要途径。而良好口碑的获得离不开景区向游客提供优质的产品和服务。

（5）网络

网络传播因具有快捷、不受时空限制等优点，逐渐成为旅游景区不可忽视的品牌传播手段。在各地的门户网站或旅游专业网站加载景区的链接，使潜在游客在出游前能够快速有效地收集景区的信息，从而全面地了解景区的相关情况，能够帮助景区在激烈的市场竞争中获得大量客源，占据一定的市场优势。

4.3　旅游景区品牌经营的策略与创新

4.3.1　旅游景区品牌经营的策略

（1）多品牌策略

多品牌战略就是景区结合自身资源的不同特征针对不同的消费层提供适合其消费需求和心理特点的品牌系列，以便通过差异化品牌之间的互补效应实现企业品牌资产的最大化。景区多品牌经营战略要遵循以下两点：①以目标市场的多样化为导向，在实现差异化品牌营销的同时，注意维护产品和企业的整体形象，切不可削弱主体的有生力量。②针对不同目标群体的实施灵活的景区产品组合，充分发挥景区资源的潜在优势，注意扬长避短、相互补充。

（2）品牌系列化策略

景区品牌系列化是在建立了一定品牌实力的基础上，利用品牌的知名度和号召力扩大品牌的经营范围和内容。在发展主业的同时，扩大产业规模，取得综合经济效益。在市场经济环境下，系列化经营无疑可以增强景区企业实力，提供可持续发展的保证。

系列化战略还可以利用现有品牌的知名度把品牌名称运用到新类别的产品上，这种品牌延伸的策略，可缩短旅游消费者接受新产品的过程，节约宣传成本。品牌延伸不仅可以用于同类新产品的开发，还可以围绕旅游六要素，实现旅游生产力要素的产业化发展，扩大品牌的使用范围。

（3）品牌授权

品牌授权是授权自己所拥有或代理的商标、品牌等，以合同的形式授予被授权者使用，被授权者按合同规定从事经营活动，并向授权者支付享用费用。景区品牌授权可以通过景区企业主动地、有计划地输出品牌、输出管理和被授权方之间优势互补。

旅游景区通过品牌授权，可以使更多景区合法的使用知名品牌，扩大景区产品的市场销售，使合作双方在互惠互利的基础上取得双赢。对于被授权景区而言，通过旅游品牌授权，购买一个被旅游消费者所认知的知名景区品牌，凭借该品牌的知名度和良好的品牌形象、经营理念，能够以较低的成本、较快的速度、较低的风险，使自己的景区进入旅游市场并被市场接受，从而可以使旅游企业及产品快速地走向成功。授权旅游景区则可以通过品牌授权的经营策略解决资金运作的不足，使品牌真正实现市场化运作。

4.3.2　旅游景区品牌的维护

优质的品牌是景区在市场立足的根本，对旅游景区品牌要进行定期维护，通过对品牌的维护可以有效地保证品牌的知名度和美誉度，延长旅游景区品牌的生命周期，从而增强景区的竞争力。

所有品牌都面临品牌的保护问题。注册商标是对旅游品牌保护的唯一途径,但直到今天,我国仍然没有多少旅游景区意识到这个问题的重要性,景区名称被恶意抢注的情况普遍存在。此外,由于我国商标实行的是一类一标,即便注册了商标,如果不是全国驰名商标,仍面临着被其他行业抢注的危险。解决这一问题的途径是对景区名称、品牌进行全面注册或实施严格的商标检测并提出异议,继而注册驰名商标。

旅游景区品牌保护的最终目的就是使品牌在保护中得到发展,在发展中得到保护,从而走上可持续发展道路。

4.3.3　旅游景区品牌的创新

创新是景区发展的不竭动力。景区在经营、推广品牌,不断丰富品牌内涵的同时,也要根据经营环境的变化,旅游者需求的变化,深层次挖掘景区产品的内涵,不断进行品牌创新。我国的旅游景区虽然还不成熟,但却拥有比以往更加广阔的发展空间和更加成熟的旅游消费者,创新发展毋庸置疑。

深圳欢乐谷于1998年开业,为华侨城控股股份有限公司下属企业,从探索主题公园发展的新思路之初,欢乐谷以不断创新、与时俱进为根本宗旨,先后完成了一期、二期和三期的建设,在发展新型主题乐园的道路上,用智慧打造欢乐的梦想,引领了一系列的经济现象,其发展创新经验对中国旅游业的建设具有一定的启示。在此以深圳欢乐谷为例,从品牌战略、品牌策划、品牌管理、品牌产品和品牌服务五个方面分析景区品牌的创新。

(1)品牌战略创新

战略创新是现代主题乐园实施战略管理的根本。欢乐谷倡导持续发展——"常建常新",让游客"常看常新",并先后制订了欢乐谷三年形象工程(滚动修编计划)和欢乐谷五年发展战略。随着经营环境与市场竞争的日益严峻,欢乐谷通过全新的资源整合、产品发展空间的延伸、经营模式的拓宽,由一个日间经营的乐园成为一个全天候经营的乐园。不仅如此,2004年,与华控公司整合,欢乐谷成为华控的核心企业,为华控构筑了一个输出管理的平台。欢乐谷在自身建设上通过不断扩充项目,丰富了产品资源,由"水陆"公园成为"海陆空"立体产品资源俱备的主题乐园。

总结欢乐谷的综合战略决策经验:首先,从企业发展战略高度出发,欢乐谷对外的宣传已提升到为企业品牌服务,对企业品牌进行维护及管理;其次,每年投入3千万~5千万元资金用于改造和新建项目,提高景区产品、环境品质,不断为游客提供新、奇、特的游乐体验和安全优质的游乐服务;再次,努力开发新业务,在核心游乐产品方面,融合多种娱乐元素,开发健康、阳光的都市娱乐生活方式,在附加产品方面,充分利用欢乐谷网站资源,开发与乐园产品相配套的网络游戏,等等。

(2)品牌策划创新

策划创新是一个主题乐园立足市场的重要因素,系列化的大型体验性活动的开展是其市场制胜的法宝,目的都在于培育市场卖点、消费热点和利润增长点。欢乐谷的策划创新,体现在以下几点。

1) 主题节庆活动

多年来,欢乐谷坚持将五大节庆活动作为大品牌下的子品牌来经营,注重把握国际娱乐潮流和脉搏,将"时尚文化"与"本土文化"有机结合,每一个主题活动都结合欢乐谷品牌内涵的某一个元素来展开,比如:新春国际滑稽节体现欢乐吉祥、暑期玛雅狂欢节体现激情狂欢、国际魔术节体现神秘与梦幻等。按照"一项活动、一个品牌、一家媒体"的办节思路,将主题活动做出声势和特点,进一步丰富、强化和再现主题,达到"大节造影响、小节做市场"的拉动效果,从而做大做强欢乐谷品牌。

2) 与媒体的合作

欢乐谷通过制造有"热点新闻"效应的事件,有计划地策划、组织、举办活动,或寻找与企业自身相关的结合点,推出欢乐谷的旅游产品或个性化服务,吸引媒体和社会公众的注意与兴趣。如:承办中央电视台"中国篮球最佳阵容颁奖晚会",与星空卫视主办《星空激情夏令营》,与深圳电视台举办新加坡电视剧《奔月》明星见面会,与深圳电台音乐频道联合举办"星工场"歌友会,与共青团深圳市委、深圳地铁有限公司举办"深圳地铁建设者活动",等等。

3) 倡导"零距离"互动表演的概念

从欢乐广场到金矿镇舞台,从金枪鱼广场到东巴舞台,从影视表演场到魔幻剧场,处处分布着专业的表演台,天天上演街舞表演、乐队演出、哑剧表演、极限运动表演、魔术、杂技表演及夜光大巡游等特色的演出,还有活泼可爱的欢乐谷卡通人游走在园区各处与游客嬉戏,装扮夸张的小丑做着滑稽的动作与游客逗趣。这些无不表现出欣赏者与表演者之间的"零距离",体现了欢乐谷艺术表演的创新精神。

(3) 品牌管理创新

管理是基础,执行是关键。深圳欢乐谷通过规范管理制度,统一经营理念,强化过程监督,有效提升企业执行力。围绕管理创新和企业发展两大主题,先后实施三个导入,搭建三个体系,构筑了一个有利于持续改进的管理平台,以提高景区管理水平和核心竞争力。

1) 导入 ISO9001 质量管理标准,构建公司管理体系

公司从 2001 年 9 月开始导入 ISO9001 质量管理体系,运用 ISO 的思想,全面梳理各项管理制度,不断补充、修订和完善工作程序和岗位操作流程,使之成为一套统领公司运行的管理标准体系,从安全、成本、服务三方面指导管理工作,指导公司整体的运营管理。

2) 导入国际先进的顾客服务圈理念,建立服务标准体系

从关注游客需求,追求游客满意,树立"游客满意"为最高价值导向的服务理念出发,一方面优化内部服务流程;另一方面倡导二线服务一线,一线服务游客,管理服务现场。2004 年,结合《华侨城旅游服务标准》和欢乐谷企业文化倡导的"三先五会"的精神,对景区各岗位进行研究,总结经典案例,编制服务标准手册作为公司培训的教科书,并在实践中进一步强化服务标准。

3) 导入"领班行动"战略,搭建人才培养体系

为全面提升企业管理品质,坚持以管理创新的思维培养干部,通过"圆桌会议"、管理干部轮换、国外考察等方式培育企业核心领导力,将管理人员的培训对象扩展到基层领班,以"以一带十、全面提升"为指导思想开展了"领班行动"。由此突破了主题乐园人力

资源管理的瓶颈,延伸了管理链条,形成了高层、中层和基层三个层面的管理模式,初步搭建起欢乐谷人才梯队培养体系。作为旅游企业,欢乐谷始终把安全置于首位,并贯穿于全过程。坚持"安全第一,预防为主"的方针,紧紧抓住大安全的概念:一是牢固树立安全防范意识,学习掌握安全知识和消防技能;二是进行安全知识的培训与考核。

目前,欢乐谷资产管理工作也已逐渐步入规范化的管理轨道,针对公司各类重点资产,出台专项管理规定和工作流程,引用安装资产管理软件系统,形成一套完整的资产管理制度。

同时,公司还建立健全科学的与企业发展相适应的绩效考核管理机制,为人力资源管理提供实践的操作平台;促进人才的合理流动、优胜劣汰,吸引、激励人才,并将各部门相关的安全管理、资产管理、预算管理等各项工作的考核纳入各级绩效考核中。

（4）品牌产品创新

1998年欢乐谷一期项目的建成开业,体现了华侨城集团旅游产品的新突破,实现了由观赏性公园向参与、体验性主题乐园的转型。2002年,欢乐谷二期成功进行了产品的提升和完善,在规划及项目设计方面始终遵循"体验即是生活,生活即是体验"的现代休闲理念,在原有基础上新增四大主题区,全新引进一系列高科技游乐设施,强化满足游客参与、体验新型时尚娱乐的需求,大大拓展了市场的空间和份额,为欢乐谷"动感、时尚、欢乐、梦幻"的品牌形象奠定了坚实的基础。2005年"五一",欢乐谷三期"欢乐时光"项目一炮走红,欢乐谷品牌再次升级,三期的开放为欢乐谷品牌注入了新的内涵,推出"都市娱乐中心"的全新品牌定位,提出"繁华都市的开心地"的品牌口号,并运用"欢乐嘉年华"形式进行媒体宣传,通过旅游产品娱乐化,开创了全新的旅游模式,使品牌概念进一步清晰,定位更加准确。

同时在产品创新的背后,通过投入资金,完善硬件设施,增加新项目,丰富旅游产品,维护园区面貌,对老项目进行改造等一系列措施的具体支持,以提高游客满意度和重游率,保持企业的市场竞争力。

（5）品牌服务创新

严格的经营管理、优质的服务与先进的硬件设施相配套,是欢乐谷追求的目标和发展的保证;让每一位游客安全、愉快、满意是景区每一位服务人员的自我要求。通过对与主题乐园相关的细节进行仔细研究,欢乐谷形成一套综合管理与运作的支持服务体系。

在实施旅游行业服务质量等级标准的大前提上,做到共性服务、个性化服务和差异化服务相结合,充分发挥各岗位员工的主观能动性,做到"个性服务主动化、服务规范标准化、工作流程程序化"。通过"先注视、先微笑、先问候"三先服务、主动服务、特殊服务,解决服务圈各环节的"关键时刻",最终提高游客满意率,发展忠诚的游客。

安全是企业的生命线,安全被欢乐谷作为服务质量的第一标准。在设备安全方面,从项目排队区开始,即有明显的游客告示和排队时间表,提醒游客排队的时间和游玩的注意事项;在每一个貌似恐怖的大型游乐项目运行中,都有解说员不停地介绍周围的环境、即将要出现的目标和新的感受,使得游客有足够的心理准备顺利地游玩;针对南方天气炎热的特点,欢乐谷在园区各景点,增加了喷雾风扇,让游客在游玩的同时,能够感受到丝丝的清凉。

2005年夏季,公司实行"细节行动",举办"千人共读一本书"——《细节决定成败》,进而在暑期全面实行"细节行动"——从一点一滴做起,用心与游客交流、真心为游客着想、热心为游客服务,关注细节,提升服务品质,提升欢乐谷的核心竞争力。在关注安全、资产、服务和现场工作的同时,确立"细节决定成败,品质决定兴衰"的经营服务理念。

欢乐谷本身是创新的产物。没有创新,就没有今天的欢乐谷。无论是主题乐园还是其他类型的景区企业,创新都将成为其发展的动力之源,唯有坚持不懈地进行更新改造,与时代同步,以创新求发展,以规模创效益,追求规模经济,才能保持我国旅游景区的生命力。

本章小结

本章主要介绍了旅游景区品牌的含义及特征,景区品牌经营的意义和作用。从景区品牌定位的概念、内容方法以及品牌的传播等方面论述了景区品牌的塑造,并通过案例分析了景区品牌创新的内容与前景。

重点概念

旅游景区品牌　景区品牌定位品牌战略　品牌授权　品牌创新

案例分析

山东蓬莱阁景区品牌塑造

山东蓬莱阁建于北宋,公元1061年,1982年被国务院公布为全国重点文物保护单位。景区以蓬莱阁古建筑群为中轴,以田横山景区、蓬莱水城为两翼,以山、海、城、阁为载体,以神仙文化、精武文化、港口文化、海洋民俗文化为底蕴,以戚继光故里、登州博物馆、古船博物馆、田横栈道、海滨和平广场及黄渤海分界坐标等20余处景点为点缀,融自然风光、历史名胜、人文景观、休闲探险于一体的风景名胜、休闲度假胜地。景区在1988年被国务院批准为国家重点风景名胜区,2000年被国家旅游局评为国家首批4A级景区,2001年和2003年又先后通过了ISO9001国际质量管理体系和ISO14001国际环境管理体系双重认证,取得了进军国际旅游市场的通行证。针对这样的优势资源,景区品牌打造注重区域特色、文化特色、历史特色、民俗特色四大特色的融合,在充分剖析市场环境的基础上,制订了品牌战略。

1. 剖析蓬莱阁景区的市场环境

蓬莱市旅游业起步较早,整体发展水平处于山东乃至全国前列,旅游总产值占

GDP的比重为12.5%,这个比重超过了青岛、大连等知名旅游城市。蓬莱旅游已经从最初的胶东旅游线上的"点"发展成为环黄渤海黄金旅游板块不可或缺的重要组成部分。蓬莱阁景区是蓬莱旅游业的龙头,仅门票平均年收入就达8 000余万元。蓬莱旅游业最初的发展模式也是以蓬莱阁景区为引擎动力,以此来带动蓬莱旅游业的全面发展。因此,就国内市场而言,蓬莱阁景区基本处于全国主流景区行业,这是蓬莱阁景区实施品牌战略的良好开端。

蓬莱阁景区旅游市场份额中,国内游客每年均在98.5%左右徘徊,国际市场份额则历年都没有超过1.5%。就国际市场这1.5%的份额而言,98%游客都集中在汉文化圈内,基本上都来自东南亚国家,而又以日韩居多。这与蓬莱阁景区自身的神话底蕴紧密相连,也于蓬莱自身的地理位置不无关联。我们不难看出,在国际市场上,蓬莱阁基本上处于末流行列,这也说明目前把蓬莱阁打造成为国际知名旅游品牌的难度很大。

2. 解析蓬莱阁景区的资源优势

资源优势分析是一种比较分析,是景区个性化品牌包装的基础。在旅游业中我们不难发现这样的例子,很多的人造景点虽然能弥补自然景点、传统景区的不足,或通过娱乐互动,或通过科技观赏,可以开发甚至占据一定的市场份额,然而其极易被模仿这一致命性弱点决定了其品牌的脆弱性。因此,在旅游景区品牌打造过程中,景区资源禀赋如何、独特与否就占据着相当重要的分量。通常情况下,只要是资源禀赋高、文脉清晰、主题精炼的景区,措施采取得当,其知名度和美誉度的提升就会相当迅速,品牌的成功打造也会比普通景区容易得多。

蓬莱阁景区资源禀赋较高,无论是从品位、质量还是知名度来讲,在胶东半岛乃至全国都极具垄断性。在山东省"仙、海、儒、岱"四大旅游资源中,蓬莱阁景区不仅占"仙、海"两大资源,而且是国家级重点风景名胜区,拥有三处国家重点文物保护单位。另外,蓬莱阁景区还拥有"朝赏黄海日出、暮观渤海日落"这样的唯一性海洋资源,其以北海面又是世界上"海市蜃楼"发生最为频繁的区域之一。这就使蓬莱阁景区的资源有了以下三大特点:一是历史悠久,独特性强,不易被复制;二是文化底蕴深,地域色彩浓,个性易彰显;三是高禀赋资源分布集中,资源组合度好。

3. 制订蓬莱阁品牌的战略规划

战略规划是实施品牌战略的蓝图,主要涉及目标、方向、方案、计划四个方面。战略规划的制订必须遵循景区的可持续发展原则,要注重"经济与文化"、"硬件与软件"、"自然与古迹"、"历史与民俗"、"主题与特色"等诸多方面的有机融合,还要考虑"长久规划与近期发展"、"总体规划与单体设计"、"景区主导与市场机制"等方面的统筹结合。战略规划一经制订,品牌打造就必须严格按照战略规划来部署实施。蓬莱阁品牌战略规划的制订主要有以下三个步骤。

第一步,依据景区文脉,确定景区的发展目标和方向。蓬莱阁景区的发展总目标和方向:经过5~7年时间,在保护生态环境和文态环境的基础上,实现蓬莱阁景区的可持续发展,将蓬莱阁景区建设成为名副其实的"人间仙境",成为融区域特色、文化特色、历史特色、民俗特色于一体的全国著名海滨风景名胜区,成为汉文化圈国家观光、休闲、度假的胜地,并跻身全国一流风景名胜区行列。蓬莱阁景区的三大旅游产品战略目标是重点发展历史文化古迹游、丰富完善休闲度假游和配套发展专项旅游。

第二步,依据景区发展方向,提取景区品牌战略目标。蓬莱阁品牌战略目标的提取采用政府主导、专家操作、社会监督、景区决策的开放式运作程序。主要分六小步:①由景区提出品牌主题;②政府把关并将景区品牌战略纳入城市品牌战略规划之中;③在全国范围内进行招标,引进高层次专业机构开展编制工作;④进行公示,把预案向社会公开,广泛听取意见;⑤聘请国内外专家学者进行论证评审;⑥景区拍板决策。最终确定蓬莱阁品牌的内涵定位是"人间仙境"、"度假天堂"。蓬莱阁品牌战略总目标为:按照旅游品牌特色化、效益化原则,争取在 8～10 年内,使蓬莱阁品牌综合价值跻身全国 50 强旅游景区品牌行列。

第三步,依据品牌战略目标,制订可行的方案与计划。自 1996 年以来,我们先后引入清华大学、同济大学、复旦大学、中国城市规划设计院、中国旅游学院、上海海达旅游发展研究所等 30 多所知名科研院所参与方案与计划的制订和修改工作,有效保障了方案与计划的科学性。

不仅如此,山东蓬莱阁景区还在制订品牌战略的基础上提出了具体的实施步骤,注重挖掘文化内涵,突出品牌特色;创建完善的投资、营销体系,全方面包装品牌特色;提高服务质量,加强景区管理,全方位经营品牌特色。成功了打造了迈向国际市场的景区品牌。

思考:蓬莱阁景区的品牌塑造给我们哪些启示?

基本训练

一、选择

1. 景区通过举办各种具有社会性、文化性、公益性或者体育参与性的活动,提升景区的社会知名度和品牌价值,塑造良好的景区文化形象,这是景区公共关系推广方式中的(　　　)。

　A. 宣传公关　　　　B. 交际公关　　　　C. 社会公关　　　　D. 征询公关

2. 在建立了一定品牌实力的基础上,利用品牌的知名度和号召力扩大品牌的经营范围和内容,这运用的是品牌经营战略中的(　　　)。

　A. 多品牌战略　　　B. 品牌系列化战略　　C. 品牌授权

二、简答

1. 旅游景区品牌经营有哪些作用?
2. 旅游景区品牌定位的含义和内容是什么?

三、实训

结合具体景区,为该景区策划多品牌和品牌系列化的推广经营方式。

5

旅游景区的产品创新

课前导读

从本质上讲,旅游景区的产品创新是为了更好地满足游客的需求和期望。景区产品是一种特殊的旅游产品,是直接面向游客的终端产品形式,景区产品的优劣是决定景区能否长足发展的关键所在。因此,可以说产品创新在整个景区的创新管理中居于中心环节。旅游业是一个需要不断创新的行业,尤其是景区,往往以其独特、新颖的面貌吸引着旅游者,没有创新,景区就没有活力;没有创新,景区就失去了发展的动力。因此,作为景区管理者,必须将景区的创新工作贯穿于景区管理以及旅游活动的整个过程。只有这样,才能在市场上树立鲜明的形象,才能为景区长足的发展提供不竭的动力。

本章主要介绍了有关景区产品的概念及类型,旅游景区产品创新的方法、途径、旅游景区主题产品策划的原则。通过本章学习,学生应该能将所学习的理论与实践相结合。

教学目标

1.了解旅游景区产品的概念及类型。

2.熟悉旅游景区产品设计与开发的原则、程序。

3.掌握旅游景区产品策划的方法。

4.掌握旅游景区产品创新的方法。

5.1 旅游景区产品概述

旅游景区产品一般包括三个层面,即核心产品、有形产品和扩展产品。核心产品是旅游者购买的基本对象。它由对旅游者核心利益的满足构成,旅游者通过对产品的购买可以满足自己的核心利益。有形产品主要指产品的特色、品牌、质量等。扩展产品包括游客可以得到的有形和无形的附加服务和利益。扩展产品是"解决旅游者所有问题的组合产品",甚至把旅游者还未想到的问题纳入其中。旅游景区产品是景区经营的核心,是决定景区成败的关键。独具特色的景区产品能够激发旅游者的旅游动机,进而引发旅游者的旅游需求。

5.1.1　旅游景区产品的概念

5.1.1.1　产品的概念和内涵

人们经常使用的"产品"一词,实际上是一个需要仔细推敲的复杂概念。目前已经存在不少关于产品的定义,其中包括科特勒所下的定义,即"产品是指能够提供给市场并引起人们的注意、获取、使用或消费,以满足某种欲望或需要的任何东西"。产品可以是物质、服务、人、地点、组织或概念。许多已被接受的关于"产品"的定义,主要指制造品。然而,近年来包括旅游业在内的服务业的兴起,导致人们对"产品"一词概念的扩展,以反映在某些综合性行业中,产品是一种服务而不是制造品。现在人们普遍认为服务业的产品实际上是有形产品与无形服务的组合。赞同这种观点的人把产品称做是"产品服务组合"并给出这样的定义:"产品服务组合是指旨在满足目标市场需要的有形产品和无形服务的组合。"

5.1.1.2　旅游景区产品的概念和内涵

作者认为,大多数景区都属于"产品服务组合"产品概念的典型例子。尽管以下定义是针对接待业产品而言,但是它同样适用于大多数景区:产品是一种由商业实体提供的,却被现有的和潜在的顾客所感知到的东西。它是专门为满足某些目标市场需要或解决其问题而特别设计的。产品由无形和有形两种元素组成。它既可以像椅子、盘子一样具体,也可以像"感觉"一样抽象。产品的效用取决于它能为顾客做什么。

如果这个定义适用于大多数景区,我们就可以说它是可接受的。例如,像埃尔顿塔这类主题公园,就是由游乐项目等有形元素和体验游乐项目所产生的刺激、惊险等无形元素组成。博物馆不仅展示具体有形的展品,而且还给参观者提供了回顾历史的机会和感受。参观大教堂的乐趣不仅来自对彩色玻璃窗、石像雕塑等有形建筑物的观赏,还来自所体验到的场所气氛和精神价值等无形因素。自然景区也同样是有形元素和无形元素的结合,如海滨是有形的,而与身边的同伴一起漫步于沙滩的浪漫感觉则是无形的。甚至许多节事活动也是有形和无形的结合,例如我们听音乐会时,伴随音乐而产生的审美和无形的欢乐是音乐会的重要组成部分,但同时座椅的舒适度和我们在剧场的位置也是至关重要的。

对于旅游景区产品的概念,可以从需求和供给两个角度加以诠释。从需求角度来看,大多数学者赞成将旅游景区产品看成是一种经历。这种经历从游览景区的动机和制订旅行计划开始,接着是游览景区的过程,包括前往景区和离开景区的旅行以及在景区里的活动,最终形成了旅游者对景区的整体印象。

从供给角度而言,旅游景区产品是指旅游景区为满足旅游者多样化的需求而提供的有形实体和无形服务的总和。旅游景区产品出自然景观、建筑、游乐项目等有形物质产品之外,还包括大量的服务产品,如接待、导游、咨询服务等。旅游服务可分为售前服务、售时服务和售后服务。售前服务是指景区经营者在旅游活动前的准备性服务,包括旅游线路编排、产品设计、咨询、宣传促销、旅游保险等服务。售时服务是指旅游景区为旅游者在旅游活动过程中所提供的食、住、行、游、购、娱方面的服务。售后服务是指旅游景区在旅游者旅游活动结束后所提供的服务,包括交通服务、委托代办服务、行李托运、跟踪调查等。

5.1.2　旅游景区产品的组成要素

(1)旅游景区吸引物

旅游景区吸引物就是景区内标志性的观赏物。游客正是观赏旅游景区某一特定物才不远千里来旅游的。吸引物不仅靠自身独有的特质来吸引游客,还要有一个良好的形象塑造和宣传才能起到应有的引力效果。给旅游景区产品定位,把景区最吸引人的、最突出的特色表现出来,形成景区的品牌。例如,玉女峰是武夷山风景区的标志性山峰,也是最受游客青睐的景点。武夷山一直以来就以"玉女峰"为形象标志对外进行宣传促销,给旅游者以一种清新纯净的形象感知。

(2)旅游景区活动项目

旅游景区活动项目是指结合景区特色举办的常规性或临时性供游客欣赏、参与的群众性盛事和游乐项目。景区活动的内容是非常丰富的,如文艺、体育表演或比赛、民间习俗再现、各种绝活演艺、游客参与节目、寻宝抽奖等。景区活动能使游客的旅游感受更有趣味性,使旅游服务的主题更加鲜明、更有吸引力。例如,河南省博物院复制了中原上古时期最具代表性的近20种乐器,并在2000年成立华夏古乐团,专门进行中华民族古乐的演出,使中原古文化以更加丰满的姿态展现出来。每次演奏会结束的时候,古乐团还会邀请游客上台参与表演,很受中外游客的欢迎。

(3)旅游景区管理与服务

旅游景区产品表现形式尽管呈多样化,但其核心内容仍是服务。服务的特点就是它的提供与消费常常处于同一时间段,每一次服务失误就是一个不可"回炉"修复的遗憾的废品产出。因而,在服务过程中的管理尤显重要,管理是最核心的服务。景区景点管理包含两个层面:一是对员工的管理,二是对景区的管理。对前者的管理要靠各项制度作为保证;对后者的管理主要体现在对游客的服务上,以最大限度满足游客需要为宗旨。

5.1.3　旅游景区产品的类型

旅游景区发展到今天,景区产品的类型已出现多样化发展的趋势,但是每一种景区产品给旅游者带来的旅游经历和感受则是不同的,因此了解每种景区产品的类型及特征,对景区的经营至关重要。目前常采用的景区产品分类方法有以下几种。

5.1.3.1 按旅游景区产品的发展阶段分类

按发展阶段不同可以把旅游景区产品划分为人文自然景观型、人造景观型和科技参与型。

人文自然景观型产品主要借助本地资源特色,以自然山水景观和名胜古迹为载体,它是早期旅游的主要形式,并且延续至今。人文自然景观型产品因借助本地特色,开发成本相对比较低,但是它受地域的限制,又具有明显的局限性。像泰山就属于此种类型。泰山,位于山东省中部、泰安市之北,为我国五岳之东岳。泰山不仅有雄奇壮丽的山势,而且有众多的文物古迹,是一座集自然景观与人文古迹为一体的旅游景区。

人造景观型产品主要借助大投入产生轰动效应,对世界各地自然人文景点进行移植荟萃,它是目前景区发展的主流。人造景观型产品一般可以突破时空的限制,但是人工痕迹比较明显,难以产生持续的吸引力。20 世纪 90 年代初在美国佛罗里达州的奥兰多市所建的锦绣中华园就属于此种类型。位于该市的锦绣中华园是迄今在国外规模最大的中国文化主题公园。长城、兵马俑、敦煌石窟等 60 多个中国著名文化古迹和自然景观荟萃一园。但是由于它未能满足美国游客的需求(因为美国人大多喜欢刺激、冒险的娱乐项目,而锦绣中华的景观则以静态为主,缺少刺激性、参与型和娱乐性)以及其他方面一些原因的影响,目前已经停止营业。

科技参与型产品强调游客的高度参与,在旅游中引入高科技的休闲娱乐项目,它代表未来旅游景区的发展方向。科技参与型的产品彻底突破了时空的限制,为旅游者营造了一个充满游戏的崭新的文化空间,位于香港的迪士尼主题公园就属于此种类型。香港迪士尼主题公园位于香港大屿山竹篙湾,占地 126 公顷,于 2005 年 9 月 12 日正式开业,在这个迪士尼乐园里边各种高科技的娱乐项目应有尽有,它特别强调游客的参与性。深圳欢乐谷也属于科技参与型,它是华侨城集团新一代大型主题乐园,国家 4A 级旅游景区,是一座融参与性、观赏性、娱乐性、趣味性于一体的中国现代主题乐园。园内共有 100 多个老少皆宜、丰富多彩的游乐项目。

5.1.3.2 按旅游景区产品的功能分类

按旅游景区产品的功能不同可划分为陈列式、表演式和参与式三个类型。

陈列式观光游览是以自然资源风景名胜与人文历史遗迹为主要内容的,它是最基本旅游形式。陕西省华山旅游景区属于此种类型。西岳华山位于距西安市 100 余千米的华阴县城南,海拔 1 997 米,以险峻著称。华山又是道教圣地,山上现存 72 个半悬洞,道观 20 余座。秦汉以来,和道教、华山有关的神话传说广为流传,现存 200 余篇。其中以"劈山救母"、"巨灵劈山"影响深远。隋唐以来,李白、杜甫等文人墨客咏华山的诗歌、碑记和游记不下 1 200 余篇。

表演式展示主要满足旅游者由"静"到"动"的多样化心理需求,以民俗风情与游乐为主要内容。深圳锦绣中华民俗村就属于此种类型。在这个民俗村里,共有 24 个村寨,可以展示 56 个民族的风土人情。

参与式娱乐与相关活动以游戏娱乐和亲身体验为主要内容,满足旅游者的自主选择,这种景区产品可以形成对旅游者的持久吸引力,位于深圳的欢乐谷景区就属于此种类型。深圳欢乐谷是华侨城集团新一代大型主题乐园,国家 4A 级旅游景区,占地面积 35 万平方米,总投资 8 亿元人民币。它是一座融参与性、娱乐性、观赏性、趣味性于一体的中国现代主题乐园。深圳欢乐谷共分九大主题区,分别是卡通城、西班牙广场、欢乐时光、冒险山、香格里拉森林、金矿镇、飓风湾、阳光海岸、玛雅水公园,加上高空单轨列车"欢乐干线",有 100 多个老少皆宜、丰富多彩的游乐项目。

5.1.3.3 根据产品性质的不同分类

根据产品性质的不同可将景区产品分为观光产品、度假产品、专项产品和特种产品四个主要类型。

目前,中国在国际、国内旅游市场上形成的旅游产品主要分为四类:观光旅游产品、度假旅游产品、专项旅游产品和特种旅游产品。景区产品依据不同的资源状况,基本上覆盖了所有的旅游产品类型。因此,旅游产品分类也适合于旅游景区产品的分类。其中,观光旅游产品包括自然风光观光、农业观光、乡土观光、技艺表演等;度假旅游产品包括海滨度假、温泉度假、湖滨度假和山林度假等;专项旅游产品包括生态旅游、节庆旅游、探亲旅游、会议旅游、宗教旅游、修学旅游、购物旅游、游船旅游等;特种旅游产品主要包括探险旅游、科考旅游和体育竞技等。

5.1.3.4 根据旅游产品的定义分类

根据旅游产品定义的不同,可将景区产品分为广义、中义和狭义三种类型。广义的旅游景区产品由景观(吸引物)、设施和服务三类要素构成。其中,景观(吸引物)是吸引潜在旅游者产生旅游动机的关键;设施包括基础设施和游乐设施;服务则是旅游者在体验景观和身处设施场所中接受到的物质或精神上的享受,通常是非物质形态的。通常情况下,只有景观才能构成吸引物,但在特定条件下,设施和服务本身也能形成主要的旅游吸引物。例如,云南怒江河谷的溜索曾经是当地群众过江的主要方式,现已成为一种新兴旅游项目,越来越多的海内外游客来到怒江都要体验溜索这种"勇敢者的运动"。还有大理白族的"三道茶",每一道茶都伴有三五个歌舞节目,民族风情浓郁,可边品茶边欣赏文艺节目。这些独具特色的设施和服务对游客具有强烈的吸引力,因此不能否认它们的资源性。广义的旅游景区产品是指景观和设施构成的集合体,它带有较强烈的物质产品特点,涉及旅游景区(点)、交通通信、旅游住宿、餐饮、购物设施等内容。狭义的旅游景区产品仅指旅游景观。

5.1.4 旅游景区产品的特性

旅游景区产品无论从旅游者角度还是从旅游景区经营者角度看,其核心构成都是旅游服务。因此,旅游景区产品属于服务性产品,它具有一般服务性产品的共性,即无形性、生产与消费同步性、异质性和不可存储性。同时,作为旅游产品,景区产品又具有自身的特性。

（1）综合性

旅游者在景区游览过程中会产生多方面的旅游需求,不同旅游者的旅游需求也不尽相同,具体表现在食、住、行、游、购、娱等多个方面。因此,景区产品包含的内容十分广泛,多数为组合性产品,具有综合性的特点。景区产品的综合性既体现为物质产品与服务产品的综合,也表现为景区资源、景区设施、景区服务的结合。

（2）景区产品在空间上的不可转移性

景区产品由于固定在一定的空间,往往是远离游客的某个地方,不可能像物质产品生产企业那样将产品通过运输手段实现异地销售。景区的地点是固定不变的,因而到景区去的交通方式成了游览过程中不可分割的部分,景区产品吸引力的大小成了旅游景区经营成败的关键,而且这种吸引力还会随着空间距离的延伸而发生衰减。此外,信息沟通不畅、交通费用过高等因素都可能削弱游客到景区的积极性。

（3）游客只享有景区产品的暂时使用权

旅游景区在销售景区产品时,转让的仅仅是产品在一定时间内的使用权。游客在购买这种使用权的同时,不仅不能将产品的基本部分带走,而且要承诺在使用期间保持产品物质和非物质构成的完好无损。由于游客的逗留时间决定着他们的消费总量,因此很多景区为招揽游客,尽可能地延长游客逗留时间,想出各种奇招,设计出许多别开生面的旅游项目。例如,美国哈登梯纳斯旅游公司推出的蒙面旅游,游客入园前,必须戴上黑布面罩,由管理人员领进去。到了园内取下面罩,可以自由游玩。许多美丽风景和古迹令人流连忘返,当尽兴过后想回家时,却无法找到来时的路。工作人员是不会领你出去的,因为这是蒙面旅游项目的规定,游客必须自己寻找出路,没有任何标记指路,没有任何人回答你的问题。如果出不去,只好在园内留宿;当然,若3天内还出不去,就可以找穿黄衣服的服务员送出去,但还是得蒙面出去。这种旅游项目吸引了许多游客,而且,人们不去几次是不甘心的,总相信自己能找到出路。这样既延长了逗留时间,又吸引了不少回头客。但景区产品所有权的不可转让性特点,往往造成产品促销和销售的困难,因为消费者对购买某一产品可能怀有较高的风险预期。事实上,许多以服务为主体成分的产品在销售时都多多少少面临着这样的问题。所以,如何使游客克服消极的心理预期,将是所有旅游景区要共同面临的问题。

（4）景区产品在一定范围内的消费非竞争性

非竞争性是指一部分人消费某一物品时,不会影响到另一部分人的消费利益,不会减少整个消费利益。景区的非竞争性是很明显的,同在一个景区内消费的游客所欣赏到的是同一景区,他们之间不会影响到彼此欣赏的效果。你登上长城的时候,不能禁止别人同时与你登上长城。但这种非竞争性又是有限度的,游客数量一旦超出景区的承载力的极限,就会出现拥挤的现象,不仅会降低游客的旅游体验,也会对景区的生态环境造成压力。

（5）产品质量对社区环境的强烈依赖性

我国的旅游景区大多是从地方社区脱胎出来的,与社区有着千丝万缕的关系。当社区利益与景区利益一致时,社区会协助景区开展经营活动;当社区利益与景区利益不一致时,社区会采用种种方式破坏、阻碍景区的经营,加大景区经营困难和经营成本。

5.2 旅游景区产品的生命周期及创新策略

旅游景区产品和其他旅游产品一样都是具有生命周期的。旅游景区产品从正式投放市场到最终退出市场,一般要经历投入期、成长期、成熟期和衰退期四个阶段。正是由于旅游景区产品具有一定的生命周期,为了延长旅游景区的生命,就必须对景区产品不断创新。

5.2.1 旅游景区产品的生命周期

"产品生命周期"原是市场营销学中的一个概念,认为产品从进入市场到最终退出市场存在着若干发展阶段,包括初始期、成长期、成熟期和衰退期。20世纪80年代初,该理论被引入到旅游研究领域,产生了"旅游产品生命周期论",被公认且被广泛应用的旅游地生命周期理论是由加拿大学者巴特勒提出的,将旅游地的演化经过分为六个阶段:探查、参与、发展、巩固、停滞、衰落或复苏阶段。此后,随着旅游业的不断发展和旅游学研究的不断深入,旅游产品生命周期理论逐渐丰富,并被广泛应用到旅游产品的研究实践中,如指导旅游产品的营销和规划、预测客源、旅游产品的发展解释等方面。在景区产品管理中运用产品生命周期理论有助于旅游企业针对处于不同生命周期阶段的旅游产品的特点,制定相应的经营对策,积极进行旅游产品的更新换代,不断地推陈出新。

旅游产品的生命周期通常用接待旅游者人数或旅游收入来衡量,根据历史的情况来描绘成S曲线。被广泛接受的巴特勒的旅游地生命周期曲线也是采用这种描述方法。但是,景区的产品在市场上的发展变化,是受多种因素影响与制约的结果,是由供给和需求两方面共同作用的结果,有时甚至会出现各种非典型或非正常的变化现象,旅游产品的生命周期会由于产品本身的特性、某些自然灾害或突发事件、旅游企业本身的营销努力情况、旅游者需求的变化等显现出不同的特点,并非都遵循巴特勒所描述的生命周期的阶段曲线,例如,一些景区的旅游产品会呈多峰形,通常是由于景区不断改造推出新产品的结果;有些景区产品直接从一个高峰起步,逐渐走向衰弱(如近年来国内建设的许多主题公园);有些景区产品可能永远不会消亡,即使已经进入衰退期,例如,博物馆、某些高等级文化遗产,我们只能观察到游客的起伏波动,看不到它的上扬或衰败(见图5-1)。

总体而言,旅游景区产品都有一个发展成长的过程。在此过程中,景区产品呈现出不同的阶段性特征。

(1)生长期

生长期即旅游景区产品进入市场的初始阶段。具体表现为住宿、餐饮、娱乐等旅游基本设施建成,但有待完善;新的旅游线路开通,新的旅游项目、旅游服务推出,但旅游产品的生产设计还不够成熟,需要接受市场的检验。在此阶段,旅游者的购买多是试验性

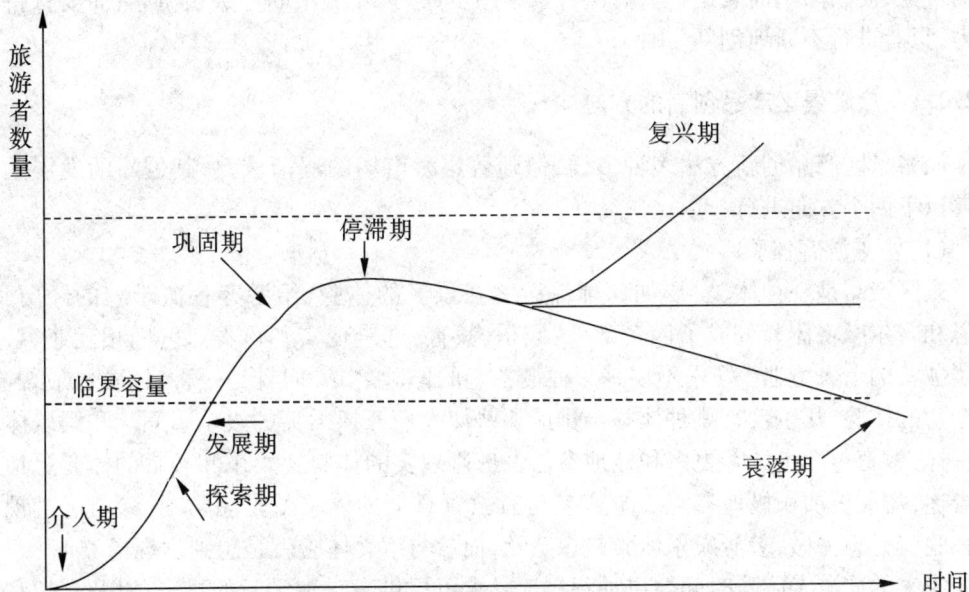

图 5-1　旅游景区产品生命周期示意图

的,较少重复购买。同类竞争产品也较少。

（2）发展期

发展期即旅游产品快速占领市场的阶段。景区开发初具规模,旅游设施逐渐配备,旅游服务趋于标准化和规范化,旅游产品基本定型并形成一定的特色,在市场上拥有一定的知名度。旅游者普遍对旅游产品有较好的口碑,越来越多的潜在消费者加入到现实购买者的队伍中来,重复购买者也不断增多。竞争也随之出现。

（3）成熟期

成熟期即旅游产品的主要销售阶段。旅游产品经过发展期的市场生长与磨合,逐渐成为名牌产品或老牌产品,其销售量逐渐达到高峰增长,之后发展趋于平缓,旅游市场已达饱和状态,供求基本平衡。由于相当数量的同类产品和仿制品大举进入市场,竞争激烈,差异化成为景区竞争的核心。

（4）衰退期

衰退期即旅游产品逐渐衰落被市场淘汰的阶段。由于更新颖时尚的替代产品出现,景区产品的吸引力下降,仅有少数名牌产品具有一定的市场竞争力,大多数景区选择降价从而形成恶性价格竞争,并开始寻找和开发升级换代产品。

5.2.2　旅游景区产品的创新

目前,我国许多景区呈现出严重的生命周期现象,尤其是一些老牌的资源依托型景区和新兴的资源脱离型景区。随着旅游市场由卖方市场转为买方市场,以及旅游者消费水平和消费品位的提升,这些景区逐渐失去自己的市场,出现旅游人数增长停滞甚至下降的现象,而渐渐走向衰退。只有保持景区的生命力,才能不断地吸引游客;而要保持生命力,只有进行不断地创新。

5.2.2.1　旅游景区产品创新的方向

旅游景区产品创新方法多种多样,但随着旅游市场的逐渐成熟,其创新的发展主要朝着以下两个方向进行。

(1)注重游客体验

景区产品是一种体验,要如何加深游客在景区的体验,给游客一次难忘的经历呢?派恩和吉尔摩将体验分成了四个部分:娱乐、教育、逃避现实和审美。它们相互兼容,形成了独特的个人境遇。娱乐不仅是一种最古老的体验之一,而且是一种最高级、最普遍、最亲切的体验,几乎没有哪种体验会排斥那些使人们开怀大笑的娱乐瞬间。和娱乐体验不一样,教育包含了游客更多积极地参与。逃避现实的体验比娱乐和教育的体验更加令人着迷,需要更加积极地参与。游客参与有教育意义的体验就是想学习,参与逃避现实的体验就是想去做,参与娱乐体验是想感觉,而参与审美体验就是想到达现场。

未来的旅游者闲暇时间会更加积极地寻求可提供参与和学习的机会,以及有趣和有娱乐性的目的地,也即积极寻求娱乐、教育、逃避现实和审美的体验。在体验经济时代,景区产品应该更为注重游客体验。景区产品在创新时,就更应该以提高产品的娱乐性、教育性和审美行为为导向,增加娱乐性强、参与性强、文化内涵高的项目,让游客在景区得到更丰富的体验。

(2)注重生态环境

随着人们物质生活的满足,消费者对生态环境和生活质量越来越关心,人们比以往任何时候都更加珍惜自己的生存环境,反对资源的掠夺性开发和使用,追求永续消费。人们愿意为保护环境出钱出力,而改变消费习惯以利于环保的进行。旅游景区基于游客需要以及自身发展的要求,越来越注重对生态环境的保护和利用——宣传环保知识,开发绿色产品,实现生态旅游,这将是未来景区持续发展的必由之路

5.2.2.2　旅游景区产品创新的方法

(1)主题创新

无论是人文自然景观还是人造景观都必须有贯穿该景区产品的主题,主题是景区经营的灵魂。但是目前有一些景区产品在主题的确定上缺乏特色,主题雷同的情况时有发生,而且不能体现景区深刻的文化内涵。这样不仅造成资源的浪费,而且会使旅游者对景区形成不良的印象。因此,在主题的确定上,必须突出景区的特色,避免雷同,同时要充分挖掘景区深层次的文化内涵。以海南省为例,名山不是它的优势,因为它争不过泰山、黄山;说到名胜古迹,它争不过北京故宫和长城、西安兵马俑,在这种情况下,海南省立足本省的资源优势和地理位置优势推出了海滨度假旅游产品、温泉休闲旅游产品、民族风情观光旅游产品等,收到了很好的效益。又如在阿根廷,它的旅游基础设施并不完善,但在这种情况下,政府并没有花大力气改善本地的基础设施状况,而是因地制宜,开发"探险"旅游项目。让旅游者徒步穿越神秘的原始森林,或是去原始部落采风等。阿根

廷以其独具特色的旅游产品,吸引着来自各地的旅游者。

(2)结构创新

景区产品按照功能不同划分为陈列式观光游览、表演式展示和参与式娱乐相关活动。陈列式观光游览主要满足旅游者视觉上的需求;表演式展示是在它基础上的一个提升,也就是旅游者在观光的基础上可以欣赏到歌舞表演等节目,如旅游者去西安华清池参观时,就可以欣赏到仿唐歌舞表演;参与式娱乐相关活动是对表演式展示的发展,它让旅游者参与到旅游活动中去,共同形成热烈欢快的气氛,让旅游者在娱乐中得到放松。

随着社会的发展,大多数旅游者都对参与性比较强的旅游景区感兴趣。但就目前情况而言,我国大多数景区,无论是自然景观还是人文景观都没有对产品进行深层次的开发,向游客提供的产品仅能满足游客单方面的需求。如果这些景区也能开发出一些游客参与性比较强而且符合景区本身特色的旅游产品,定能增强景区自身的活力。位于陕西省西安市的城墙是明太祖朱元璋洪武三年(公元1370年)在隋唐"皇城"的遗址上历经八年扩建而成的,原是一座古代军事防御体系。现存城墙整个建筑高大宏伟、气势恢弘,是古都西安的标志性建筑。目前城墙每年接待的游客数百万,但是随着旅游者需求的变化,单纯的"游墙"活动已经不能满足旅游者的需求,旅游者开始对这种单一的景区产品感到乏味。在这种情况下,西安环城建设委员会的工作人员本着保护与开发并重的原则,参照古礼中的迎宾礼和盛唐时期的仪规并融合古代民间礼仪,策划出"仿古迎宾入城式"旅游精品,使旅游者由单纯的游墙变为全身心的投入,同时也可以使旅游者亲身领略到中华民族的历史文化风采。"仿古迎宾入城式"无论是在节目的编排,还是音乐的设计上,仪式都达到了较高的水平,产品一经推出,就收到了良好的社会效益和经济效益,被誉为"中华迎宾第一式"。这种景区产品为什么会获得成功,最主要的原因是"仿古迎宾入城式"是集观赏性、趣味性、参与性于一身的景区产品,不仅突出了城墙深厚的文化内涵,而且满足了旅游者的旅游需求。"仿古迎宾入城式"的成功,给我国大多数景区产品的开发提供了经验。在对景区产品进行功能创新时,一方面要立足市场,因为只有满足市场需求的产品才是适销对路的产品;另一方面要注重景区特色和文化内涵的挖掘。

(3)功能创新

我国的旅游景区对产品缺乏深层次的开发,向游客提供的仅仅是一种"观感",缺乏游客参与。借鉴国内外景区的成功经验,我们可以发现,节庆表演活动的开发是景区产品功能创新的主要途径。如何做好娱乐表演产品,形成精品表演节目呢?国内很多景区在表演项目开发方面的成功都可以给我们开辟思路:①以文化感染人。杭州宋城拥有开封盘鼓、舞中幡、皮影戏等民间杂艺表演,蜡染、制锡、活字印刷等作坊表演,杨志卖刀、梁红玉击鼓抗金、汴河大战等大型影视表演以及水幕电影和大型歌舞《宋城千古情》等40多种娱乐性、参与性节目,使景区再现了1 000年前的宋城生活。②以形式吸引人。大型桂林山水实景演出《印象·刘三姐》是表演形式的一种创新。通过山水实景剧场,将经典山歌、民族风情、漓江渔火等元素创新组合,成功诠释了人与自然的和谐关系。③以场面震撼人。深圳世界之窗近年相继推出的大型广场歌舞《创世纪》、《跨世纪》、《旷世迷情》都是场面宏大、气氛热烈的成功节目。

5.2.2.3　旅游景区产品创新的途径

（1）外延式扩张

开发新产品、外延式扩张是横向进行的。景区产品的开发不可能一步到位，只能逐步完善。在原有产品老化、吸引力下降的情况下，开发新产品是较好的选择。特别是在原有旅游区域狭小的情况下，采用外延式扩张的开发方式是必要的。新产品开发对景区而言，一是可以完善景区景观和丰富景观内涵，如颐和园修复耕织图，恢复历史景区的完整，让游客有更丰富的体验；二是可以拓展景区容量，缓解景区承载压力，为游客提供宽松舒适的旅游环境；三是可以增强景区吸引力，为老景区注入新的活力，使游客常看常新。位于贵州省的茅台酒厂围绕酒文化这个龙头，利用茅台酒的品牌效应和独具特色的工业资源，向市场推出了酒文化旅游产品，使工业旅游成了贵州省旅游产品的精品之一，并基本形成了特色文化旅游产业体系。这项旅游产品的推出不仅促进了当地旅游业的发展，而且带动了区域经济的持续增长。一般而言，全新旅游产品的开发周期比较长，而且所需的投资和风险都较大。

（2）内涵式升华

对景区产品进行内涵式升华，即对产品进行深层次开发，实现产品的高级化。这不仅是注入新的资金、更新设备，更重要的是对资源文化内涵的挖掘。例如，自然旅游资源应重视其自然文化导向，深掘其科学、美学内涵，以科普教育、原始风光、探险、生态考察为主题；人文旅游资源应以历史文化为导向，以民族性、艺术性、地域性和传统性为主题来创意、设计具有文化品位和艺术氛围的旅游项目。比如，苏州是以古典园林而闻名的，中外游客慕名前来观赏的是古典园林。但是长期以来只是作为静态的"盆景"展示，化静为动焕发古园林活力方面显得不足。网师园开展古典夜园游特色活动，园内8个厅堂、楼台景点分设的昆曲、评弹和民间歌舞、民族乐器等地方传统戏曲表演。让许多中外游人陶醉其中，流连忘返。

（3）优化产品组合

无论是横向的外延式扩张，还是纵向的内涵式升华，其实质都是对产品组合进行优化。优化景区产品（如住宿、饮食、疗养、健身、娱乐、购物、游览、参观等）这一过程包括景区产品的组合设计，也包括景区产品组合的实施。这是景区产品创新的最终目标。产品组合包括广度、深度和关联度三个要素。对于景区产品而言，广度是指一个景区有多少旅游产品系列，产品的数量越多，产品广度就越大。深度是由一个景区各产品系列内平均包含的产品项目来表示的。关联度即产品系列之间的关联程度，是指景区产品之间在满足旅游消费需求、销售渠道等方面可以存在某种联系，也可以互不关联。产品组合的规划要从实际出发，既要充分考虑目标市场的需要，又要兼顾景区自身的营销目标和营销能力。

5.3　旅游景区产品的开发与设计

近年来，随着我国旅游业的快速发展，旅游景区产品的设计与开发也逐步升温。但是,在巨大经济利益的驱使下,景区产品设计在具体实践中出现了一些急功近利的短视行为,导致旅游景区经营亏损甚至倒闭。其中,很重要的一个原因就是旅游景区产品设计中忽视游客体验与缺乏可持续发展观念。因此,景区开发应立足于创造游客难忘的经历和感受,即以游客体验为中心来选择、利用资源,开发旅游项目,这是景区未来发展的方向。

5.3.1　旅游景区产品设计与开发应遵循的原则

(1)突出特色原则

旅游产品特色是形成吸引力、竞争力和生命力的关键所在。突出特色的原则要求旅游产品的设计要充分依托本地资源,充分挖掘和利用资源优势。例如,山地型旅游景区产品的设计,应始终围绕着保持优美的自然风光和优良的生态环境进行,切忌通过不协调的人工造景来改变山地旅游特色。

(2)市场导向原则

旅游景区产品的规划设计要面向市场,在对市场进行充分研究的基础上根据市场的结构和偏好设计为人们喜闻乐见的产品。例如,面向年轻人开发的刺激游乐项目、面向城市学生开发的农业体验旅游项目等。

(3)体现主题原则

主题是旅游产品设计的切入点之一。主题构想要准确把握当地"文脉",综合考虑当地自然基础、历史文化、心理积淀和社会经济四维时空组合。例如,浙江绍兴的柯岩景区的定位是创造江南水乡背景下活化的石文化,实现奇石园林的立体化与绍兴水乡风光的绝妙搭配。

(4)多样性原则

旅游产品的多样性是由市场需求的多样化决定的,考虑到旅游者兴趣爱好各异,支付能力不同,除了提供的单项产品要丰富外,各单项产品还要有不同的档次和价位,以吸引不同层次的旅游者。

(5)参与性原则

参与性强的旅游产品给予旅游者的是多感官的刺激,因而能获得较深的印象和生动的体验。旅游产品的参与性越强,带来的体验就越生动。因此,在旅游景区产品的开发中,要多设计一些参与性强、消遣娱乐性浓的项目,以满足现代游客自主性强、兴趣多样化、选择个性化等要求。例如,茶园中可开展的旅游活动就有喝茶(品茶、学茶艺)、吃茶(茶糖、茶菜、茶蛋、茶鸡、茶鱼)、茶浴、玩茶(听茶歌、玩茶具)等。

(6)深挖文化内涵原则

旅游产品本身属于文化消费品的范畴,旅游产品的生产过程是一种文化创造过程。因此,在整个旅游活动中的硬件和软件(设施和服务)都要体现出一种主题文化,体现出旅游景区产品的文化品位。只有挖掘出蕴涵于资源各个层次的文化价值,才能使旅游产品保持较长期的魅力和竞争力,形成特色品牌,延长产品的生命周期。

（7）生态学原则

旅游景区产品设计应遵循生态学原理，即遵循物物相关与相生相克规律，充分利用旅游地自身资源，减少外界物质的输入，实现物质循环和输入输出平衡，使旅游产品与整个自然环境相得益彰，既满足游客接近自然的愿望，又将生态破坏程度降到最小。

5.3.2 旅游景区产品设计与开发的程序

（1）旅游景区资源调查与评价

旅游资源调查与评价是景区产品规划的前期工作。依据国家标准《旅游资源分类、调查与评价》（GB/T 18972—2003），旅游资源调查与评价是对一个景区旅游资源进行考察、勘察、测量、分析、整理的综合过程，它通过为旅游景区产品规划提供全面系统的文字、照片、录像、专题地图等有关信息，对旅游资源本身以及旅游资源外部开发环境、开发条件的评价，为旅游景区产品规划提供科学依据，以此确定产品设计的基调和方向。

（2）旅游市场调查与分析

旅游市场调查运用科学的方法和手段，通过有目的、有系统地搜集、记录、整理、分析和总结旅游市场需求和市场活动信息，并针对旅游者的需求偏好，设计适销对路的旅游产品。一般来说，决定游客是否能从景区产品中满足自己的需求的因素主要有两方面：一方面取决于游客的类型，包括他们的年龄、生活方式、以往的经历以及个人性格等特征类型（见表5-1）；另一方面取决于景区类型（见表5-2）。

表5-1　游客类型和所追求的利益

游客类型	追求的利益
年长者	经济实惠、被动的活动、怀旧、可进入性好
有孩子的家庭	提供儿童娱乐设施、有提供儿童饭菜的餐馆、经济实惠
冒险者	刺激、挑战、全新体验
关注健康者	提供锻炼的机会、健康食品、干净安全的环境
时尚追求者	身份地位、参观时尚的景区或参与时尚的活动
开车者	进入景区的道路便捷、方便免费或便宜的停车场、交通顺畅

表5-2　景区的类型和顾客所追求的利益

景区类型	追求的利益
主题公园	刺激、各种各样的景点、氛围、与他人在一起物有所值、轻松的娱乐
海滨	阳光浴、海水浴、经济实惠、有他人陪伴或独自一人
大教堂	历史建筑物所赋予的美感、氛围——静谧、超俗的感受
博物馆	了解新的事物、怀旧、购买纪念品
剧场	娱乐、气氛、身份地位
休闲中心	锻炼、挑战生理极限和竞技身份地位

（3）旅游产品构思

旅游产品开发是以旅游者的需求和满足这种需求的可能性以及具有开发与发展同这种需求相适应的新产品的技术为基本前提的。旅游产品构思要反映出对景区形象、文化历史背景、空间结构、开发重点等的系统界定。旅游景区产品主要是旅游项目。

（4）可行性分析

旅游景区在确定旅游项目之前必须要对已有的项目构思进行甄别，对拟列入开发项目的经营及经济收益进行评估，即进行相应的可行性论证，从技术、经济、财务和社会等各个方面对开发项目的可行性与合理性进行全面的审核和评估，并写出评估报告。

（5）重点旅游项目设计

旅游项目设计是旅游产品构思的具体落实，文字表述应清楚明白，具有可操作性和规范性，最后通过招标的形式吸引投资者来投资建设。

（6）产品开发及市场推介

景区产品经过设计后，可在一定范围内进行试验，如果确认它具有市场潜力，可将这种新产品推向市场。但还需要不断搜集信息，合理运用反馈机制，完善产品。

5.3.3　旅游景区产品策划的方法

（1）文化差异与文化认同

从文化学的角度来看，旅游动机有两类：一是文化差异，二是文化认同。文化差异形成旅游吸引力，造成旅游动机。根据文化差异设计的产品，如异国情调与民族风情旅游项目、各种民俗节庆旅游活动等都能吸引大量游客。文化认同则表现为旅游动机追求一种文化认同，根据文化认同可设计寻根游等旅游产品。

（2）典型集中

典型集中是指有特色的项目、分散的项目经过整合与包装，形成规模较大、水平较高的旅游项目。例如，四川剑门关景区是剑门蜀道的核心景区，文化底蕴深厚，但资源分散，并缺少对历史文化资源的总结概括，景区内仅涉及少量的历史文化方面的旅游产品。通过对景区历史和自然资源进行重新分析、评价，规划专家发现剑山山脉及剑门关的独特地质构造，形成了"易守不易攻"、御敌以北的天然战阵，这种地质构造造就了成都平原"天府之国"的安定与富庶，同时在此留下了众多攻关、守关的传奇故事，是自然奇观与人文历史完美结合的典范。经过反复的研究和论证，最终把剑门关景区的主题提升为"天生战阵，地理人文奇观"，精辟集中地概括了剑门关景区的特色。大型节庆活动，也往往是在整合和集中地方文化旅游资源进行包装之后推出。例如，辽宁是清文化的发源地，在沈阳、抚顺、辽阳三地保存着许多清文化的历史遗迹，辽宁省整合三地旅游资源推出以"清文化"为主题的清文化国际旅游节、满族风情旅游节等系列旅游节庆活动，形成了独具一格的特色。

（3）逆向思维

这是一种打破消费者一搬思维模式的设计方法，以相反的内容和形式标新立异地塑造市场形象。例如，野生动物园的设计。人们所熟识的动物园一般为笼式动物园，动物在笼内,可称为封闭式动物园。野生动物园的动物不在笼内,而在笼外,人却在"笼"(车)中,游览的是开放式的动物园。

(4)借鉴与引进

根据旅游市场需求,借鉴和引进一些旅游项目。例如,成都西岭雪山景区在其举办的"中国(四川)南国冰雪节"中引进"森林狩猎"旅游项目,当旅游者步入狩猎场后,"丛林"之中会不时出现仿真的"野兔"、"大象"、"梅花鹿"等20多种"动物",狩猎者使用电子激光枪向其射击,击中的猎物会发出模拟的叫声,从而让狩猎者尽情体验古代围猎场的狩猎乐趣。

(5)时空搜索

时空搜索是一种从空间轴和时间轴两个向量上搜寻与本地区位、市场及资源条件的最佳交叉点的方法(见图5-2)。

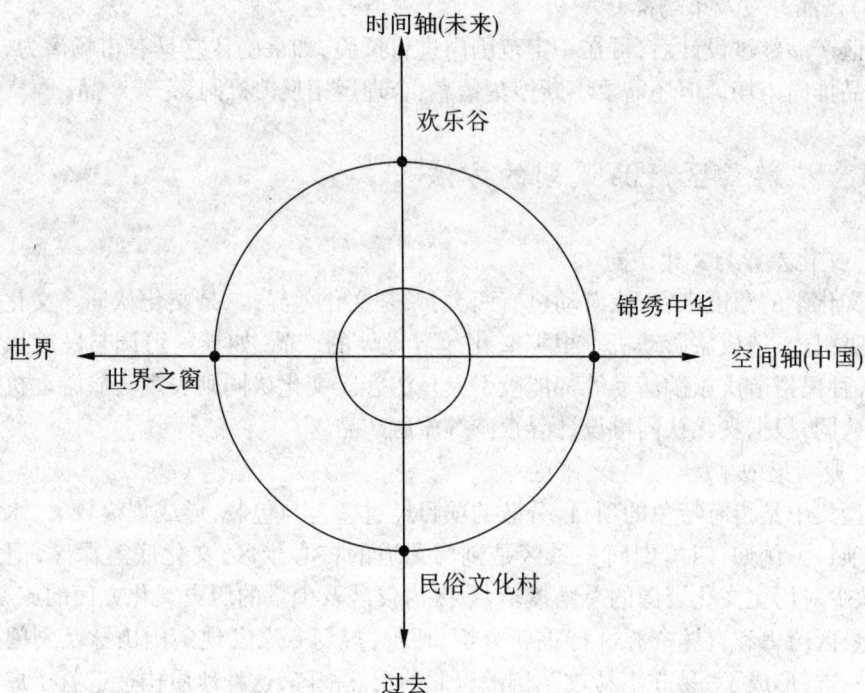

图5-2　深圳华侨城主题公园群主题文化时空搜索

在两个轴上的极端方向的旅游项目往往能吸引更多的旅游者。现今旅游界在时间轴上的两大趋势:古和今,追求返璞归真的复古思想和追求高科技的发展思想在目前旅游界占据重要地位。民俗街区传统建筑的保护、乡村旅游、农舍旅馆和现代高科技的游乐项目,是回顾传统文明、享受现代文明的两种趋势。

在空间轴上寻找的是空间差异性,如城市人下乡、农民进城、国人出境都是目前旅游发展的空间移动规律,要据此来策划一些旅游项目。例如,在城郊建立面向城市儿童和青少年的生态观光农园或体验农园,开展"当一天农民,当一天果农,当一天渔民"等活动;而农村儿童则到城市游乐园旅游,农民进城到大商场购物游览。

5.3.4　旅游景区的主题产品的策划

旅游景区主题产品是景区产品的一个重要组成部分,如何对景区的主题产品进行策划是许多旅游景区应该考虑的问题。

5.3.4.1　旅游景区的主题产品

作为景区的主题产品应该既能突出景区的特色又能体现景区的文化性,因此旅游景区的主题产品应该根据旅游景区的性质以及旅游者的需求来进行开发。但就目前情况而言,我国旅游景区主题产品的开发还存在一些问题。

(1)主题重复,对文化的挖掘利用不够

在有些地方,同一文化被多个景区利用、同一名人遗址遗迹多处可见,且内容与形式都有相似的地方,使景区产品毫无特色和新意。

以红色旅游产品为例。红色旅游主要是指以中国共产党领导人在革命和战争时期建树丰功伟绩所形成的纪念地、标志物为载体,以其所承载的革命历史、革命事迹和革命精神为内涵,组织接待旅游者开展缅怀学习、参观游览的主题性旅游活动。2004 年年底,中央办公厅、国务院印发了《2004—2010 年全国红色旅游发展规划纲要》,引起了全国范围内的"红色旅游"热潮,各地都兴起了红色旅游建设的高潮,红色旅游在加强爱国主义政治教育、推动革命老区经济发展等方面起到了非常积极的作用。然而,在红色旅游发展的同时,也存在着诸多问题:首先是红色旅游景区主题产品不突出,产品开发方式走简单化、程式化的道路,没能融入到当地特定的历史文脉及地域文化中,特色不明显,许多旅游区的景点都是博物馆陈列,没有根据市场的需求和旅游资源的特点来进行开发和配置,旅游产品组织呈现混乱的不良局面,对游客很难产生强有力的吸引力;其次是各地红色旅游的产品单一,缺少对资源的整合,没有形成系列的配套产品,导致游客的停留时间短,很多游客在草草参观了几个红色旅游景点后即打着"爱国主义教育"的旗号游山玩水,红色旅游变相成了"公费旅游",从而导致旅游区的旅游资源利用率低,旅游经济效益不明显;再加上大多数红色旅游区管理体制的不完善,各自为政,导致在对外宣传促销上不能统一协调行动,大大削弱了宣传促销的力度,不利于扩大和提高红色旅游区的吸引力和知名度。总的来说,红色旅游区的旅游产品存在着产品单一,主题模糊,相关配套设施建设乏力等问题。

在国家大力发展红色旅游的机遇下,如何抓住机会,走出误区,促进红色旅游景区旅游业的发展,是目前各旅游区需要解决的现实问题。针对目前红色旅游存在的问题,一方面要大力发展红色旅游主题产品,突出红色旅游景区的红色主题;另一方面也要开发其他相关的旅游产品,达到完善红色旅游区产品结构、增强其综合吸引力、增加旅游收入的目的。

(2)不能充分满足游客的需求

随着社会的发展,游客的旅游需求开始出现多样化的趋势,但有些景区的主题产品不仅不能满足游客的多样化需求,而且已经落后于时代的发展。尤其是一些文物古迹旅游景点,其参与性一般都比较差,这很难对游客形成较强的吸引力。针对这种情况的存在,有关景区应该合理利用景区资源,开发适合旅游者需求的旅游产品。秦始皇兵马俑在其产品的基础上就可以新增一些游客可参与的活动,如"秦俑古代制作流程演示",可以让穿着秦代服装的"劳工"进行制作演示,旁边辅以作监工的"秦代士卒",再现秦俑制作的历史场景;也可以让游客参与表演,这样可以进一步加深游客对历史的记忆。

5.3.4.2　旅游景区主题产品策划的原则

（1）突出景区的特色

旅游景区主题产品在进行策划时,必须具有自身的特色,如西安旅游产品在策划时,可以突出其古都的特色,不论是在城市布局上,还是建筑物的形式、颜色和体量上,都应该如此;而深圳在进行产品策划时,则应该突出其现代化的气氛。有这么一句话"看五千年的历史到西安。看两千年的历史到北京,看一百年的历史到上海,看二十年的历史到深圳"。不同的城市具有不同的历史和特点,如上海为现代大都市、桂林为山水城市、苏州为园林城市等,因此在产品的开发上,也应该突出其各自的特点。如西安临潼的华清池,20世纪80年代,在里边发现了唐玄宗、杨贵妃曾经沐浴过的汤池遗址,随后,工作人员在遗址上修建了唐式建筑物。这样既能使遗址得到保护,又便于游人参观。华清池里的建筑物多是唐式建筑,这样不仅与遗址相协调,又与华清池的其他建筑物相协调。这样的开发方式非常值得许多景区借鉴。

（2）体现景区的文化性

无论是自然旅游资源还是人文旅游资源,都具有一定的文化属性。像自然旅游资源中的泰山,它之所以出名,除了本身固有的魅力外,许多文化因素也使它增辉不少,许多帝王将相的封禅、文人墨客的游览都给泰山留下了宝贵的历史古迹。而人文旅游资源则更具有深刻的文化内涵,像世界八大奇迹的秦始皇兵马俑、北京的故宫等。因此,景区以旅游资源为依托在进行产品开发时,一定要体现景区旅游资源深刻的文化内涵。

众所周知红色旅游产品是一种文化旅游产品,文化性是产品生命力的精髓,只有保持旅游产品的文化含量,才能使旅游产品长盛不衰,但目前许多景区对旅游资源的开发主要还是以革命遗址为主,旅游以参观游览为主,参与性项目开发较少,旅游开发缺乏深度,革命遗址、旧址、纪念馆大多以展示形式为主,展示内容单调、僵硬,缺少对游客的吸引力,不能发挥红色旅游资源的教育功能,更不能推动旅游经济的发展。因此,深入挖掘红色文化核心价值,凸显红色文化主题已成为打造红色文化产品工程的首要问题。要逐步改善和提高革命圣地和纪念展馆档次,改变简单的图片展示和橱窗式的文物陈列,使表现手段更加科学化、现代化,如可采用声光电结合的半景画、全景画等;要注意历史与现实的结合,除了组织对实物、遗址的参观外,也可以安排定时的有关历史的影视、晚会专场;要考虑适当增加参与性内容,策划当年革命者工作、战斗、生活、劳动的场景,吸引旅游者参与和体验;要提高导游的讲解能力,丰富解说内容,寓教于乐,使旅游者有多方面的收获。井冈山作为中国革命的摇篮,在这方面有许多成功的经验,景区大力挖掘红色文化,对井冈山斗争时期的革命文物在全国范围内进行大规模抢救性收集,市里成立了井冈山精神研究会,出版了《天下第一山》、《走向井冈山》等一大批革命书籍;精心编排了红色经典晚会《岁月·井冈山》，定期为游客演出，推出"吃一顿红军饭、唱一首红军歌、走一次红军路、读一本红军书、听一堂传统课、扫一次烈士墓"的"六个一"革命传统教育模式，受到广大游客的欢迎。

（3）满足游客的需求

有需求才会有市场，旅游产品只有满足旅游者的需求，才能在市场上顺利销售出去。旅游景区作为旅游活动的基本要素之一，是旅游业发展的基础。随着我国旅游业的发展，旅游景区也得到了飞速的发展和提高，景区数量不断增加，旅游市场竞争也日趋激烈。在这种情况下，旅游景区需要不断进行经营和管理创新，根据游客需求的变化，寻求自身与竞争对手的差异，追求民族化、地方化和差异化，满足游客对差异的需求，形成自身的特色，提高景区的竞争力和吸引力。

重庆市南岸区南山"一棵树"景点的策划方案中，选定重庆市树——黄桷树作为开发对象，用人工与自然相结合的手法，打造真假融为一体的"世界树王"。首先，在"一棵树"原景地，人工塑造出超级黄桷树的主躯干和主要枝干，同时在主躯干和枝干的腹内、纹理之间，填埋进适合黄桷树生长的优质泥土，再精心移植来一批年轻壮美的黄桷树。几年之后即可创造出真中有假、假中有真的奇妙景象。其次，在超级黄桷树下临江搭建了面积宽大的观景平台以便容纳更多的游人。另外还在黄桷树临江的一面播撒了一些夜光物质和彩色灯光。"超级黄桷树观景台"建成后，同时启动旅游资源的深度开发。先在"超级黄桷树观景台"周围栽培重庆市花——山茶花，在其脚下的山坡上和重点公路沿线移植、栽种黄桷树，预备打造独具魅力的"市树市花风景园"。接着建设一条类似泰山十八盘，又独具山城特色的步行梯。再次是开发独具特色的重庆旅游纪念品，如"超级黄桷树"的原样缩微，以及黄桷树横断面状的小凳、茶几、桌面，黄桷树根雕等。最后是建造消夏园。"超级黄桷树观景台"建成后，收到了很大的社会效益和经济效益。景区最多一天接待游客6 000人次。在人造景观的开发中，"超级黄桷树观景台"无疑是一个"双赢"的例子。它既满足了游客求新的需求，同时也为景区创造了效益。

5.3.4.3　旅游景区主题产品策划的方法

（1）形象的策划

景区产品的无形性决定了景区的形象是景区产品销售的关键，因为它能提升景区产品的吸引力。景区形象是公众对景区的综合评价，是景区的表现与特征在公众心目中的反映。旅游景区形象作为一种"无形的经营资源"，是难以单凭抽象的道理解释清楚的。所谓旅游景区形象就是社会公众包括旅游景区员工对旅游景区整体的评价，它是公众对旅游景区的发展史、创始人、主管人员、员工、团结气氛、行为准则、物质条件、产品、服务等的总体认知，反映了公众对旅游景区的整体特点、总的精神的了解和情感倾向。这种印象不仅来自于有形的、看得见摸得着的外显事物，也来自于长期为公众所感知和记忆的旅游景区的行为和表现的内在精神。

在旅游产品的经营过程中，旅游景区的企业形象是传递沟通联络的工具。同制造业生产的有形商品相比，服务明显地具有难以定义和难以进行试验的特性。建立品牌旅游产品应从旅游景区的角度出发，不断加强与顾客的联络，树立良好的企业形象。

　　拥有国家级风景名胜区的西双版纳傣族自治州,在经营管理的过程中十分注重塑造旅游整体形象,如今它已成为云南旅游业一个响亮的名牌旅游产品。西双版纳傣族自治州在景区建设的同时还十分注重实施生态保护,全方位塑造旅游名牌形象。2000 年 4月,该自治州借"中国昆明国际旅游节"举办之机,加大旅游宣传力度,以每年近 80 万元的投资在昆明国际机场显著位置推出面积为 600 多平方米的"西双版纳民族旅游广告宣传长廊",开创了该自治州旅游业在省会昆明做大型宣传的先河。该自治州旅游局还邀请各方人士对全州进行旅游 CI 形象设计,使西双版纳的旅游宣传更科学、规范、富有成效。

　　(2)景区产品文化性的策划

　　文化是旅游的灵魂,文化的力量深深熔铸在民族的生命力、创造力和凝聚力之中。从一定意义上讲,旅游吃的就是文化饭,旅游植根于文化之中。游客借助文化与自然景观对话,借助文化与人文景观交流;景区借助文化将抽象的东西具象化,从而使游客获得其所需要的体验与阅历,借助文化实现旅游产品开发的经济价值。丰富的文化内涵可以构成强大的旅游吸引力。在策划旅游景区产品时,一定要深刻挖掘其中的文化内涵。

　　《印象·刘三姐》是广维文华公司奉献于中国乃至世界艺术殿堂的一朵奇葩。《印象·刘三姐》集漓江山水风情、广西少数民族文化及中国精英艺术家创作之大成,是全世界第一部全新概念的"山水实景演出"。演出集唯一性、艺术性、震撼性、民族性、视觉性于一身,是一次演出的革命、一次视觉的革命,是我国首次在旅游文化上的突破。它的建成可使人完全置身大自然的天然全景秀场,以当地深厚的历史人文和瑰丽的自然风光为创作源泉,挖掘当地的古老民间传说、神话,将当地人文历史的代表元素和自然景色的神韵借助高科技手法重现出来,诉说一个个动人的故事。"印象"系列的开山之作《印象·刘三姐》是全球最大的山水实景剧场,担当导演的张艺谋、音乐制作人刘彤是国际知名的艺术家,演出以写意的方式将刘三姐的经典山歌、民族风情、漓江渔火等元素创新组合,将桂林山水的自然风光与刘三姐的传说有机结合。1.654 平方千米水域、12 座著名山峰让《印象·刘三姐》首先给你视觉的震撼。它有目前国内最大规模的环境艺术灯光工程及独特的烟雾效果工程,创造出如诗如梦的视觉享受。放眼望去,漓江的水,桂林的山,都化为舞台,给人宽广的视野和超然的感受。舞台的灯光、音响系统均采用隐蔽式设计,与环境融为一体,水上舞台全部采用竹排搭建,不演出时可以全部拆散、隐蔽,对漓江水体及河床不造成影响。演出利用晴、烟、雨、雾、春、夏、秋、冬不同的自然气候,创造出无穷的神奇魅力,使那里的演出每场都是新的。

　　(3)标识口号的策划

　　旅游景区产品标识口号不仅是对产品特色的归纳和总结,还应该赋予它一定的感情色彩。在现代社会,没有专业的品牌规划,没有准确的品牌定位,没有鲜明的品牌形象,没有震撼的品牌口号,是很难在市场上立足的。但从目前情况看,许多企业缺少对产品标识口号的策划,企业大多混用"马踏飞燕"、"地球"等标志,标识口号没有形成自己的地方特色。产品宣传资料也是大同小异,往往草草几页纸,行文也比较传统,图文编排呆板,让人看完整个资料,难以留下深刻印象,很难达到良好的宣传效果。在今天,一个专业化的品牌带来的是一种信任,而一个优秀的标识给旅游者的是一种向往,一种怀念,这些特有的感触迟早会出发旅游者的旅游动机。

清代袁枚有诗曰:"江山也要伟人扶,神化丹青即画图。"旅游景区首先要靠依其自身的旅游资源和适当的开发,但广告宣传也是不可或缺的。在进行广告宣传的时候,新奇的标识口号会使产品增色不少。像"夏威夷是微笑的群岛,这里阳光灿烂"、"世界的公园,瑞士、瑞士、还是瑞士"等口号的设计就非常富有新意,会对游客产生较大的吸引力。

(4)景区产品卖点的策划

卖点在策划时应该从旅游者的需求出发考虑。景区如果不能很好的研究市场需求的话,就会使产品缺少吸引力,造成产品参与性差,最终影响产品的市场销售。因此,景区在进行产品策划时,应该以旅游资源为基础,针对市场需求打造旅游产品的独特吸引力。旅游产品的独特卖点是旅游营销推广的基础,没有这个基础所做的市场宣传投入就是一种极大的浪费!

(5)节庆活动的策划

旅游景区节庆产品是一项影响面大、经济效益明显、参与人数众多的旅游产品,同时它还是塑造旅游景区形象的有效手段,因而受到越来越多景区的重视。如武汉东湖风景区楚城的编钟演奏、河南嵩山少林寺的武术表演都是比较成功的例子。另外有许多景区已经形成自己的品牌节庆活动和表演项目,如山东曲阜三孔景区的孔子文化节和大型广场乐舞《杏坛圣梦》,深圳世界之窗的啤酒节、狂欢节和大型音乐舞蹈史诗《创世纪》和《跨世纪》等。随着节庆表演在景区中的作用日渐明显,许多景区都掀起一股开发节庆表演的浪潮,其中难免存在一些问题。具体在进行节庆活动策划时,应该注意以下几个方面。

首先就是主题突出。旅游景区节庆活动在策划时要有明确的主题,主题还要有深刻的文化内涵,这样有利于推广景区主题旅游形象。如陕西可以举办一些以历史人物为题材的旅游节庆活动。在活动中,可通过一系列的庆典及可参与的旅游活动表现主题,如以秦始皇为旅游节庆活动的题材,就可以举办"秦俑电影周",播放以秦俑为题材的影片;举办秦陵军阵表演;参观秦兵马俑;举办秦俑及秦陵文物考古研讨会、文物旅游发展研讨会;等等。

其次应该根植于地方文化。旅游节庆活动只有根植于地方文化才能使主题旅游活动富有生命力。同时节庆活动可以结合我国传统的节日以及有关国际节日甚至是西方的"洋节日"进行策划,如我国的春节、国庆节等民族节日,西方的圣诞节、情人节等。许多景区的节庆表演之所以成功,大多因为其根植于地方文化,如无锡主题公园成功的重要原因之一就是根植于吴文化,其艺术表演深深扎根于江南的稻作、水利、蚕桑、舟桥文化、鱼文化、居室文化、酒文化、纺织文化及金融文化之中。北京世界公园的艺术表演则移植了世界各地的民族舞蹈,在对这些民族舞蹈精心选择的基础上,组合成一系列优秀的观赏性舞蹈表演,这对游客产生了非常大的吸引力。

最后是规模化。节庆活动只有具备一定的规模才能产生较大的影响和经济效益。旅游景区如能主办或承办一些全国性和地方性的节庆活动,则会更具市场影响力。深圳世界之窗的啤酒节自1996年举办以来,接待了众多的海内外游客,目前已发展成为中国南方最著名、最成功、最有特色的名牌啤酒盛会。2002年是世界之窗第六届啤酒盛会,此次啤酒节汇集了中外名牌啤酒,以浪漫、刺激为宗旨,以激情狂欢为特色,将一个全新的啤酒节奉献给了游客。此次活动波及世界之窗整个景区,而且一共持续了52天,活动期间共接待游客50万人次。

本章小结

　　旅游景区作为旅游业的组成部分,其产品被认为是有形产品与无形服务的综合。景区产品只有不断地创新,才能延长产品的生命周期。景区在进行产品创新时可以考虑主题创新、功能创新和结构创新。旅游景区产品设计与开发应遵循突出特色原则、市场导向原则、体现主题原则、多样性原则、参与性原则、深挖文化内涵等原则,并按照文化差异与文化认同、典型集中、逆向思维、借鉴与引进、时空搜索等具体方法进行策划,以旅游景区主题产品为旅游景区经营的核心,它应该既能突出景区的特色又能体现景区的文化性,具体在进行主题产品策划时应该注重景区形象的策划、文化性的策划、标识口号的策划、卖点的策划以及节庆活动的策划。

重点概念

　　旅游景区产品　旅游景区产品的生命周期　旅游景区产品创新　旅游景区产品策划

案例分析

长白山起死回生

　　2006年1月22日,长白山管理委员会成立,长白山优美的自然风光开始向游客开盘。一年之内,长白山由濒危景区发展成为举国闻名的高效益景区,到底是什么挽救了长白山?让我们一起去解开长白山起死回生之谜。

　　1.过去:分散管理套牢长白山

　　"管委会成立前,长白山归属'一局两市三县'管理。"管委会秘书长、新闻发言人王库说。由于分散管理,原长白山管理局在资金、设备、技术、人才等方面存在许多问题,"致使长白山缺少完整的保护规划,低水平的建设使服务设施功能很差,影响了长白山的形象。"

　　一位当地干部这样描述原来的长白山:"各地都能管,也就都不爱管,大家都想着怎么在长白山上赚点油水,却很少想过怎么投钱建设。"在这种管理体制下,过去的长白山甚至没有一个整体发展规划。

2. 现在:"9+1"模式出炉

2006年7月19日,吉林省政府再出重拳,调整"长白山保护开发管理委员会"为"长白山保护开发区管理委员会",由直属机构改为省政府派出机构,代表省政府依法实行统一领导和管理。管委会是正厅级建制,具有相当于市(州)政府的行政管理职权,同时下设池北、池西、池南3个经济管理区,相当于县级政府的行政职能和权限。这意味着,吉林省在9市(州)基础上,从此又多了一个长白山。"9+1"模式正式出炉!这种调整力度,在全国自然保护区和风景名胜区中独一无二,吉林省成了第一个吃螃蟹的地方。

3. 成效:景区收入实现1亿元

"9+1"模式已初见成效。长白山方面公布:2006年共接待游客达70万人次,比去年增长20万人次;人流带来了效益,今年景区收入实现1亿元,同比增加6 300万元。另外,百姓也有好处,夏季高峰时每天迎来游客1万多人,当地百姓的家里成了游客们的临时客栈,虽然一夜只收30~50元。但积少成多,这笔不在官方统计中的财富,相当可观。

一些对未来影响至深的举措更引人注目。新闻发言人王库介绍,管委会组建后,先后编制完成《长白山保护与开发总体规划》等5个规划文本,并陆续通过评审。管委会围绕景区建设、功能服务区基础设施、交通路网建设、申报长白山世界自然遗产等重点工作,启动建设项目54个,总投资16.8亿元。预计年内完成项目进度投资额9.3亿元,部分项目将于年内投入使用。同时,在经济发展方面,管委会立项了重点建设项目基础设施建设等六大类总投资逾97亿元的65个项目,2007年计划投资逾19亿元。

4. 品牌:建设亚洲最大雪雕群

2007年2月末,长白山方面邀请国际顶尖高手,举办"激越长白"国际高山极限滑板挑战赛;3月下旬举办全国越野滑雪冠军系列赛以及首届中国长白山国际登山大会……为突出长白山品牌,管委会已经出台了一揽子计划。比如,准备邀请专家谱写歌词、筹拍电视剧、筹建长白山北方民俗风情街。邀请18位国内著名雕塑家,开展"长白山公共艺术创作营"活动,为长白山美人松公园雕塑工程出谋划策。

5. 目标:将来可能申办冬奥会

此次采访中,长白山方面正式宣布了发展目标:建设以观光乐园、避暑胜地、冰雪世界、休闲天堂融为一体的生态旅游经济示范区,把长白山打造成吉林省的第一张名片。

为了把长白山的名头打响,一些更大胆的设想也浮出水面。采访中,一位内部人士透露,已经拥有滑雪场的长白山正在筹建一座具有国际高端水准的滑雪场,这是扩大影响力的绝好底牌,"如果韩国平昌市申办2014年冬奥会没有成功,那么2018年冬奥会就有极大的可能定在亚洲,这是长白山提升知名度的好机会。我想只要时机成熟了,长白山有可能会申办 2018 年冬奥会。"

思考:长白山景区的产品创新体现在哪些方面?

基本训练

一、简答

1. 什么是旅游景区产品,景区产品的组成要素有哪些?

2. 旅游景区产品设计与开发应遵循哪些原则? 其设计开发程序如何?

3. 旅游景区产品开发的方法和途径有哪些?

二、论述

试论述如何根据景区产品的生命周期进行产品的创新。

6

旅游景区市场营销

课前导读

　　旅游景区市场营销是旅游景区组织为满足旅游者的需要并实现自身经营和发展目标,而通过旅游市场实现交换的一系列有计划、有组织的社会和管理活动。树立市场营销观念,进行有效的经营管理,是景区企业参与激烈的市场竞争的必然需要,有利于形成景区的良好形象,从而建立景区企业的品牌效应,实现景区企业的可持续发展。本章从解析旅游景区市场营销的基本含义入手,介绍了景区市场营销的特殊性,重点阐述了旅游景区营销中目标市场的细分与选择以及景区营销组合的内容。

教学目标

　　1.了解旅游景区市场营销的含义。

　　2.了解旅游景区市场营销的特殊性。

　　3.掌握旅游景区市场营销的过程。

　　4.掌握旅游景区目标市场的细分与选择。

　　5.熟悉旅游景区营销策略组合。

6.1　旅游景区市场营销概述

6.1.1　旅游景区市场营销的含义

　　旅游景区市场营销是20世纪60年代以后新发展起来的一门学科,是市场营销在旅游领域中的应用。

6.1.1.1　市场营销

"市场营销"作为一个专用术语,译自英文的"marketing"。20世纪80年代初,随着我国改革开放政策的实施以及高等教育领域中管理学科的重建,"marketing"这一现代管理学中的概念开始传入我国。美国市场营销协会(AMA)定义委员会1960年给市场营销下过这样的定义:市场营销是引导货物和劳务从生产者流向消费者或用户的企业商务活动过程。这一解释尽管较之营销等同于销售的认识进了一步,但仍然是失之于偏颇,不能全面概括和准确表述现代企业营销活动的全过程。事实上,为了占领市场,扩大销售,实现企业的预期目标,企业不只是要进行引导流向消费者或用户这一段的经济活动,还要进行产前活动(如市场调研、产品开发)和售后活动(如售后服务、收集反映)。这就是说,市场营销活动包括企业在流通过程结束后的售后活动,不仅要以顾客为全过程的终点,更重要的是以顾客为全过程的起点。

因此,市场营销就是在变化的市场环境中,旨在满足消费需要、实现企业目标的商务活动过程,包括市场调研、选择目标市场、产品开发和定价、渠道选择、产品促销、储存、运输和销售及提供服务等一系列与市场有关的企业业务经营活动。

6.1.1.2　旅游景区市场营销

1982年,国家旅游局(时称国家旅游总局)曾邀请以美国夏威夷大学旅游管理学院院长朱卓仁教授为首的一批国际知名旅游学者和旅游实业界专家前来我国,为我国旅游业界和学界举办为期一周的"高级旅游管理系列讲座"。讲座中一个重要的内容便是旅游业中的"marketing"。

旅游景区市场营销是市场营销基本原理在旅游景区中的具体应用,是指旅游景区为满足旅游者的需要并实现自身经营和发展目标,而通过旅游市场实现交换的一系列有计划、有组织的社会和管理活动。

6.1.2　旅游景区市场营销的特殊性

旅游景区产品是一种服务产品。因此,它具有服务性产品的特性,即无形性、不可贮存性、不可转移性、生产与消费的同时性。旅游景区产品的特殊性决定了游客购买消费旅游产品的过程不同于其他商品,这也使得旅游景区市场营销区别于其他产品营销。旅游景区市场营销的特殊性主要有以下几方面。

(1)旅游景区市场营销要考虑成本因素的影响

景区的初期投资通常较高,而随后经营过程中的成本却相对较低,因此游客数量的剧增并不会大量地增加景区成本;游客数量的减少也不能大量地减少成本,这一点对于景区营销,特别是定价和促销两方面都很重要。

(2)旅游景区市场营销要注重景点的可进入性

可进入性指的是旅游景区交通的通达性。由于很多景区处在交通不方便的偏僻地区,使得游客进出旅游景区(点)大受限制,甚至使交通成为营销瓶颈。旅游景区(点)的产品销售过程与有形商品销售不同,是景定人动,顾客必须来到景区享受服务,经营要靠大量的客流。目前,在国家交通条件改善的情况下,影响旅游景区可进入性的不是主干交通,往往是旅游景区门前的最后"十公里",这一情况必须引起重视。

(3)旅游景区市场营销要注重品牌形象塑造

旅游景区内标志性的观赏物是景区旅游产品中最突出、最具有特色的景观部分。旅游从某种角度讲也可称为"眼球经济",游客正是观赏旅游景区某一特定物才不远千里来旅游的。这是旅游景区赖以生存的依附对象,是旅游景区招揽游客的招牌,是景区旅游产品的主要特色显示。尤其在旅游市场竞争日益激烈的情况下,标志性的观赏物紧紧靠自身独有的特质来吸引游客已经不够了,还要有一个良好的形象塑造和宣传才能起到应有的引力效果。对旅游景区品牌的塑造实际就是给景区旅游产品定位,就是把景区最吸引人的、最突出的特色表现出来,并把这个特色打造成景区的品牌。在日趋激烈的市场竞争中,景区要吸引更多游客的注意力和开拓市场范围,就必须通过景区形象的策划与传播,强势品牌的打造与经营,构造景区独特性、排他性的核心消费价值,从而增强景区在旅游市场上的竞争能力。

(4)旅游景区市场营销要考虑景区环境的保护

无论是以自然资源为主的旅游景区还是以人文资源为主的旅游景区,或者是以人造景观为主体人为打造的旅游景区,景区的产品质量与景区环境密不可分。景区环境很容易受到旅游活动的影响甚至被破坏,许多景区的旅游资源属于不可再生资源。因此,旅游景区营销不仅要考虑旅游者的需要,还要考虑旅游景区资源和环境的保护,要将市场需求和旅游景区保护结合起来,使市场营销运行与环境保护得到协调统一的发展。这种保护不仅是对旅游景区内的自然、生态环境的保护,也是对周边环境和社会环境的保护,是旅游景区可持续发展的保障。例如我国世界遗产敦煌莫高窟洞窟多达492个,但出于文物资源保护的考虑,每年只轮流开放其中的约40个,珍贵的特级洞窟更是很少对外开放。

(5)旅游景区市场营销应关注游客的全面体验

旅游景区产品或服务是一种典型的体验类产品,旅游景区产品的消费过程是旅游者在景区的一系列体验过程。因此,旅游景区营销要满足游客的体验需求。具体来讲,旅游景区营销就是要结合景区资源的特点,设计体验式的产品或服务,筹划展示产品体验的活动,注重游客在旅游景区视觉、听觉、嗅觉、触觉以及味觉等体验过程,创造出全面综合的旅游体验。游客对景区产品和服务的需求不仅复杂多样,而且经常变化。因此,旅游景区必须注意研究游客的需求,并预测其变化趋势,不断开发新项目,才能提高景区的应变能力和竞争能力。迪士尼乐园之所以被称为"永远建不完的迪士尼",就是因为其不断增加新项目和改进服务方式,力求时时给游客以新鲜的感觉。

(6)旅游景区市场营销要迎合游客的预期

游客对旅游景区和旅游经历的满意度依赖于游客的预期与真实的旅游感受的比较。如果预期大于真实感受,游客不满意;如果预期小于真实感受,游客满意。游客的预期往往构成游客对旅游活动和最终体验质量的评价标准。另外,由于旅游景区产品的消费无法事先亲自验证,游客从旅游景区的宣传促销中获得的旅游景区的信息会成为游客预期的基础,加上游客对自身购买决策的信任,极易形成他们对旅游景区产品过高的预期。而景观的评价标准又相对比较模糊,同时旅游客之间也存在着差异,这就容易使旅游客对旅游景区产品的满意程度与购买前的预期形成落差,从而影响他们的旅游体验和对旅游景区的评价。因此,旅游景区市场营销要注意宣传,及时传递信息引导游客对旅游景区的预期或消除游客对旅游景区的感知障碍。

(7)旅游景区市场营销要关注服务与管理

旅游景区内部员工直接参与了旅游景区产品的生产和销售,他们的态度和行为会直接影响到游客的体验。因此,旅游景区营销要保证每一位员工都能够给游客提供准确、及时的旅游服务。旅游服务的特点就是它的提供与消费常常处于同一时间段,每一次服务失误就是一个不可"回炉"修复的、遗憾的废品产出。在服务过程中的管理尤显重要。实际上管理就是最核心的服务。旅游景区管理包含两个层面,一是对员工的管理,二是对景区的管理。对前者的管理要靠各项制度做保证。正所谓"治事先治人,治人先治规"。"治事"指的是管理旅游景区,"治人"指的是管理好旅游景区员工,"治规"指的是制定各项规章制度。对后者的管理主要体现在对游客的服务上。旅游景区服务可分为前台服务和后台服务,也可分为有人值守服务和无人值守服务,还可分为基本服务和有偿添加服务等多种形式。不管是哪种服务,都要以最大限度满足游客需要为宗旨,尊顾客为上。

(8)旅游景区市场营销要注重淡季营销

许多以自然资源为主的景区,由于气候等因素的影响,存在着明显的季节性波动。根据粗略的计算,许多景区以最大容量或需求量运营的时间通常一年中只有20天左右,其中的每一天都将接待其全年游客总数的1%,尤其考虑到景区的环境承载能力,不得不对高峰流量进行限制。针对这一特点,景区淡季市场营销有两个目的:一是在冷清的销售期尽可能增加自己的产品购买者;二是为下一个销售旺季储备潜在产品购买者。在淡季耗费人力和物力对景区进行营销,在一些企业和个人看来是不经济、低效率的。但是,随着旅游业的发展日渐完善,这种反季节的营销也越来越引起业内人士的注意。随着旅游者心理的日渐成熟,旅游活动的季节性特征已经逐渐减弱。这种发展趋势使得旅游景区市场营销的概念越来越明确,景区的淡季市场营销已经越来越受到重视。旅游景区淡季市场营销将会成为景区销售的重要增长点,直接影响景区下一个旺季产品的销售,对开发景区的潜在消费者市场有着积极的作用。

(9)旅游景区市场营销要注重社区关系的维护

旅游景区营销的顺利开展,与旅游景区所在的社区中各单位和组织有着密切的联系,需要它们的支持和配合,需要旅游景区与所在社区各个相关部分建立良好的互动关系,共同促进旅游景区营销目标的实现。我国的旅游景区都是从地方社区脱胎而来的,与社区有着千丝万缕的联系。当社区利益与景区利益一致时,社区会协助景区开展经营活动;当社区利益与景区利益不一致时,社区会采用种种方式破坏、阻碍景区经营,加大景区经营困难和经营成本。根据这个特性,可以通过两种办法解决,一个办法是在地方政府主导下协调二者关系,开展区域整体旅游营销;另一个办法是按市场法则让社区参与景区部分经营活动。我国贵州草海旅游景区与社区的扶贫、教育、环保有机地结合在一起,共同开发旅游业,并注重社区环境中人口素质的提高,达到了自然资源保护和经济可持续发展并举的良好状态,值得借鉴学习。

6.1.3 旅游景区市场营销的过程

旅游景区的营销是一个复杂的过程,它遵循一般市场营销的原则和程序,同时具有自己的内容和特点。旅游景区营销管理的过程主要包括以下几点。

6.1.3.1 分析市场机会

分析市场机会是旅游景区市场营销管理过程的第一个步骤。市场机会就是市场上未满足的需要。由于旅游产品供求总量之间的不平衡状态和旅游消费供求特征之间的矛盾,必然导致旅游景区市场营销机会的存在。

旅游景区市场营销机会具有以下几个特点。

(1)公开性

市场机会公平客观存在于市场环境当中,任何景区企业都能发现并运用它。关键是景区本身要树立市场营销的观念,时刻关注市场环境的变化,还要客观看待自身经营的优势、劣势,才能抓住能推动自身发展的机会。

(2)时效性

市场环境处于时刻变化当中,机会不会永远停滞不前,对于现代景区来说,机会可能转瞬即逝。因此,景区企业一定要当机立断,抓住机会实施企业的营销策略,才能发挥机会的价值。

(3)针对性

市场机会的分析与识别必须与景区的具体条件结合起来进行,也就是说特定的营销环境条件只对于那些具有相应内部条件的景区来说是市场机会。通常确定某种环境条件是不是景区的市场机会,需要考虑景区的区位条件和景区在同类景区中的地位与经营特色,包括景区的产品类别、价格水平、销售形式、服务标准、企业文化、对外声誉等。

6.1.3.2 目标市场细分与定位

对市场机会进行评估后,要研究和选择旅游景区目标市场。目标市场的选择是旅游景区市场营销战略性的策略,是市场营销研究的重要内容。景区首先应该对进入的市场进行细分,分析每个细分市场的特点、需求趋势和竞争状况,并根据景区自身的特点和优势,选择自己的目标市场。

6.1.3.3 设计营销战略并策划营销方案

景区营销管理过程中,制订景区营销策略是关键环节。旅游景区营销战略主要包括旅游景区开发战略、形象定位、市场定位、景区生命周期战略等。而景区营销策略的制订体现在景区市场营销方案的设计上。为了满足目标市场的需要,景区对自身可以控制的各种营销要素如旅游景区产品、服务项目、门票方案、促销方案、销售渠道等进行优化组合。重点应该考虑产品策略、价格策略、渠道策略和促销策略。

6.1.3.4　营销活动的计划、组织与控制

旅游景区营销管理的最后一个程序是对市场营销活动的管理,景区营销管理离不开以下营销管理系统的支持。

（1）市场营销计划

既要制定较长期战略规划,决定旅游景区的发展方向和目标;又要有具体的市场营销计划,具体实施战略计划目标。

（2）市场营销组织

营销计划需要有一个强有力的营销组织来执行。根据计划目标,需要组建一个高效的营销组织结构,需要对组织人员实施筛选、培训、激励和评估等一系列管理活动。

（3）市场营销控制

在营销计划实施过程中,需要控制系统来保证景区市场营销目标的实施。

旅游景区市场营销的目的在于了解市场趋势,开发或扩大目标市场的有效需求。因此,旅游景区营销必须面向市场,以市场为导向,在市场调研的基础上进行旅游市场细分,在制定长期营销规划后,更应该注重短期营销。旅游景区一旦实施了正确的市场营销工作,比竞争者更快、更好地调整经营组合,就会获得较好的经营收益。

6.2　旅游景区目标市场细分

6.2.1　旅游景区目标市场细分的概念

旅游景区市场细分就是对旅游景区在进行市场调查的基础上,依据旅游者的需要、行为、习惯等方面的差异性,把整个旅游景区市场划分成若干个旅游者群的过程。

旅游景区通过市场细分,制订不同的营销组合,建设多种营销渠道,可以更好地满足各种旅游消费者的不断变化的旅游需求。旅游景区市场细分还可以使旅游景区经营者更清晰地认识市场,通过对市场的各种特性进行整理、观察和分析,进而发现新的市场机会,挖掘出新的市场特性。旅游景区在进行有效的市场细分之后,景区可以找出对于自己最为关键的市场部分,利用自身有限的资源集中对这部分市场进行开发和拓展。

6.2.2　旅游景区目标市场细分的原则

旅游景区市场细分即从旅游消费者的需求差异出发,根据旅游消费者消费行为的差异性,将整个的旅游景区市场划分为具有类似性的若干不同的消费群体,从而使景区有针对的开展营销活动的过程。对景区目标市场的细分可以遵循以下原则。

（1）实效性原则

旅游景区市场细分的范围大小必须合理,即细分市场的规模大小应适当,既要保证有利可图,又要具有相当的发展潜力。

（2）可衡量性原则

用来划分旅游景区市场的标准必须是确切可以衡量的,因此必须对游客各方面的旅游消费需求作全面、准确的了解,以求得准确的答案。

（3）稳定性原则

旅游景区市场细分必须在一定的时期内保持相对稳定,不能经常变化,以便在较长的时期内制定有效的营销策略。

（4）可接受性原则

在进行旅游景区市场细分时,应根据旅游景区能力选取调研活动的范围,选择有效的目标市场。

6.2.3　旅游景区目标市场细分的标准

旅游景区市场细分的依据是以消费者客观存在的需求差异性为基础。消费者的需求差异是由消费者的生理特征、心理性格和社会经济地位的不同所致。一般情况下,旅游景区市场细分的标准可概括为以下四大类(见表6-1)。

表6-1　旅游景区市场细分的标准及细分因素

细分标准	细分因素
地理因素	空间位置、城市大小、经济地理环境、自然气候、人口密度、城乡分布
人口统计因素	年龄、性别、家庭人数、经济收入、教育程度、职业、宗教、国籍、民族、社会阶层
购买行为因素	购买动机、购买类型、购买形式、购买频率、品牌依赖度等
心理因素	个人的性格、气质、生活方式、价值观

6.2.4　旅游景区目标市场细分的方法

按照旅游市场细分的标准,常见的旅游市场细分方法有以下几种。

（1）按地理环境细分

地理环境细分就是按照旅游消费者所在的地理位置作为细分市场的基础,然后选择其中的一个或几个作为目标市场。从国内看主要有华东旅游区、华南旅游区、华中旅游区、华北旅游区、东北旅游区、西北旅游区、西南旅游区。从国际来看,世界旅游组织将全世界划分为欧洲旅游区、美洲旅游区、东亚及太平洋旅游区、南亚旅游区、中东旅游区。

（2）按心理因素细分

心理因素细分就是按照旅游者的个性、爱好、兴趣等心理因素来划分市场。心理因素属于旅游消费者主观心态,比较复杂难测。根据旅游消费者不同的心理需求,细分市场主要有安逸者市场、冒险者市场、廉价购物者市场。如果按照旅游消费者的生活方式进行划分,可以细分为基本需求者市场、自我完善者市场和开拓扩张者市场。

（3）按人口特征细分

人口特征包括性别、职业、年龄、收入、宗教、家庭结构、受教育程度等,其所包含的变量十分明确。因此,按人口特征进行细分的方式是市场细分中最流行的。以年龄为标准来划分,有儿童旅游市场、青年旅游市场、中年旅游市场、老年旅游市场等。按职业、文化程度划分,有商务旅游市场、职工旅游市场、科教旅游市场等。

（4）按购买行为细分

购买行为细分就是按照旅游者出游时间、旅游目的、旅游后的感受来划分。按旅游目的可分为度假旅游市场、观光旅游市场、教育旅游市场和探亲访友旅游市场等。按旅游购买方式可分为团体旅游市场、散客旅游市场。按旅游消费者所追求的利益细分,可分为经济型、享受型、时髦型等。

6.2.5 旅游景区目标市场细分的步骤

（1）认清景区经营的目标

首先要了解旅游景区经营目标和经营范围,确定旅游景区能够为旅游者提供什么样的旅游产品和提供何种旅游服务。认清景区经营的目标是进行旅游景区市场细分的基础。

（2）了解游客的愿望和需求

根据市场细分的标准和方法,了解并列出景区经营范围内旅游消费者的全部需求和潜在需求,对其进行归类,为市场细分提供原始依据。

（3）对市场需求进行分析,挖掘可能存在的细分市场

在这个过程中一方面分析旅游消费者的地区分布、人口特征、购买行为等;另一方面根据旅游景区的现实经营情况,作出初步的判断。

（4）选定恰当的细分市场的标准,对景区市场进行初步细分

在景区可能存在的细分市场中,各有不同的细分因素,旅游景区要能够分析出哪些因素是最重要的、突出的,并选出具有现实性且能反映市场特点的因素,作为初步细分旅游景区市场的主要标准。

（5）合并或细分初步细分旅游景区市场,分析细分市场的主要特征

首先,分析旅游景区市场的初步细分结果是否符合客观现实,有无可行性,对各个可能存在的旅游细分市场进行合并或分解。其次,对整合后的各个旅游景区市场中旅游消费者的主要消费特点加以分析和归纳,以确定各细分子市场的特点。

（6）分析各细分市场的规模和潜力,选定目标市场

将各个细分子市场与该市场中游客的人口特征、地区分布、消费习惯、经济条件等相联系,估计市场潜力,测算每个细分市场的规模,结合旅游景区的发展目标,进行目标市场的选择。

6.3　旅游景区目标市场选择

旅游景区进行市场细分的目的在于有效地选择目标市场。目标市场是景区在市场细分的基础上,根据市场潜量、竞争对手状况、景区自身特点所选定和进入的市场。旅游景区的目标市场就是景区准备在其中从事经营活动的一个或几个特定的细分市场。

对不同的景区细分市场进行市场环境分析后,景区要决定应该进入哪几个细分市场,即目标市场选择。对景区而言,其经营实力是无法同时满足不同旅游消费者多样化的需求。因此,旅游景区在全面考虑影响景区目标市场选择的因素后,根据自身的实际情况,选择一个或几个适合自己的细分市场作为自己的目标市场,然后集中景区的全部优势实行高度专业化经营,充分满足一类或几类旅游消费者的需要。

旅游景区对目标市场的选择通常有两种方法:①从以人口特征因素划分的细分市场中选择。其中,以职业、年龄为细分标准的细分市场最经常被选用。②从以地理环境因素划分的细分市场中选择目标市场。运用这种方法选择市场时,由于旅游景区的吸引力随着与旅游消费者市场距离的增长而递减。因此,应该遵循由近及远、逐步扩大的原则,以旅游景区所在地为中心,把该区域范围内的中心城市作为主攻目标市场,重点抓好中心城市旅游市场。

当然,每个旅游景区的资源及产品的吸引力等方面存在的差异,旅游景区在选择目标市场时要具体分析,不应仅仅局限于上述两种方式。

6.4　旅游景区营销渠道建设

景区产品大都具有不可贮存性,如果卖不出去其价值会降低甚至全部损失,这就对营销渠道的速度有很高的要求。渠道越长营销速度越慢,交易成本也因环节的增加而提高;渠道越短营销速度越快,交易成本也因环节的减少而降低。因此,旅游景区都应努力寻求较少环节的营销渠道。旅游景区的营销渠道通常有以下几种。

6.4.1　旅游分销商

大多数旅游景区都通过旅游分销商来销售产品,要选择适合的旅游分销商,首先要明确本景区所建立的营销渠道网络要达成的目标是什么、市场需求如何,并在此基础上调研潜在的旅游分销商,了解其业务性质、市场推销能力、规模大小、信誉高低、是否接近本景区的客源市场、是否经销同类竞争性产品、经销本景区产品的兴趣大小、是否有合作意愿等。旅游景区选择旅游分销商还应遵循如下原则。

（1）便捷性原则

选择旅游分销商的基本要求之一,就是所选择的旅游分销商要有现代营销意识,最靠近目标旅游市场,旅游者最容易找到他们并能方便快捷地购买所需的旅游产品或得到所需要的服务。

（2）效益原则

营销渠道的构建需要支付一定费用,营销渠道的维持也需要一定的费用开支。营销渠道的费用开支需要从营销渠道的收入中得到补偿,以收抵支取得经济效益。如果景区维持某分销商渠道的支出大于收入,就会得不偿失,景区则会裁减这条分销商渠道。

（3）控制风险原则

风险与利益往往是共生关系,选择旅游分销商应尽可能规避风险、减少风险。很多景区都十分重视对散客的招揽,因为对这类游客售价高而且没有被拖欠的风险。防范分销商的拖欠风险是景区风险控制的重要内容。

6.4.2　传播媒体

旅游景区广告是旅游者获得旅游景区及旅游产品信息的主要渠道之一,旅游业利用旅游景区形象广告进行营销已日益受到重视。旅游景区通常选择的传播媒体有:报纸、杂志、广播、电视、户外广告、网络等。旅游景区应遵循以下几个原则进行媒体的选择。

（1）目标导向原则

旅游景区广告是围绕旅游景区形象目标开展的。媒体的选择也要以景区的形象目标和要求为导向。

（2）扬长避短原则

每一种传播媒介都特色鲜明,有优点也有缺点。在选择传播媒体时,首先应明确各种传播媒体的特点,深入全面地了解各种传播媒体的内涵,就能选择恰当的传播媒介,扬长避短,取得事半功倍的传播效果。

（3）关注对象原则

针对不同的旅游公众,选择旅游景区广告媒体时应予以充分关注,可以从以下几个方面选择关注的内容:①旅游公众的年龄结构,年龄高者一般知识丰富、阅历深,多选用文字印刷媒介;年龄较低者一般更趋向选择电子传播媒体。②旅游公众的生活、工作习惯。如生活习惯或工作规律性不强的旅游公众无法在规定时间内收看或收听信息,文字印刷媒体更适合他们。③旅游公众的经济状况。一般来说旅游公众经济生活水平较高,可能接触的媒体费用较高。反之亦然。④旅游公众的受教育程度。一般来说,对受教育程度较高者宜多用文字印刷媒体;相反的,对受教育程度较低者宜多采用电子传播媒介,直观形象地影响他们,帮助他们快速理解并获取信息。

（4）经济性原则

传递信息皆需支付一定费用,费用水平与效果大小成正比例关系,旅游景区应结合自身的经济能力,根据"少花钱多办事"的经济合理化原则来选择媒体。

6.5 旅游景区营销组合策略

景区的营销组合是指旅游景区为了获得最佳的经济效益,针对产品、价格、销售渠道、促销四个因素进行组合,综合性地发挥整体营销作用,使景区的旅游产品更加适应市场,并促使景区产品最终被旅游消费者购买或消费。

6.5.1 旅游景区产品策略

旅游景区首先要对自己的旅游产品有所认识,根据旅游景区所提供旅游产品的主要内容和特征,组成完备的营销组合,然后考虑其营销策略的制定。旅游景区产品营销组合有以下几种。

(1)全线全面产品组合

全线全面产品组合是指旅游景区在景区内开展多种经营,提升景区服务档次和扩大服务内容,全方位满足目标顾客的需要。旅游的六大要素——食、住、行、游、购、娱是游客的基本需要,随着旅游消费的档次提高,进而发展到健(健身)、教(教育)等需要,这些都是主流需要。此外,还有诸多个性化的需要。按照市场营销理念的认识,需要就是市场,这么多的需要给景区服务提供了无限的空间。旅游产品是综合性的,所有服务项目组合在一起能发挥更大的乘数效应。服务的项目越多、越全面,就越能留住游客、越能刺激游客在景区消费。景区服务完善了,又会很大程度影响目标顾客群的口碑,吸引更多游客前来游玩。因此,旅游景区应在景区服务质量和服务项目上多做文章,多下工夫。

(2)市场专业化产品组合

市场专业化产品组合是指为某一特定的旅游市场提供所需的多种旅游产品,如景区专门为青年人市场提供观光、交友、娱乐等产品。这种组合有利于景区经营者集中力量充分了解某一目标市场的多种需求,开发出多层次的产品,有利于市场渗透。缺点是市场单一,景区的销售额容易受到影响。

(3)特殊产品专业组合

特殊产品专业组合是指旅游景区针对不同的目标市场的需求提供不同的旅游产品,如某景区既为观光游客提供旅游观光产品,又修建大型休闲游乐场,提供丰富的娱乐产品。这种产品组合能够有利于针对性地满足不同的目标市场,扩大销售额。但由于开发及销售投资大,产品成本较高。因此,选用这种策略之前必须进行周密、完整地可行性分析,以减少风险。

(4)多元化产品组合

多元化产品组合是在跨行业的两个行业领域同时经营,利用相互的影响作用取得综合经济效益。这一组合最成功的例子是浙江宋城集团。宋城集团是中国最大的民营旅游开发投资集团之一,其投资方向以旅游休闲业为主,同时涉及房地产开发、高等教育、电子商务等领域。宋城集团 1995 年起步,先在杭州动工兴建主题公园宋城,短短几年间,相继在萧山等地投资开发了杭州乐园、美国城、山里人家等景区,总共开发的旅游景区面积达 26 万亩,年接待游客达到 400 万人次。集团在开发旅游景区的时候大量购置周围土地,开发房地产,围绕景区建成一批宾馆、温泉度假村、高尔夫俱乐部、网球俱乐部等度假休闲配套项目。在景区经营的同时,房地产价值也一路攀升,现已成为拥有 13 个项目企业 40 亿元资产的大企业集团。

（5）一体化产品组合

一体化产品组合就是将景区业务向有联系的行业发展。面对旅游市场,向前延伸到旅行社、旅游交通行业开展业务,向后延伸到饭店业、旅游商品生产行业开展业务;横向则投资开辟新的景区。这种模式不管向哪个方向发展,都离不开景区原有的经营主业,都是以原先的主业为中心向外围逐步拓展的。这种市场发展模式需要景区投入资金,是一种投资发展模式,需要慎重对待。

6.5.2　景区门票价格策略

价格竞争是旅游市场竞争的重要武器,旅游景区在制定产品价格时应充分认识价格策略的重要性,根据不同的定价目标、市场状况、产品状况、游客状况,选择能赢得市场竞争优势的价格策略。旅游景区的定价策略主要有:新产品定价策略、心理定价策略、促销定价策略等。以景区门票的定价为例,主要采取的价格策略有以下几种。

（1）差异化价格策略

同一游览景区按旅游时间、地点差别可以细分市场。针对不同季节、不同时间段、参观游览区的不同游览段制定多样化价格,使每一市场达到最大收益。例如我国庐山、九寨沟等以自然景观为主的景区实行淡旺季两种票价,以便在旅游淡季时刺激旅游消费;再有游韩国的乐天世界,每天下午 4 点以后,门票减半;游览法国巴黎埃菲尔铁塔,使用不同的上升工具到达不同的平台,均有不同的票价。

（2）套票价格策略

套票价格策略就是将有明显需求差异的几个景点合在一起制定一个套票价格,但其价格又略低于几个景点价格之和的定价策略。套票在景区的价格策略应用中屡见不鲜,特别是计算机网络平台的普及,大大推动了团购套票的风行。对于游客来说套票确实能给旅游者提供较大的优惠;对于景区来说,套票延长了游客的逗留时间,大大提高游客在景区内的消费机会。

（3）转移定价价格策略

转移定价价格策略即将整个游览景区看做"一盘棋",门票价格定得低些,通过游客在景区内的其他消费（例如购物、餐饮）来补偿。因为根据消费替代性原理,一种消费的增加必然带来另一种消费的减少。收取高额门票,游客必然要抑制其他消费的冲动,如果取消或降低门票价格,原先的门票预算就必然自觉不自觉地转嫁到其他消费上。例如从 2003 年 10 月 1 日开始,杭州西湖环湖公园全部实现 24 小时免费开放,成为全国唯一不设门票的 4A 级旅游区和国家级风景名胜区。西湖不收门票,一年少了几千万元的门票收入,却带旺了西湖周围的商机,环绕西湖边上的各种冷饮店、小商品部、茶楼、餐馆随处可见,而且鲜有冷冷清清的店铺。此外,西湖另一大块的收入来自游船,各种类型的湖上设施,游船、自划船、游艇等,不仅满足了游客的多样需求,而且增加了景区收入,赢得了上亿收益。

(4)优惠票价价格策略

游客对景点游览的需求具有一定的差异性,而各旅游景点的功能定位又是有区别的。为适应游客的不同需求,游览参观点门票价格形式应多样化,可区分不同人群,如老人、儿童、军人等制定免费、优惠群体门票价格。

景区在具体应用门票价格策略时,应该根据景区的细分市场,实施差别定价策略,以更灵活的定价来吸引更多不同消费水平的旅游者。世界各地许多国家旅游景区门票价格表现方式是灵活多样的,值得借鉴。第一,应针对不同社会群体,制定不同门票价格,如免费群体、优惠群体等。第二,针对不同季节、不同时间段和景点的不同游览段分别制定差异化的收费标准。第三,应该实行单人票、家庭套票、团体票、周期票等不同的票价形式供游客进行多重自由选择。

6.5.3　旅游景区销售渠道选择策略

旅游景区在选择销售渠道时,可以根据产品以及自身的实际情况,选择最符合市场消费习惯和能最有效地接近市场的销售渠道。

6.5.3.1　营销渠道长度选择策略

直接营销渠道是最短的渠道,其优势在于有利于生产者了解市场,由于没有中间环节,渠道费用也较节省;其不足之处是销售范围较窄、销量有限,景区不得不把一部分精力放到直接销售上,因而还会牵制景区生产者的精力。

长渠道优势在于销售范围广,可借助中间商的网点营销产品;其不足之处是:要支付一定的差价作为中间商报酬或佣金,生产者与旅游者之间难以直接沟通,营销速度较慢。

景区应根据内外部情况,择优选择长短适宜的营销渠道。

6.5.3.2　营销渠道宽度选择策略

营销渠道的宽度选择所要解决是选择每个渠道层次的中间商数量多少的问题。通常有三种营销渠道策略可供选择,即密集型渠道策略、选择型渠道策略和独家经营型渠道策略。

(1)密集型渠道策略

密集型营销渠道策略又称广泛型营销渠道策略或无限制型营销渠道策略,是指景区在一个旅游市场中广泛地选择中间商来推销其产品。通过数量广泛的旅游中间商使旅游产品更接近目标游客,便于旅游者购买;通过为数众多的中间商还可充分展示产品。由于密集型营销渠道策略不会依赖少数中间商,因此个别中间商经营业绩不佳对企业影响不大,渠道经营风险较为分散。密集型营销渠道是最宽的营销渠道,最适合大众化旅游产品。密集型渠道策略的缺陷在于:渠道成员较为复杂,生产者不易控制,易造成渠道混乱。

（2）选择型渠道策略

选择型营销渠道策略是指景区择优选择一部分旅游中间商作为旅游产品营销渠道。景区根据目标旅游市场情况，通过对旅游中间商的调研、筛选，去掉那些效率低、成本高的旅游中间商，去掉那些对本企业旅游产品不太感兴趣或信誉不好的旅游中间商，去掉那些本企业难以控制的旅游中间商，剩下的就是对本景区最有利的旅游中间商。选择型渠道既能使旅游产品在特定的旅游市场获得一定的覆盖范围，又便于景区控制渠道费用、降低渠道成本。

（3）独家经营型渠道策略

独家经营型渠道是指景区在一定时期内只在一个地区选择一个旅游中间商作为本景区的营销渠道。这种类型的营销渠道是选择型营销渠道的极端形式，是最窄的一种营销渠道。独家经营型渠道的优点是：旅游中间商积极性高，销售渠道之间没有竞争。其缺陷是：旅游景区把一个时期、一定地区的营销任务全部由一个旅游中间商承担。一旦此中间商力所不及、难以胜任，景区的风险很大。故此，景区要十分慎重地精选独家经营的旅游中间商。

6.5.4 旅游景区促销策略

旅游景区促销是通过与市场进行信息沟通，把旅游产品及服务的信息传递给旅游者，引起旅游消费者的注意，使之对旅游产品产生兴趣，并为旅游景区树立良好的形象，从而促进销售。

6.5.4.1 旅游景区促销手段

（1）广告

广告是营利性企业或非营利性的组织或个人，通过花费一定的费用将有关的信息由媒介传播或发布出去的一种沟通方式。旅游景区的广告按照媒体划分，可以分为报纸广告、电视广告、广播广告、杂志广告和其他媒体广告。不同的广告媒体有不同的特点（见表6-2）。

表6-2　常用广告媒体比较

媒体类别	优　点	缺　点
电　视	传播性能多样 传播范围广泛 及时、灵活	费用高 印象逝去快 缺乏选择性
报　纸	覆盖面广 时效性强 灵活性强	内容繁杂，阅读仓促 缺少形象表达手段

续表 6-2

媒体类别	优　点	缺　点
杂　志	对象明确,选择性强 阅读和保存时间长 印制效果良好	缺乏灵活性 传播范围有限 时效性差
广　播	传播速度快 传播空间广泛 传播方式灵活	不能持久保存 选择性差
户外广告	信息传播范围广 保存时间长 费用低廉	接受对象选择性差 内容有局限性
网　络	受众范围广 传播速度快	传播对象局限性强 更新速度快

（2）直接营销

旅游景区可以派出专职或兼职的推销人员,直接向游客或潜在的游客宣传介绍景区产品及服务,以达到促进销售的目的。例如景区可以派销售人员登门拜访旅行社,介绍景区的特点,以达成合作意向。另外,通过直接邮寄或打电话的方式,顾客或潜在的顾客介绍景区的产品,吸引他们购买。

（3）销售促进

销售促进是指旅游景区对销售的中间渠道或销售队伍成员、最终消费者提供短期激励、带有馈赠性质的促销方法。针对消费者,可以采用向消费者赠送纪念品、门票,举办有奖销售及各种优惠活动,刺激旅游者购买的购买欲望。例如南戴河国际娱乐中心利用门票的编号抽奖活动。面向中间商的贸易推广,可以采用交易折扣、津贴、销售竞赛等方式,调动中间商的积极性,促进景区的销售。对景区的推销人员采用销售佣金、推销竞赛、业务提成等方式,鼓励推销人员不断开拓新市场,寻找更多的潜在顾客。

（4）公关营销

景区的公关营销指的是旅游景区通过信息沟通,发展同旅游消费者、中间商、社区民众、政府机构以及新闻媒介在内的各方面公众之间的良好关系,建立、维护、改善景区良好的社会形象,营造有利于景区经营环境的一系列措施和活动。相比较于广告和直接营销,公关营销是一种成本低而收益高的促销手段。旅游景区开展公关营销活动,可以采用新闻报道策划、征选倡议活动、会展节庆活动、编制图文、音像资料等办法。

6.5.4.2　旅游景区促销策略

旅游景区促销通常有推动策略和拉引策略两种促销策略。

（1）推动策略

推动策略是景区将促销活动对准销售渠道成员(比如代理商),然后通过销售渠道推出产品,重视使用人员推销和贸易折扣等促进方法。

（2）拉动策略

拉动策略是景区直接面对最终消费者进行促销，重视广告和销售促进方面的投入。

此外，联合促销对于旅游景区来说也是一种非常有效的促销手段，如相邻不同类景区的联合促销，可以提高整个区域的旅游吸引力。

6.6　旅游景区市场竞争战略

6.6.1　市场主导者战略

市场主导者是指在市场上占据统治地位或支配地位的企业，但对景区企业而言，并没有绝对的市场主导者，一个成功的市场主导型景区通常是指在同类型景区当中占有主要市场份额，能够影响同类景区的行为，在营销战略上拥有较大的自由度的景区。市场主导者营销战略通常有下列三种途径。

（1）拓展市场需求

市场主导者通常把扩大市场需求作为营销战略的重点，因为一旦市场需求扩大，作为市场主导者的景区就会获得最大的收益。景区可以通过开发新的目标市场，充分挖掘产品的新内涵，吸引游客眼球，在现有产品基础上进行创新，扩大目标市场等方式来扩大市场需求。

（2）保持市场占有率

占据主导者地位的景区会不断受到竞争者的挑战，特别是在现代景区日益激烈的竞争环境下，必须时刻防备竞争者的牵制，保住自己的阵地。这就要求景区要具备强烈的防御意识，不能仅盯眼前的产品和市场，要注意市场发展趋势，建立自身的防御体系，必要时采取先发制人的策略先行占领市场；或者对竞争者进行市场反攻，并不断调整市场阵地，必要时放弃疲软的市场转而开辟新的市场阵地。

（3）扩大市场份额

通过提高市场份额给景区带来更大的收益，这也是一种直接有效的战略途径。

6.6.2　市场挑战者战略

市场挑战者战略就是通过攻击市场主导者及其他竞争者以占有更多的市场份额。这类景区通常排名同类质景区中的第二名以后，不乏实力强大的景区企业。

市场挑战者战略首先要确定战略目标，即要挑战的对象。这个对象可以是市场主导者，也可以是实力相当者，或者是实力薄弱的小型景区。其次就要选好进攻的战略，在此举出四种进攻战略。

（1）正面进攻

集中优势进攻对手的强项，在产品、服务、价格、营销上全面压制对手。

（2）侧面进攻

集中优势进攻竞争对手的薄弱环节,如尚未占据的细分市场,销售的薄弱地区等。在现代景区营销当中,这是一种机智有效的市场竞争手段。

（3）偷袭进攻

这适用于实力比较弱小的景区企业。景区针对大型景区占据的市场角落发动小型的、偷袭式的价格战或促销战,来争取自身的立足点。

（4）间接进攻

完全避开现有市场,独辟蹊径推出特别形式的景区,开发新产品,新的景区游览方式,以求占有新的市场领域。这种方式存在较大的风险。

6.6.3　市场跟随者战略

不能占据市场主导地位的景区,跟随主导者维持和平共处的竞争局面。跟随者战略通过效仿主导者的产品和服务参与竞争,大大降低了景区投入,但是这并不代表跟随者毫无策略的照搬主导者。跟随者在模仿中发现自身的优势,同时不会引起市场主导者的注意,这适合于处于创业初期和发展中的景区。

采取市场跟随者战略的景区要注意和被跟随景区的关系,如果采取紧跟策略,要注意避免主导者的敏感领域,避免实力悬殊的正面冲突。所谓跟随也不是盲目的照搬,而是有选择地借鉴有利于自身发展的方面,以壮大自身的实力。能够跟随市场主导者,又适当地保持一定的距离,才能给景区带来发展空间。

6.7　旅游景区市场拓展战略

旅游景区市场拓展就是在现有景区经营策略的基础上,通过一系列的战略决策把景区的产品和服务市场扩大化。现代景区必须不断开拓、扩展市场,才能适应不断变化更新的市场需求,实现景区发展的可持续经营。

市场拓展战略的实施必须建立在充分进行市场调查分析、明确景区目标市场需求、确定景区产品定位和市场定位的基础上。

通常景区市场拓展战略包括以下几个层次:①针对景区目标客户群的需求调整产品设计和价格设计;②向目标客户进行宣传推广;③进行目标明确的促销活动和公关活动;④推出核心竞争产品;⑤建立企业文化、走品牌化经营。

本章小结

旅游景区的市场营销是景区经营管理的重要内容。本章从景区市场营销的含义入手,分析了旅游景区市场营销的特殊性,详细介绍了旅游景区市场营销的过程,并阐述了掌握景区目标市场的细分与选择及营销渠道建设的相关知识,探讨了景区营销策略组合,提出了景区市场竞争及市场拓展的战略思路。

重点概念

旅游景区市场营销　旅游景区目标市场　旅游景区目标市场细分　销售渠道　旅游景区营销策略

案例分析

乐山大佛借势营销,创造"注意力经济"

乐山大佛景区是我国最早的风景名胜区之一。乐山大佛景区位于乐山市郊,岷江、青衣江、大渡河三江汇流处,与乐山城隔江相望。景区由凌云山、麻浩岩墓、乌尤山、巨形卧佛等组成,游览面积约 8 平方千米。景区集聚了乐山山水人文景观的精华,属峨眉山国家级风景区范围,是闻名遐迩的风景旅游胜地。

凌云山紧傍岷江,上有凌云寺,建于唐代。依山开凿大佛一座,通高 71 米,脚背宽 8.5 米。大佛为唐代开元名僧海通和尚创建,历时 90 载完成。大佛为一尊弥勒座像,雍容大度,气魄雄伟,被诗人誉为"山是一尊佛,佛是一座山"。

被列入世界自然和文化双重遗产以来,在政府的统一策划下,颇有成效地进行了一系列营销活动,产生了轰动效应。借势营销是乐山大佛景区市场营销中最为成功的一次营销策划。2001 年 3 月,阿富汗塔利班组织炸毁了阿富汗境内的巴米扬大佛,这一破坏世界遗产的行为引起了国际的高度关注,保护遗产的呼声响彻全球。乐山市利用这一事件引起全球人类对世界遗产保护极度关注的心理,策划了中国世界遗产乐山大佛的修护工程。对遗产态度的鲜明对比,一下子就吸引了舆论的关注。在对大佛的维修保护过程中,乐山市始终保持了对媒体的高度公开性,通过主动提供新闻动向,为来访媒体提供方便或邀请外界新闻媒体来访等举措,把对乐山大佛维修的每一点进展都进行了宣传。中央电视台《东方时空》于 2001 年 4 月 22 日对大佛的维修进行了现场报道。此外,新华社、《人民日报》、《中国日报》、《中国旅游报》等 130 多家国内外媒体,120 余家网站均对此进行详细报道。媒体宣传的强度、密度、持久度都是乐山历史上前所未有的。乐山对大佛的维修工程也引起了世界银行、联合国教科文组织的关注,他们在对乐山大佛多次考察的基础上,决定由世界银行先提供 200 万美金的无息贷款用于大佛的维修工程。此外,高水平的维修工作,修旧如旧的维修原则,都是促使整个营销活动成功的有力砝码。

2002年9月份,借中国民间艺术游之机,乐山市举办了第四届国际旅游大佛节暨首届峨眉山—乐山大佛世界遗产保护节,并同时庆祝乐山大佛1 200岁生日,向国内外游客展现了修复一新的乐山大佛,并发表了《保护世界遗产乐山宣言》。

思考:乐山大佛借势营销获得成功的关键是什么?

基本训练

一、简答

1. 旅游景区市场营销的过程是什么?

2. 如何理解景区营销中的价格策略?

3. 旅游景区在营销活动中主要有哪些促销手段?

二、论述

试论如何看待旅游景区的市场拓展战略。

7

旅游景区服务质量控制与管理

课前导读

　　景区的质量是构成景区竞争力的关键因素,景区质量管理是景区管理的重要组成部分。景区质量管理就是控制和协调相关要素,提高景区产品和服务的质量,最大限度地满足游客的需求,获得最佳效益。本章从分析景区服务的特点入手,通过对景区服务质量管理的内涵及我国当前旅游景区服务存在的不足进行分析,指出了景区质量管理的重要方法,详细阐述了旅游景区服务质量管理的体系和标准,并介绍了如何对景区服务质量进行控制。

教学目标

　　1.了解旅游景区服务的特点。
　　2.掌握景区服务质量的概念、内涵、特点和评价方法。
　　3.掌握景区服务质量管理的方法和措施。
　　4.明确景区服务质量管理的体系和标准。
　　5.明确如何对景区服务质量进行控制。

　　旅游景区的质量是一个综合性的概念,它是景区的员工依托景区的资源、环境、设施等向游客提供产品和服务满足其需要的效用的总和。旅游景区的服务对象是旅游者,景区能否获得旅游者的满意和良好评价是景区赢得市场竞争的核心和关键。因此,旅游景区的服务质量对景区来说至关重要,它直接关系到景区的整体形象,是景区成功的关键。我们必须提高旅游景区的服务质量,不断加强旅游景区服务质量的管理。

7.1 旅游景区服务质量管理的作用和意义

7.1.1 旅游景区服务的特点

旅游景区为旅游者提供的旅游产品是典型的服务性产品,主要包括景区景点、旅游设施和各种旅游服务。其中的旅游服务主要是指景区的员工凭借景区的旅游吸引物、旅游服务设施和服务技能,通过一定的手段和形式,为游客提供各种方便来满足其旅游需求。旅游景区服务主要有以下特点。

(1)服务内容的复杂性

旅游景区服务是景区的员工凭借景区内的各种旅游资源和旅游服务设施来完成的。旅游景区的景观资源是由复杂多样、相互依存的各种要素共同组成的综合体。各种资源受气候、地质条件、历史、风俗等多种因素的影响,会呈现出不同的特点。所以,景观资源本身就是复杂多样的。另外,从景区的服务对象来看,景区要面对各种各样的游客,而每位游客的需求又各不相同,对服务内容和服务形式的要求也不尽相同,旅游景区服务实际上是为所有的游客提供满足其旅游体验需求的各种服务,要达到每一项服务都到位、每一个游客都满意,是难度相当大的。

(2)服务对象的流动性

一般情况下,游客的行程是安排得很严密紧凑的,在景区内每个景点的停留时间都是受限制的,游客为了在有限的时间内参观尽可能多的景点,流动速度是很快的,这也导致景区内的游客一直都在不停地变化,景区服务的对象在不停地变换。这就要求景区的管理部门针对服务对象流动性强、变化大的特点,提供高效、及时、准确的服务,使游客在景区内停留的有限时间内感受到景区优质的服务。

(3)服务消费的非完全排他性

游客在购票进入景区后的参观游览是与其他游客一起进行的,每位游客不可能单独享有消费权。因此,游客在景区的服务消费是无法完全排他的。这将导致游客的游览情绪和旅游体验效果会较容易受到其他游客的影响。所以,景区管理部门必须对游客数量进行合理的控制,避免因为某时间段(尤其是旅游旺季)景区内游客过多,超过了游客的心里容量,引起游客对景区服务的不满。

(4)服务的一次性

旅游景区服务只能当次享用,过时则不能再使用,而且无法像购买其他商品一样退货。这就要求景区应接待好每一位客人,提高每一位客人的满意程度,才能使他们再次光临。

7.1.2 我国旅游景区服务存在的问题

我国旅游景区经过二十多年的发展,无论是在旅游资源的开发还是在景区服务技能和水平方面都有了很大的发展和进步。尤其是各种服务规范的制定、质量等级的划分与评定以及国际质量标准的引入,使景区的服务水平和质量管理水平都有了很大的提升。但从我国景区经营的实际情况来看,旅游景区服务还存在很多的问题,主要表现在以下几点。

(1)服务意识不强

由于我国大多数景区都存在员工工作强度大、收入增长幅度较小等问题,使得员工很难培养工作热情和责任感。由于旅游行业普遍存在员工流失率高、跳槽频繁的现象,使得景区的员工很难得到系统化、常规化的职业道德、礼貌礼仪、语言艺术等的培训,服务意识和服务态度都比较差。

(2)不同时段服务质量差异较大

通常情况下,景区在游客不是特别多的旅游淡季和平季工作强度不是很大,员工的压力相对较小,景区的环境也比较好,景区服务就相对好一些,游客的投诉率也相应较低。相反,在旅游旺季的时候,尤其是"黄金周"期间,由于游客人数较多,景区员工数量有限,资源和设施也都是有限的,景区的环境会因为游客太多遭到一定程度的破坏,而资源和设施利用的紧张也会造成游客的抱怨和不满,景区的员工因工作强度太大而产生疲惫感,景区整体服务质量都会大打折扣。

(3)实际提供的服务与服务质量标准差距较大

近年来,随着旅游业的快速发展,景区的经营管理水平也在不断提高。一些景区已经开始引进先进的管理系统,制订了一些服务质量标准,但由于景区设施老化、员工培训不到位、景区管理监督不严格等多种原因,很多景区实际为游客提供的服务与其制订的服务质量标准之间尚存在很大的差距,难以将质量标准真正执行到位。

7.1.3 旅游景区服务质量管理的重要性

(1)有利于完善景区的服务项目

随着旅游市场竞争日益激烈,以及旅游者需求日渐多样化的趋势,完善的服务项目会对游客产生巨大的吸引力。因此,许多景区都非常重视对景区服务质量的管理,不断向游客提供完善的服务项目。有一些景区在旅游旺季到来的时候,会加大旅游服务设施的建设力度,这体现了以人为本的服务理念,比如说改造、增加景区路椅、垃圾桶、说明牌、指示牌,对景区的服务项目以"合理规划、统一管理、功能分区"的原则规划景区内的游客服务中心的用餐、购物、科普展区、茶楼、小商品等服务。

(2)有利于提高景区员工的整体素质

景区工作人员是景区服务的主体,是直接和游客接触的人。因此,其素质的高低直接影响景区服务质量的好坏。在竞争日益激烈的旅游市场上,作为旅游景区一方面要提升项目与园区环境建设的硬件设施,另一方面也要提升服务质量的软件设施。但就目前情况而言,大多数旅游景区都在加大对硬件设施的投资力度,而对服务质量提升的意识还有待于进一步加强。尤其是一些小型旅游景区,因为其投资规模小,在人才管理运作上,考虑到成本问题,往往招收一些素质不高的人,招进之后,又不对其进行系统培训,从而导致景区从业人员的服务意识不强,对待游客态度十分生硬,不懂得如何处理游客与景区之间存在的问题,使景区的形象大打折扣。

在当今旅游景区项目处于同质的时代,景区服务质量的好坏在很大的程度上决定着景区的市场份额。因此,景区必须加强服务质量的管理,不断对景区员工进行服务质量教育,切实提高景区人员的素质。

(3)有利于提升景区的整体形象

景区产品大多属于服务产品,而服务产品的无形性决定了景区的整体形象对景区产品销售至关重要。良好的企业形象可以让产品增值,使景区的销售活动更加顺利。景区良好的企业形象主要表现为高知名度和高美誉度。所谓知名度就是知道和了解本组织的人数,而美誉度则是赞美本组织的人数。景区通过促销手段的使用,如广告宣传、人员推销、销售促进等方式可以提升景区的知名度;要提高景区的美誉度,则要靠景区提供的服务质量。因此,在景区服务过程中,加强景区服务质量的管理,有利于提升景区的整体形象。

迪士尼主题公园高质量的服务水准是有口碑的,它的服务理念已成为许多企业争先效仿的对象。究竟是什么塑造了迪士尼的服务神话呢?其奥秘在于"SCSE",即安全(safe)、礼貌(civility)、表演(show)、效率(efficiency),其内涵可以理解为:第一保证客人舒适安全;第二保证员工彬彬有礼;第三保证演出充满神奇;最后是在遵循以上三项原则的基础上保证工作的高效率。正是由于迪士尼长期坚持"SCSE"经营理念和服务承诺在全体员工中的有效落实,才打造了迪士尼高质量的服务水准,才赢得了顾客良好的口碑效应和较高的重游率。在任何情况下,保障游客安全是最重要的。每逢节假日由于客流量增加导致拥挤混乱时,工作人员都会采取相应的措施保障游客的安全,如限制入园人数、限制游客的移动途径等。虽然这样会减少收入,而且会招来等待入园游客的不满,但是安全始终是迪士尼首先要考虑的问题。另外在一些惊险、刺激的娱乐项目中,公园都会有详细的安全提示,并为有特殊需要的游客提供专门服务。例如在观看唐老鸭等四维电影时,剧院第一排的固定座椅是专门为老人、儿童准备的,公园在让他们感受立体电影逼真效果的同时,也能保护他们的安全。

7.2 旅游景区服务质量的概念、特点及评价

7.2.1 旅游景区服务质量的概念

7.2.1.1 旅游服务质量的概念

《旅游服务基础术语》(GB/T 16766—1997)对旅游服务质量的定义是:旅游服务质量是指旅游服务活动所能达到效果和满足旅游者需求的能力与程度。

景区服务质量的高低主要表现在游客在旅游活动过程中享受到服务后的物质和心

理满足程度的高低。旅游服务质量一方面取决于设施、设备和实物产品的质量,另一方面取决于服务者的服务观念、服务态度、服务方式、服务技巧、服务内容、礼节礼貌、语言动作等。

7.2.1.2 旅游景区服务质量的概念

旅游景区服务质量是指景区以其拥有的设施、设备、产品为依托,为客人所提供的服务在使用价值上适合和满足客人物质和心理需求的程度。

我国学者王昆欣认为旅游景区服务质量包括有形产品的质量和无形产品的质量。有形产品的质量主要表现为旅游景区的硬件,如各种设施、设备和实物商品的质量。无形产品的质量是软件,即旅游景区所提供的各种劳动及环境的质量。就二者的关系而言,有形产品的质量是无形产品的质量的凭借和依据,无形产品的质量是在有形产品的基础上通过服务劳动来创造的,是游览服务质量的本质表现。二者互相依存,互为条件,缺一不可。

7.2.2 旅游景区服务质量的特点

(1)构成的综合性

旅游景区服务的质量由景区员工服务质量、景观资源质量、旅游设施设备质量、景区环境质量等构成,每一部分的质量都将会影响到景区整体服务质量。可见,景区服务质量具有很强的综合性。

(2)内容的关联性

从景区服务质量的构成可知,每一部分的质量各自又由具体的因素构成,这些因素之间是相互关联、互为条件的。如景区旅游设施、设备老化,会影响游客对景点的观赏效果,影响景观资源的质量,从而影响到游客对景区的整体评价。因此,景区必须重视整体服务质量,加强景区服务全过程、全方位的监督管理,防止出现任何疏漏。

(3)对员工素质的依赖性

景区服务的完成很大程度上要依赖员工的服务工作,员工的精神状态、服务意识和服务技能都直接影响景区的服务质量。因此,景区必须加强对员工的培训和管理,提高员工的综合素质和服务意识,从而提升整体服务水平。

7.2.3 旅游景区服务质量的评价方法

(1)游客评价

游客是景区服务的对象,其对景区服务质量的评价对于景区改进服务质量、提升经营管理水平具有重要的意义。景区为了获得游客的真实感受,常采用游客的意见作为评价景区服务质量的标准。由于游客的旅游需求和价值取向是多样化的,景区在使用游客评价作为景区服务质量评价标准时,必须注意所设计的评价指标和方案,采取能得出客观真实结论的指标和方案。

（2）景区经营效益评价

通常情况下,游客间存在明显的口碑效应,只有能够提供高质量服务满足游客需求的景区,才能在长期内吸引更多的游客。根据旅游景区接待游客的人数和景区经营状况的变化情况可以大致推断出景区服务质量的优劣。因此,可以将景区的经营效益评价与景区的服务质量挂钩,借助景区的经营效益来评价其服务质量水平。需要注意的是,景区经营效益评价法对于资源垄断性很强的景区很难得到准确的结果。

（3）标准对照评价

景区的服务质量评价还可以从内部标准和外部标准两个方面来进行。

1）内部标准

景区服务质量的内部评价标准是指景区员工的工作符合服务工作规律、适合服务规范和质量标准的程度,具体体现在景区各个岗位提供的服务与职务说明书中要求的岗位职责标准的符合程度。这主要是用来考核景区员工服务工作的规范性。

2）外部标准

景区服务质量的外部评价标准是指旅游区服务质量应符合并满足游客的期望,是游客对实际所提供的服务或共享到的服务的评判。通常情况下,评价结果是以游客满意度来表示的。

7.3　旅游景区服务质量管理的原则和方法

7.3.1　旅游景区服务质量管理的原则

（1）预防为主

由于旅游产品具有生产与消费同步的特点,景区的服务是无法返工或重来的。这就意味着一旦服务质量出了问题就很难弥补和消除影响。因此,防患于未然在景区服务质量管理中是非常重要的。景区管理部门必须事先做深入的调查和周密的安排,尽量在整个景区服务过程中不出现任何纰漏,尽可能保证为游客提供的每项服务都是优质的,这样才能有效避免质量瑕疵,减少旅游投诉。

（2）以游客满意为中心

游客是景区服务的主体,更是景区服务质量的评判者。游客的满意程度直接关系着景区的客源数量,影响景区的市场竞争力。因此,从某种程度上来说,获得游客的满意就等于赢得了客源。景区必须将旅游者的需求放在重要的位置,充分调查和了解旅游者的潜在和现实需求,并将其转化为景区的服务质量要求。

（3）强调全员参与

要提高景区整体服务质量,必须树立全员参与意识,使每个员工都参与服务质量的管理。每个员工都要将自己服务工作的环节放在整个景区服务的全局中去考虑,把景区的服务质量看做一个整体,任何一个环节出问题都会使整体质量受损。

（4）实行系统化控制与管理

景区在实施服务质量管理时要将与服务质量相关的所有因素都考虑在内,将其作为一个系统化的整体加以分析,并在制订管理方案时有效利用各要素间的相互关联性,构建服务质量管理的网络。

（5）不断改进

景区管理部门应该在服务质量管理过程中注意数据的收集、分析和反馈,查找游客对服务不满意的原因,进而采取有效的措施加以改进,减少和逐渐消除此类问题的再出现。在管理过程中发现问题、分析问题、解决问题,不断提高质量管理的能力和水平。

7.3.2　旅游景区服务质量管理的方法和措施

（1）制定切实可行的规章制度

严格的规章制度可以使管理更科学、高效。景区要制定以游客为中心的服务质量管理规章制度,同时景区制定的质量管理规章制度还必须遵守国家现有法律法规和旅游行业规范,并体现国际标准和国家标准。需要强调的是,规章制度一定要切实可行,不能流于形式。过高的标准会因难以达到而无法执行到位,过低的标准则很难起到监督和控制作用。

（2）推进服务质量教育

服务质量教育是提升服务水平、推行质量管理的有效手段。景区服务质量教育主要包括质量意识教育、职业道德教育和职业知识教育。质量意识是员工对质量的看法和认识,景区要通过教育,使员工认识到质量是景区经营的生命线,优质的服务质量才能赢得丰富的客源。职业道德教育主要是培养员工的道德情操。道德品质是判断一个人"好"与"坏"的重要标志,崇高的道德品质决定了个人对待事业和工作的自觉程度及其发展方向。在市场经济条件下,塑造有理想、有道德、有文化、有纪律的员工是一个企业成功的因素。一个好的景区工作人员应该具有良好的职业品质,不怕困难,吃苦耐劳,能够适应各种复杂的、繁重的服务工作。职业知识教育主要是通过对员工的培训增长其与景区服务相关的知识,帮助员工掌握正确的服务技能和方法,提高业务技术和服务水平。例如,景区讲解员是直接和旅游者接触的,旅游者在旅游活动中有获取知识的需求,相应的就要求景区讲解员也应该具备广博的知识。首先就是语言知识。语言是景区讲解服务的重要工具。语言基础不扎实,就会影响有效的传递与沟通,也就不可能很好地完成讲解工作的任务。其次是景区景点所涉及的一些历史文化知识以及当地的人文历史、自然风貌、风土人情和习俗等。这些知识是讲解员讲解的素材,是讲解服务的"原料"。此外,景区讲解员还应该了解政治、经济、社会、政策法规等方面的有关知识。

（3）加强流动管理

随着旅游景区行业的快速发展,很多景区都建立了比较完善的日检、周检和月检的日常质量管理体系,取得了很好的监督管理效果。但由于景区服务对象的流动性很强,仅靠日常管理很难解决所有的服务质量问题,尤其是突发性的问题得不到及时的解决。因此,景区应该加强流动管理,抽调专门的人员在景区内进行流动巡视管理,发现服务质量问题及时解决,当场解决不了的迅速向管理部门报告。这样可以提高解决问题的效率,减少旅游投诉,提高整体服务质量。

(4)实行全面质量管理

全面质量管理是景区质量管理的重要方法,它包括对景区产品和服务的全过程管理和全方位管理两个方面。全过程管理是对游客游览前、游览中和游览后三个阶段进行管理,并对每个阶段的所有环节进行管理。全方位管理既包括对外服务部门的管理和对内服务部门的管理,也包括对前台人员(直接与游客接触的人员)的管理和对后台人员(不与游客直接接触的人员)的管理。景区一定要树立全面质量管理意识,在每个部门都建立质量管理小组,景区每个部门都参与质量管理。

(5)落实服务质量责任制

景区应当建立责权利挂钩的服务质量责任制,明确景区各部门及个人的服务质量目标,健全服务质量激励机制、服务质量约束机制和服务质量考核机制,使景区服务质量管理真正落到实处。

补充阅读材料

黄山云谷索道的"五免"服务

云谷索道从云谷景区直达黄山主景区,是黄山景区最繁忙的一条索道。云谷索道公司成立了由部门经理、主管、领班组成的"服务小分队",随时为游客解难答疑,提供"五免"服务:设置开水供应点,免费供应开水;设置便民箱,免费为游客提供晕车药等常用急需药品;设置多媒体查询系统和义务咨询台,免费为游客提供相关的旅游资讯。同时,云谷索道团支部充分发挥团员青年的先锋作用,联合云谷山庄、云谷票房和狮林大酒店团支部分别在云谷寺和白鹅岭设立青年志愿者服务点,免费发放宣传资料,热情为广大来山游客提供义务咨询等服务;设置报刊点,免费为游客提供报刊、杂志,充实游客候车时间;为老幼病残者开通绿化通道,免费为其提供特殊的候车服务。

7.4　旅游景区质量标准化管理

我国旅游景区由于历史的原因,管理体制比较混乱,多头管理和条块分割现象相当严重,景区服务质量、设施要求没有统一的标准,一些景区存在着管理水平低下、服务质量低劣的问题,严重影响和制约着景区的发展。为了解决这些问题,近年来,在国家旅游行业管理部门的推动下,我国旅游标准化管理工作取得了很大的进展,绝大部分景区都开始按照国家标准《旅游区(点)质量等级的划分与评定》(GB/T 17775—1999)进行等级评定,还有一些景区通过了《绿色环球 21》、《ISO9000、ISO14000 国际质量标准体系》等国际标准体系的认证。

7.4.1 旅游区(点)质量等级的划分与评定

1999 年国家旅游局与国家技术监督局联合发布了《旅游区(点)质量等级的划分与评定》(GB/T 17775—1999),在 2000 年至 2002 年国家旅游局按照这个标准评定和公布了 A 级景区共一千多个。2003 年 2 月 24 日国家旅游局发布了修订版的《旅游区(点)质量等级的划分与评定标准》(GB/T 17775—2003),此标准于 2003 年 5 月 1 日正式实施。该标准根据 1999 年版的质量标准近 3 年时间的实施情况,并结合国内外旅游区(点)的管理经验,在原标准的基础上做了一些修订,加强了对旅游区(点)的管理,提高旅游区(点)服务质量,维护旅游区(点)及旅游者的合法权益,促进旅游资源的开发、利用与环境保护。

7.4.1.1 2003 年版与 1999 年版标准的主要区别

与 1999 年版的景区质量等级划分和评定标准相比,2003 年版的新标准主要作了三点修改:一是在景区等级划分中增加了 5A 级旅游区(点),新增的 5A 级景区主要从细节方面、景区的文化性和特色性等方面做出了更高的要求;二是对原有的 1A ~ 4A 级旅游区(点)的划分条件进行了修订,强化了以人为本的服务宗旨,对 4A 级旅游区(点)增加了细节性、文化性和特色性要求;三是细化了关于资源吸引力和市场影响力方面的划分条件。

7.4.1.2 2003 年版标准的主要内容

该标准的主要内容涉及景区质量等级的标识以及各等级景区应该具备的具体条件:①旅游交通。包括景区可进入性、交通设施状况、游览线路设计、交通工具等。②游览设施和服务。包括游客中心设置、引导标识的设计、公众信息的发放、导游员及导游词的安排、公共信息图形的规范、公共休息设施设置等。③旅游安全。包括应该符合相关安全标准和规范、安全设施的完备性、紧急事故应对措施和设施等。④景区卫生。包括景区环境、相关卫生标准、公共厕所的设计、垃圾箱的设计、食品卫生标准等。⑤邮电服务。包括有无邮政服务、通讯设施的布置、通讯信号强弱及便捷性。⑥景区购物。包括购物场所的设置和管理、旅游商品销售从业人员的素质、旅游商品丰富程度等。⑦景区经营管理。包括管理体制的科学性、管理制度的完备性、管理人员的高层次、项目管理的合法性、服务管理的针对性等。⑧景区资源与环境保护。包括空气环境、噪声环境、水环境、污物排放、景观保护、景区容量控制、设施的环保性能等。⑨景区资源吸引力。包括观赏游憩价值、历史文化科学价值、资源的质与量、资源的保存完好程度等。⑩景区的市场吸引力。包括景区品牌知晓度、美誉度、辐射能力、品牌特征等。⑪景区的国内外游客年接待规模。⑫游客满意度的抽样调查结果。

在标准的具体实施方面,国家旅游局还配套设计了服务质量与环境质量评分细则、景观质量评分细则和游客意见评分细则三个方面的评分细则,这些评分细则有效地推动了标准的实施。标准实施以来,已明显改变了我国旅游区(点)的服务质量和经营管理水平,尤其是修订后的 2003 版标准,使景区管理和服务更加人性化,促进了我国旅游区(点)开发、建设、经营、管理水平的新发展。

7.4.2 "绿色环球 21"质量体系

7.4.2.1 "绿色环球 21"质量体系的由来

"绿色环球 21"是目前全球旅行旅游业唯一公认的可持续发展旅游标准体系。它源于 1992 年在巴西举行的联合国环境与发展首脑会议上获得通过的《21 世纪议程》中的可持续发展原则。"绿色环球 21"理念是由当时的联合国首脑会议秘书长、第一任联合国环境计划署署长、后来成为联合国秘书长的安南的特别顾问毛瑞思·斯特朗提议,并于 1994 年由世界旅行旅游理事会(WTTC)正式创立。从 1999 年起,"绿色环球 21"开始独立运作,成为国际"绿色环球 21"基金会的一部分。"绿色环球 21"标准体系以可持续发展为理念、针对旅游行业特点所制订的系列认证标准,该标准旨在使世界各国的旅游企业、旅游产品、旅游区域及相关组织全面体现绿色、环保、可持续发展的理念,全面改善环境、社会和文化形象。

"绿色环球 21"是非政府组织,设有国际顾问委员会实施监督,对现行标准和技术支持信息实施严格检验。"绿色环球 21"质量保证体系是通过对授权的认证机构所作的认证评估质量进行不定期的抽查来实现的。它要求实施独立的第三方认证,并且每年进行一次现场审核,促使评估对象承诺年年有所改进。

7.4.2.2 "绿色环球 21"质量体系的内容

"绿色环球 21"的标准是"绿色环球 21"认证的主要认证体系,主要涵盖四大类标准。
(1)旅游企业标准
该标准的使用对象主要针对旅行社、旅游公司、宾馆、餐厅酒吧、别墅、果园、主题公园、会展中心、游乐场、植物园、动物园、博物馆、科技馆、体育场馆、陆海空交通工具及枢纽、自然保护和旅游相关团体、行政管理机构、旅游院校等。
(2)国际生态旅游标准
该标准主要针对生态旅游产品,如旅游景点、旅游住宿等。
(3)旅游社区标准
该标准主要针对旅游区、行政区、旅游景区、城镇等。
(4)旅游设计和建设标准
该标准主要针对规划建设中的旅游景点和设施。

7.4.2.3 通过"绿色环球 21"质量认证对于景区的作用和意义

在我国,已经有越来越多的旅游景区认识到保护环境和可持续发展的重要性,许多高素质旅游企业开始关注"绿色环球21"。目前,国内已经获得"绿色环球21"认证的有四川九寨沟国家级风景名胜区、黄龙国家风景名胜区、蜀南竹海国家级风景名胜区、广汉三星堆遗址博物馆等。通过"绿色环球21"质量认证对于景区的经营管理有重要的意义和作用,主要体现在以下几点。

(1)可以有效节省运营成本

"绿色环球21"标准要求景区对运营中的能源和物资消耗进行优化设计、通过减少能源消耗、减少废弃物总量、减少淡水用量以及通过综合系统的处理方法可以大大提高景区中的资源利用率,有效节省成本。

(2)有助于改善景区环境

"绿色环球21"通过推动可持续旅游为我们所生存的地球创造更好的环境。景区通过实施该标准而产生的对环境的改进可以直接改善景区的旅游环境及我们的生活环境。

(3)促进景区的市场推广

一个景区如果能够承诺应用可持续旅游原则和实践进行经营活动,尤其是利用"绿色环球21"这个目前唯一的旅游行业世界性环境认证品牌,它就能够快速占领市场,获得旅游者的信赖和认可。

(4)可以增强景区的竞争力

由于"绿色环球21"是目前唯一的旅游行业世界性认证体系,可以向所有利益相关团体与个人证明企业的环境实施成效,它将逐渐成为越来越关心环保问题的旅游者评价一个景区质量优劣的决定性因素。

7.4.3　ISO9000 系列标准

在竞争激烈的旅游市场环境中,许多景区都特别重视其服务质量,不仅通过培训或招聘专业化的人才来提高景区的服务质量,而且有的还导入 ISO9000 服务质量体系,推行标准化服务和人性化关怀,真正提高景区的服务质量。ISO9000 质量保证体系是一个既负责又严格的过程,这一过程对旅游景区的管理进行的是一次全面的检查和优化,并会对景区员工的服务理念产生较大的影响。旅游景区即使通过了质量体系认证,认证机构还会进行一年一次或两次的抽检,一旦发现管理质量不符合有关的质量标准,就会撤销景区的质量认证标志。因此,景区将必须长期严格要求自己,为游客提供最佳的服务。深圳锦绣中华发展有限公司是我国旅游景区中第一个获得 ISO9000 国际质量体系认证的企业。

7.4.3.1　ISO9000 系列标准的构成

ISO9000 系列标准由国际标准化组织(ISO)于 1987 年首次发布,1994 年进行了修订,2000 年再次对 1994 年版的进行修订,后来使用的是 2000 年版的 ISO9000 标准。

2000 年版 ISO9000 标准主要由核心标准和支持性标准组成。其中四个核心标准分别是:①ISO900 质量管理体系基础和术语。这是对该标准中出现的基本概念和术语的解释。表述了质量管理体系的基本原则,提出了质量管理体系的基本原理。②ISO9001 质量管理体系要求。它替代并合并了 1994 年版的三个质量保证标准:ISO9001、ISO9002 和 ISO9003,成为用于审核和第三方认证的唯一标准。该标准规定了允许剪裁的范围和原则,允许用户在使用过程中根据需要进行必要的裁剪截取,以适应不同组织的需要。③ ISO9004 质量管理体系业绩改进指南。该标准不用于认证或合同的目的,也不是 ISO9001 的实施指南,它是为了帮助企业用有效和高效的方式识别并满足顾客和其他相关方的需求和期望,实现、保持和改进组织的整体业绩。④ISO9011 质量和(或)环境管理体系审核指南。它为管理以及为实施质量和环境审核提供了指南。适用于所有运行质量和(或)环境管理体系的组织,指导其内审和外审的管理工作。

7.4.3.2　景区导入 ISO9000 系列标准的意义

ISO9000 系列标准是对组织质量管理体系进行规范化要求的国际标准,能够帮助景区建立健全质量管理体系,进一步提高景区的质量意识和质量保证能力,使景区在日益激烈的市场竞争中占据优势。导入 ISO9000 系列标准是景区避免出现质量问题、提高质量管理水平、赢得游客满意的国际化大趋势。

大连圣亚海洋世界于 1995 年 6 月正式开业,目前已发展成为大连市最富海滨特色的旅游景点之一。在短短几年的发展时间里,大连圣亚海洋世界先后获得"大连市十佳旅游景区(点)"、"辽宁省五十佳景"、"国家 4A 级旅游景区(点)"等光荣称号,圣亚海洋世界股份公司也以其规范的管理、良好的效益和一流的服务入选"大连十大高效益外商投资企业"。大连圣亚海洋世界的成功,其中一个原因就是景区质量体系的建立。2000 年 3 月,为了与国际接轨圣亚海洋世界正式启动了 ISO9002 国际质量管理体系标准的认证工作,在全体员工的共同努力下,半年后大连圣亚海洋世界顺利获得了由英国 UKAS 标准化组织颁发的权威证书。2001 年上半年,又顺利入选首批"国家 4A 级旅游景区(点)"。通过积极参与上述质量体系认证和质量等级评定活动,圣亚海洋世界使得内部管理更加规范、更加科学,赢得了顾客的更大满意度。

7.4.4　旅游景区服务质量体系的认证程序

我国旅游景区服务质量体系认证的程序可以划分为以下四个阶段。

(1)提出申请

旅游景区按照规定的内容和格式向体系认证机构提出书面申请,同时提交质量手册和其他必要的信息。质量手册中的内容应该能够证实其质量体系满足质量保证标准的要求。质量体系认证机构在收到申请书之日起的 60 天内必须作出决定,并书面通知申请者,如果不受理申请应说明原因。

(2)体系审核

体系认证机构指派审核组对申请质量体系认证的旅游景区进行文件审查和现场审核。文件审查主要是检查申请者提交的质量手册的规定是否与质量保证标准的要求一致;如果不一致,由申请者澄清、补充或修改。只有当文件审查通过后才可进行现场审核。现场审核主要是通过收集客观证据检查评定质量体系的运行与质量手册的规定是否一致。然后审核组作出审核结论,并向体系认证机构提交审核报告。

（3）审批发证

体系认证机构对审核报告进行审查,凡符合规定要求的旅游景区给予批准认证,然后向申请者颁发体系认证证书,证书有效期为三年;如发现有不符合规定要求的,体系认证机构应该书面通知申请者。

（4）监督管理

对获得体系认证证书的旅游景区还要进行监督管理。具体有以下几项规定:①获得体系认证证书的旅游景区应按体系认证机构的规定使用其专用的标志,不得将标志使用在产品上。②获得体系认证证书的旅游景区如果要改变认证审核时的质量体系,应及时将更改情况通知体系认证机构。③体系认证机构对获得体系认证证书的旅游景区的质量体系每年进行一次或两次的监督审核。④通过监督审核,如果发现体系继续符合规定要求时,则保持旅游景区的认证资格。否则视其不符合的严重程度,由体系认证机构决定暂停使用认证证书和标志,或撤销认证资格、收回其体系认证证书。⑤在证书有效期内,如果遇到某些情况需要换发证书的,由证书持有者申请换发,认证机构决定作必要的补充审核。⑥在证书有效期内,由于某些原因,证书的持有者不愿保持其认证资格的,体系认证机构应该收回认证证书,并注销相应旅游景区的认证资格。

7.5 旅游景区服务质量的控制

与普通的物质产品相比,旅游景区产品大多属于服务产品,服务产品的无形性,决定了旅游景区服务质量的不确定性,为确保景区服务的质量,景区管理人员必须加强旅游景区服务质量的控制。

（1）预先控制

所谓预先控制就是为使服务结果达到预定的目标,在景区员工对游客服务前所做的一切管理上的努力。其目的是防止在景区服务过程中出现质和量上的偏差。比如景区员工在对客服务前,应该对其进行培训,让员工首先从思想上认识到服务工作的重要性,意识到员工个人形象对景区整体形象的影响。其次可以通过课堂培训、观看录像、实践操作等方式让员工掌握其服务工作的流程。在培训结束后,要对员工进行考核,合格后才能上岗。

（2）现场控制

现场控制是指管理人员现场监督正在进行的各项服务,使其规范化,并能迅速妥善处理意外事件。在景区员工对客服务过程中,由于内外因素的影响,会使服务工作脱离正常的轨道,在这种情况下,管理人员就要对员工进行提醒,使员工能够按照正常的流程作业。迪士尼公司就特别重视对员工进行适时的提醒。迈克尔·艾斯纳说:"有时候,好主意、好员工需要的只是一个不停提醒的人。"因此作为迪士尼的领导人,艾斯纳会经常提醒手下的员工去完成工作。

（3）反馈控制

反馈控制就是通过服务质量信息的反馈,找出服务工作的不足,采取措施加强预先控制和现场控制,提高服务质量。反馈控制的程序一般是:以预期服务质量为标准→衡量实际服务质量→将实际与标准相比较→确定偏差→分析造成偏差的原因→确定纠正方案→贯彻纠正措施。景区可以通过发放问卷的形式,了解旅游者对景区服务质量的评价,以便提高今后服务工作的质量。

本章小结

服务质量管理是景区经营管理的核心内容,景区的服务质量是决定景区营销效果和经济效益的最主要因素。景区管理部门应该根据景区服务的特点,运用有效的服务质量管理措施和手段,引入质量管理的标准体系,对景区服务质量进行有效的控制,从整体上加强服务质量管理工作,全面提高管理效果。

重点概念

景区服务质量 《旅游区(点)质量等级的划分与评定》 绿色环球21 ISO9000 系列标准

案例分析

山西绵山风景名胜区服务质量管理的成功范例

位于山西省中部地区介休市的绵山风景名胜区集水光山色、文物胜迹、佛寺神庙、革命遗址于一体,是山西省的重点风景名胜区。近几年,绵山风景名胜区在景区经营、资源与环境保护、景区管理等方面都取得了骄人的成绩,成为山西省一颗耀眼的明珠。绵山的成功,得益于经营权的转让、得益于开发前的环境保护、得益于销售市场的开拓,更得益于景区的服务质量管理。景区建设者没在绵山砍过一棵树、取过一块石。景区的专业绿化环保队和全体员工每年春季轮流上山种树,希望能给家乡父老和国内外游客创造一个碧水、蓝天、清新、宁静、优美、舒适的生活和游览环境。经过持续不断的努力和改进,绵山成为山西第一家获 ISO9001 认证的景区。

为了保证景区的旅游服务质量和游客的安全,维护消费者的合法权益,根据国家标准、行业标准和现行有关法律、法规的规定及《山西省旅游景区景点服务通则》,结合绵山风景名胜区自身的特点,景区管理部门还制定了《山西省绵山风景名胜区旅游服务规范》山西省地方标准 DB14/T 115—2003(2003 年 9 月 25 日由山西省质量监督局发布,2004 年 3 月 1 日起实施)。《山西省绵山风景名胜区旅游服务规范》主要包括"范围"、"规范性引用文件"、"术语和定义"、"旅游服务要素的要求"、"综合服务要求"和"服务质量的评定与监督"六个部分。绵山风景名胜区非常重视服务质量,将旅游服务质量视作景区的生命线。下面是全文摘录的"服务质量的评定与监督"部分的内容。

6 服务质量的评定与监督

6.1 服务质量的保证

景区应按照 GB/T 190004.2—1994 的要求建立服务质量保证体系。

6.2 服务质量的考核评定

6.2.1 景区管理部门应对外公布服务质量监督电话,并采用多种方式收集分析游客对服务质量的意见,并做详细记录。

6.2.2 景区管理部门采用问卷、设立意见簿(本、卡、箱)、暗访等方式定期收集游客的意见。

6.2.3 景区的服务质量的考核评定工作应有详细的考核评定管理办法。

6.2.4 景区管理部门根据本标准,结合单位服务质量的内部考核评定结果和游客的评议意见及投诉情况,对景区的服务质量进行综合考核评定。根据考核评定的结果,按照考核评定管理办法进行奖励或惩罚。

6.2.5 景区管理部门要对考核评定结果进行分析评价,提出改进意见,及时对服务质量实施改进。

6.3 服务质量的监督

6.3.1 所有服务事项应接受游客监督。并作详细记录。

6.3.2 景区应积极配合行政管理部门和行业管理部门的监督、检查。对在监督、检查中发现的问题,应及时整改。特别是对未来履行旅游安全规定或服务设施、设备不符合保障游客的人身、购物、娱乐安全要求的问题,应立即整改。以确保游客的人身和财物安全。对违反国家法律法规规定的,要由有关部门依法予以处理。

6.4 投诉处理

投诉制度健全,人员落实、设备专用。投诉处理及时、妥善,档案记录完整。设立并公布旅游投诉的电话、互联网址,接受游客的投诉,并自收到投诉之日起七个工作日内予以答复。对应由有关部门处理的,应当在二个工作日内转交处理,并告知投诉者。

思考:绵山的景区服务质量管理给了我们什么样的启示?

基本训练

一、简答

1. 景区服务质量管理的原则是什么?
2. 景区服务质量的评价方法有哪些?
3. 景区服务质量管理的措施有哪些?

二、论述

试论述服务质量管理在景区经营管理中的作用。

8

旅游景区人力资源管理

课前导读

与酒店、旅行社和交通工具等旅游要素相比,旅游景区具有较强的不可替代性,旅游景区是旅游业发展的核心要素,是旅游消费活动的最终载体。因此,旅游景区需要有一支精干、高效的专业化队伍,人力资源的管理自然也就成为景区经营与管理的关键性工作。本章主要介绍了人力资源管理在旅游景区发展中的作用,景区人力资源管理的过程,景区人员招聘的任务、程序、途径和标准以及员工培训的内容、方法、组织和管理。最后,本章还就景区人力资源管理绩效评估的相关内容作了简要介绍。

教学目标

1. 了解景区人力资源管理的内容和过程。
2. 掌握景区员工招聘的任务、程序和途径。
3. 掌握人力资源培训内容与方法以及如何对培训进行组织和管理。
4. 了解景区员工绩效评估的主要内容。

在知识经济时代,人力资源已成为经济社会发展最重要的战略资源和推动地区或行业发展的原动力。谁拥有了人力资源优势,谁就拥有了竞争优势,谁就拥有了发展优势。当前,旅游业正在加快发展,而其中旅游景区的发展是旅游业发展的核心要素之一。旅游景区面对不同消费需求、消费偏好、消费能力的旅游者时,必须在依托自身物质性旅游资源的基础上,甚至是在物质性旅游资源匮乏的情况下,制定发展战略,找准市场定位,开发差异化产品,选择适宜的营销策划手段,为旅游者提供周到、细致的服务。因此,旅游景区必须要有一支专业、高效的员工队伍。而旅游景区人力资源管理的成败直接关系到景区的命运。

8.1 旅游景区人力资源管理概述

8.1.1 人力资源与人力资源管理

人力资源是蕴藏在人体中的能力,包括人的智力和体力。人力资源管理则是一门有关研究如何管理人力这个特殊资源的科学。

8.1.1.1 人力资源的含义及特性

(1)人力资源的含义

人力资源是指一定范围内的人口中所具有智力和体力劳动能力的人的总和。它是包含在人体内的一种生产能力,并以劳动者的数量和质量来表示的资源。

(2)人力资源的特性

1)能动性

人力资源的能动性是人力资源与其他资源相区别的主要特征。人力资源的能动性包括以下几点:①人清楚活动的目的,可以有效地对自身活动作出选择,调整自身与外界环境的关系。②人在生产活动中处于主体地位。人是支配其他资源的主导因素。③人力资源具有自我开发性。④人力资源在活动过程具有可激励性。

2)时效性

人力资源存在于人的自然生命体中,人力资源随着人的体力和脑力的变化而发生变化,其时效性一方面是指人力资源的形成、开发和利用会受到人的自然生命规律的限制;另一方面是指人力资源如果长期不用,便会荒废和退化。所以,对人力资源的开发和利用都要把握好最佳时期,让人在其生命周期的每一个阶段都得到最好的潜力开发机会,使人的生命价值得到最充分的体现。

3)再生性

人力资源也同其他许多资源一样存在消耗与磨损问题,但其不同之处在于:自然资源在消耗后就失去了再利用的价值,物质资源在形成最终产品后也无法继续开发;而人力资源在使用后通过全力恢复和培训投入可以继续发挥,人力资源是可以开发和再生的资源,人力资源的使用过程也是人力资源开发和再生的过程。

4)增值性

人力资源不仅具有再生性的特点,而且其再生过程也是一种增值的过程。人力资源在开发和使用过程中,一方面可以创造财富;另一方面通过知识经验的积累、更新,提升自身的价值,从而使组织实现价值增值。

8.1.1.2 人力资源管理的含义

人力资源管理是指运用科学的方法,在企业战略的指导下,对人力资源进行获取与配置、培训与开发、考核与激励、安全与保障、凝聚与整合等,最终实现企业目标和员工价值的过程。它通过开发人的潜力获取企业持续竞争优势,通过运用各种人力资源管理方法和人力资源管理政策获取企业持续竞争优势。

8.1.2 人力资源管理与旅游景区发展的关系

8.1.2.1 我国旅游景区人力资源管理中存在的问题

总体来看,目前我国旅游景区在人力资源管理方面取得了一定的成绩,涌现出了一批经营业绩好、社会评价高、员工满意度高的景区,但也普遍存在以下问题。

(1)管理理念和管理方式落后

在大多数的旅游景区,仍然采用的是传统的人事管理模式,没有把景区人力资源的开发与管理放在应有的高度。不少传统的文化、自然景区在属性上仍是事业单位,在选人、用人、育人、留人等各个环节缺少自主性,一些新兴的旅游景区和改制为企业的旅游景区虽然在人力资源管理方面有了较大的自主性,但受制于管理者自身的局限,往往管理手段单一,缺乏科学性和系统性的规划。尤其是在一些规模较小、位置偏远的景区,旅游产品设计单一,从业人员数量少,专业人才又不愿意到这样的景区工作,导致管理的随意性相当大。

(2)高素质专业人才缺乏

大量存在的景区为我国提供了大量的就业岗位,但从业人员的素质参差不齐。直接接触旅游者的一线工作人员进入门槛低、待遇低、流动性大,服务技能和职业态度相应也差,形成恶性循环,而他们的服务在很大程度上影响旅游者对景区的印象和评价。同时,旅游景区的产品开发、包装策划、营销推广等工作需要具有较高的综合素质和专业素质的人才,而目前这类人才比较稀缺。许多景区在产品开发上跟风复制,产品严重趋同;或者做浅层开发,以噱头赚眼球;或者形象定位模糊,盲目推广;甚至一些景区主打神、鬼、怪等落后文化主题,这些都反映出旅游景区缺乏系统了解旅游景区运作、旅游市场发展规律以及旅游消费者心理的专业人才。

(3)人力资源开发投入不足

不少旅游景区在硬件的开发上往往不惜血本,投入重金;但在软件开发,特别是人力资源的开发上却显得保守。视人为"成本"的观念还有一定的市场,通过人力资源的开发所获得的收益具有一定的无形性,也在无形当中影响了管理者对人力资源开发本身的价值判断。因此,花费在储备培养高素质专业人才、对员工进行系统性培训、提高员工福利待遇等方面的资金常常可以让位于其他投资活动。景区管理者"有钱就有人"的思维方式制约了旅游景区自身从业队伍的建设和提高,必然影响旅游景区的可持续发展。

(4)员工的流失率高

员工的流失率高一直是困扰企业管理者的难题。在旅游行业,这个难题尤为明显。在其他行业,正常的人员流失一般在5%~10%。但据中国旅游协会人力资源开发培训中心的一调查,在旅游景区,员工的流失率在15%左右徘徊。

8.1.2.2　人力资源管理在旅游景区发展中的作用

人力资源管理对旅游景区的发展有重要作用,可以使旅游景区规范、健康、可持续发展,为整个旅游行业的发展提供强劲动力。

(1)帮助旅游景区决策层提纲挈领

人是景区发展最为重要的第一资源,只有管理好了"人"这一资源,决策层才算抓住了管理的要义。旅游景区的其他工作都能够因为人力资源管理工作的科学开展而迈上新的台阶,决策层才不会因为人力资源的困境而在产品开发、包装策划、营销推广等问题上捉襟见肘。

(2)帮助人力资源管理部门正本清源

人力资源管理工作的大部分具体执行工作都要依靠人力资源部门来完成,这是人力资源部门的本职工作。旅游景区人力资源部门通过对自身职责的正确行使,变被动为主动,通过制定科学、合理、有效的人力资源管理政策、制度,为景区决策提供有效信息。

(3)帮助一般管理者开发团队

旅游景区中的其他管理者也要承担一部分人力资源管理工作,任何管理者都不可能是一个"万能使者",更多的应该是扮演一个"指挥、激励、协调"属下工作的角色。管理者不仅仅需要有效地完成业务工作,更需要了解下属特点,培训下属,开发员工潜能,建立良好的团队关系,以避免人心涣散、工作懈怠的局面,使全体员工步调一致,围绕景区目标共同工作。

(4)帮助普通员工规划职业生涯

旅游景区员工都想掌握自己的命运,但自己适合做什么、景区的目标、价值观念是什么、岗位职责是什么、自己如何有效地融入景区中、结合景区目标如何开发自己的潜能、发挥自己的能力、如何设计自己的职业人生等,这是每个员工十分关心,而又深感困惑的问题,有效的人力资源管理会为每位员工提供切实的帮助。

8.1.2.3　旅游景区人力资源管理的原则

由于旅游景区自身的特点,使得旅游景区与其他组织的人力资源管理工作相比,既有共性,又有个性,概括起来,在旅游景区人力资源管理工作中,主要应遵循以下原则。

(1)系统优化原则

旅游景区人力资源系统经过组织、协调、运行、控制,可以使其整体动能获得最优绩效。所有的人力资源管理工作都应该经过周密的成本收益分析。实现这一原则必须建立在旅游景区组织结构设计合理的基础上,然后对各个职能部门配备数量、质量合适的工作人员,通过健全的组织管理制度和运行规范,保证各项工作有序开展,同时加强部门与部门、层级与层级之间的信息交流与反馈,促进各类资源在景区内的共享,最大限度减少景区由于人为原因造成的内耗,以使人尽其才、才尽其用。

(2)激励强化原则

员工在被激励的情况下,能够产生比平时大得多的工作热情,提高工作的完成质量,增强对组织的认同感和归属感。因此可采用包括物质动力,如物质的奖罚;或者精神动力,如成就感与挫折感、危机意识等方式来激发景区员工的潜能。

(3)竞争合作原则

旅游景区在选择录用员工时,应该根据景区需要择优录用,充分体现竞争的公平性,在日常工作中,由于旅游景区经营本身不断需要新的创意和更完善的工作,也要采取一定的管理方式,调动员工的竞争意识,使组织有生机和活力。但竞争是良性的,在竞争中双方或多方都应受益。同时,竞争中有合作,由于人力资源个体差异化,景区员工在知识、能力、气质、性格、爱好、年龄等存在差异,应扬长避短,各尽所长,互补增值。

(4)弹性冗余原则

大部分旅游景区的客源都存在淡季和旺季之分,很多时候,淡季与旺季的游客量相差悬殊。旅游旺季,景区需要大量的服务人员;而到了淡季,就会出现人员的闲置。因此,不少景区对一线员工都采用灵活的用工方式。这种做法在为景区节省成本的同时,也带来了一些问题,使得一些景区没有较为固定的员工队伍,内部难以培养优秀管理人才,同时也导致招聘和培训费用增加,以及旅游旺季的服务人员素质良莠不齐,影响旅游者对景区的评价。长期下来,这种无形成本可能比节约的有形成本还要大。因此,景区要减少短期行为,根据实际情况,将灵活用工控制在一定范围内,建立一支有弹性、留有余地的员工队伍。与此同时,加强景区产品的开发和有效的市场宣传与推广,增加旅游淡季的客源,尽量使"淡季不淡",以消化景区富余人员。

8.1.3 旅游景区人力资源管理的内容

旅游景区人力资源管理主要包括人力资源战略、人力资源规划、工作分析与工作设计、员工招聘、员工培训、职业生涯管理、绩效管理、薪酬管理等方面。

(1)人力资源战略

人力资源战略是旅游景区为适应外部环境日益变化的需要和人力资源管理自身发展的需要,根据景区的发展战略、充分考虑员工的期望而制定的人力资源管理的纲领性的长远规划。人力资源的价值性、稀缺性、不可模仿性和无法替代性,使其成为旅游景区竞争优势的重要源泉。旅游景区为了实现其发展战略,为了获得并保持竞争优势,就必须站在战略的高度、用战略的思维来规划人力资源的问题,以获得并保持旅游景区自身的人力资源优势。

(2)人力资源规划

人力资源规划是指旅游景区为实现发展目标,对所需人力资源进行供求预测、制定系统的人力资源政策和措施,以满足自身人力资源需要的活动。旅游景区的人力资源规划必须与其发展战略一致,要整合景区的各种资源,综合考虑人力资源管理的各项职能,发挥优势,回避劣势,以适应内外环境的发展变化。

(3)工作分析与工作设计

工作分析是确定工作内容、性质及完成工作所需技能、责任的系统过程。它是一种重要的人力资源管理职能。工作分析需要全面了解、获取与工作有关的详细内容,对景区中某个特定岗位的工作内容和职务规范进行描述、制定职务说明和职务规范。工作设计是对工作完成的方式及完成一项工作所需要从事的任务进行界定的过程。为了有效地进行工作设计,就必须通过工作分析全面地了解当前的工作现状和整个工作流程。

（4）员工招聘

员工招聘是旅游景区采取科学的方法寻找、吸引具备资格的个人到旅游景区来任职,从而选出适宜人员予以录用的管理过程。知识经济时代,景区间的相互竞争将集中在人才的竞争。因此,景区自身的人才储备与开发将是极其重要的一环。

（5）员工培训

员工培训是旅游景区为适应业务及培育人才的需要,对员工采用补习、进修、考察等方式,进行有计划地培养和训练,使其适应新的要求,不断提高胜任现职工作及将来担任更重要职务的能力,以适应新技术革命所带来的知识结构、技术结构、管理结构等方面的深刻变化。根据员工的类别不同和成才阶段不同,有入职培训、晋升培训、绩效改善培训、转岗培训及岗位资格培训等。

（6）职业生涯管理

职业生涯管理是建立在员工职业生涯规划和发展基础之上,一方面正确识别员工的能力和技能,引导员工的职业发展,加强和提高旅游景区进行人力资源管理和开发活动的准确性,增强员工在工作中的适应能力和竞争能力;另一方面,有效的员工职业生涯开发活动又能通过员工的努力提高景区的获利能力和水平。最终的结果是达到旅游景区和员工的双赢。

（7）绩效管理

绩效管理是通过有效的体系综合地管理组织绩效和员工绩效。绩效管理的中心目标是发挥员工的积极性和创造力,挖掘员工的潜力,并将景区战略目标的实现与员工个体职业生涯发展有机结合起来,提高组织绩效的同时实现员工的个人发展和价值。绩效管理是现代人力资源管理的重要内容和核心职能之一。

（8）薪酬管理

薪酬管理是旅游景区根据员工为实现景区发展目标所作的贡献,包括实现的绩效、付出的努力、时间、学识、技能、经验与创造,运用薪酬制度给予的相应的回报。薪酬通常包括工资、奖励、津贴和福利等四个主要的组成部分。

8.2　旅游景区的员工招聘

8.2.1　旅游景区员工招聘的含义及特殊性

8.2.1.1　员工招聘的含义

员工招聘是指企业按照本企业经营目标与业务要求,以工作分析为依据,在人力资源规划的指导下,吸引人才,运用科学的手段选拔出适合企业的人才,并将他们安排在合适的岗位上的过程。招聘工作是关系企业成败的关键因素之一。

8.2.1.2 旅游景区招聘的特殊性

由于旅游景区的等级复杂、特色明显、服务项目多、岗位繁杂及管理过程不同,景区的员工招聘也呈现出一些特殊性。总体上来讲,旅游景区员工招聘主要有以下几点特殊性。

(1)员工流失率高

流失率过高的特点给旅游景区招聘工作带来的影响主要有两方面:一方面,员工流失率高,使很多旅游景区不得不频繁地进行招聘,招聘工作已经成为很多旅游景区人力资源部门的最主要工作,对合理发挥人力资源管理部门的职能产生不良影响;另一方面,这样的现状要求旅游景区采取切实措施提高招聘工作的水平,科学地设计、组织招聘程序,并运用科学手段甄选出合适的人选,达到降低招聘成本和提高招聘效率的目的。

(2)服务性强

服务性是旅游行业的重要特征,也是旅游景区人力资源管理的重要特征和理念。旅游景区存在生产与消费即时性的特点。旅游景区服务人员大多处于第一线,直接接触游客,与游客接触的过程也是服务传递的过程。因此,对景区服务人员具有较高的要求。由于服务业的快速发展,消费者对旅游景区提供的服务产品的内容越来越了解,对其质量的要求越来越高,然而由于旅游景区在工资待遇、职业声望等方面存在的问题,致使招聘高素质人才的难度越来越大,进而给旅游景区的招聘工作带来新的挑战。

(3)需求量大

由于旅游景区服务项目多,一般设有参观游览、商业、餐饮、娱乐、住宿、康体等多种服务项目,需要具备管理、导游、餐饮、住宿、安全、卫生、财务等多方面的人力资源。所以多数旅游景区是劳动密集型企业。由于旅游业的迅速发展,旅游景区人员需求率的增长远远高于劳动力供给的增长。由于工资待遇、自身发展等原因,旅游景区对劳动力的吸引力在下降,应聘人员到旅游景区工作的意愿也在下降,这些都致使部分旅游景区在招聘人员时遇到困难。

(4)需求波动性大

作为依托于旅游资源而存在的大多数景区也具有季节性的特点。这一特点直接影响到旅游景区对人员的需求量,景区既需要长期的工作人员,也需要短期的兼职人员;经营旺季人员需求量大,淡季时人员需求量急剧减少。这一特点要求旅游景区不但要具备一支高水平的骨干队伍,还要求企业在旺季时可以保证招聘到大量的兼职人员。这一特点也给旅游景区的招聘工作带来了难度。

8.2.2 旅游景区员工招聘的程序

8.2.2.1 员工招聘前的准备

(1)编制人力资源规划

人力资源规划是旅游景区为了实现战略目标而进行的人力资源计划管理方式,是通过科学的分析旅游景区内部环境和外部环境的变化,预测景区发展中的人力资源供给与需求状况,并制定和采取必要的政策、措施,从而确保景区在需要的时间和需要的岗位获得所需的人选,以实现景区人力资源的最优配置,使景区与员工得到长期的利益。

在准备员工招聘时,景区应首先根据其内部环境和外部环境的变化确定:因业务发展、转变或技术装备更新所需增加的人员数量及其层次;因员工变动所需补充的人员数量及其层次;因内部成员升迁而发生的人力结构变化。其次,景区应该制订详细的人员补充计划,明确招聘岗位的类型、数量和人员标准,并确定招聘的途径、方法和空缺岗位的基本薪酬等因素。

(2)工作分析

员工招聘的基本依据是工作分析所生成的职务说明书。职务说明书包含工作描述和工作规范两个部分。工作描述对工作识别、工作概要、工作关系、工作职责、工作条件以及工作环境等有关工作的特征进行了详细的描述与说明,工作规范则对任职者年龄、性别、知识背景、技术能力、工作经验、身体状况等具有明确的限制和规定。

(3)识别岗位空缺,编制招聘计划

根据旅游景区人力资源规划,在掌握了景区人力资源状况、明确了职位空缺后,人力资源部门需要清楚招聘是否是解决岗位空缺的最佳办法,能否通过其他方式如现有人员加班、工作再设计、将某些工作外包等方式来解决问题。如果确定要进行人员招聘,就要编制招聘计划,如招聘人数、招聘标准、招聘对象、招聘时间和招聘预算等。

(4)招聘人员的选择

招聘是应聘者与景区的互动过程。作为景区代表的招聘人员,不仅会因他们的职业素养和行为方式影响应聘者对景区的基本评价和判断,影响应聘者对组织文化的兴趣和认同感,还将决定景区应聘人员的数量与质量,影响着景区的招聘质量。选择招聘人员,一般需把握高于应聘职位原则,确保每一层级的岗位都是由上一层级的人员参与或组织招聘。

8.2.2.2 员工招聘实施阶段

(1)选择招聘途径

员工招聘的途径,主要有内部招聘和外部招聘两种。选择不同的招聘途径,所采用的招聘方法也不一样。不同的招聘途径,具有不同的优势与局限性。

(2)发布招聘信息

旅游景区的员工招聘计划已明确指出了招聘岗位的类型、数量和人员标准。在发布招聘信息时,景区首先应综合考虑空缺岗位、广告价格、潜在应聘者所在的地域、工作特性等因素,选择恰当的渠道;其次应在确保招聘信息完整的前提下,尽可能地进行广告设计,使招聘广告足够吸引应聘者的注意力,并激发他们的兴趣。

(3)收集并核实应聘者信息

旅游景区在发布招聘信息之后,即会收到许多应聘者的求职简历。在应聘者递交个人简历的同时,旅游景区都应要求应聘者填写一份职位申请表,从而获得应聘者相关信息。职位申请表与个人简历的区别在于前者由旅游景区设计,包含了景区想要了解的所有信息,内容格式规范统一;后者是由求职者本人设计,其内容是应聘者想要传递给景区的信息,内容格式各不相同。因此,职位申请表更便于企业对应聘者进行筛选。

在收到应聘者的申请表之后,对应聘者个人信息的核实也十分重要。通过核实应聘者的个人资料,如毕业证书、英语等级证书、导游证、厨师证等证明应聘者知识与技能水平的相关材料,可以将明显不符合旅游景区要求的应聘者筛选掉,提高招聘效率、节省招聘成本。核查应聘者以往工作经历与工作表现,相关证书的真伪也属于本环节的工作。但要说明的是,要选择操作简单易行的核查手段放在考前的环节,那些核查难度大、成本高的核查工作应该考虑放在后面进行。这样做主要是为了降低招聘成本。

(4)初步甄选

这一环节一般由旅游景区人力资源部门负责招聘的人员或用人部门的中层管理人员来完成,用来识别那些明显不符合景区要求的应聘者。

(5)测试

对通过初步甄选的应聘者进行测试,一般包括笔试、面试等测试方法。

一般来说,笔试由知识测试和心理测试两部分组成。其中,知识测试根据内容的不同,又可分为百科知识考试、相关知识考试和业务知识测试。心理测试通常包含成就测试、性向测试、智力测试、人格测试和职业兴趣测试。

面试是景区最常用的,也是员工招聘中必不可少的程序之一。面试是在组织者精心设计的特定场景下,以面对面的观察、交谈等双向沟通为主要手段,了解应试者价值观、角色意识、职业素养、情感智能、人格品质等的人员甄选方式。它比笔试具有更大的灵活性和综合性。

各种测试方法的先后顺序排列,也应以降低成本为原则,即成本低的测试方法在前,成本高的方法在后。

(6)入职体检

入职体检的环节可以放在录用员工之前,也可以和核查应聘者信息同步进行,要看具体的岗位要求以及体检费用由哪一方承担。需要注意的是,体检标准的确定要以科学可靠的岗位规范为依据,避免产生对应聘者的歧视,进而引起法律纠纷。

(7)任用面谈

任用面谈是正式录用员工的最后一道环节,一般由旅游景区或用人部门的高层管理人员进行,主要与应聘者讨论福利待遇、岗位安排等细节问题。在这一环节中,还会有少量的应聘者被淘汰或者主动放弃工作。

(8)向录用人员发放录用通知单并签订劳动合同

有些旅游景区对被录用人员采取当面或电话通知的形式,这样简便快捷;但为了规范录用程序和录用制度,最好向被录用人员发送正式的录用通知单。

与员工签订劳动合同既是法律法规的要求,也是保证旅游景区和劳动者利益的重要手段。劳动合同是明确双方权利义务、确定双方劳动关系的具有法律约束力的劳动协议,是景区招聘工作的一个结果性标志。劳动合同主要包括:工作内容、合同期限、劳动报酬、劳动纪律、终止条件等方面。

（9）对未被录用者表示感谢

不少招聘企业认为不适合企业的人员，对于企业就不再重要了，所以这一环节往往被大多数企业忽略，事实上对未被企业录用者表示感谢是十分重要的工作。旅游景区强调"顾客是上帝"、"员工是上帝"，应聘者即使不是景区的"上帝"，至少应该是景区的"客人"。从旅游景区自身利益来看也是如此，因为他们今后很可能会成为景区的员工，至少会成景区的消费者。况且现代通信手段的发展让这一工作变得简单、快捷、低成本，辞谢通知书就可以用电子邮件的形式发送。

8.2.2.3　员工招聘评估阶段

每次旅游景区招聘工作完成之后应对本次招聘活动进行评估，如对成本收益进行评估。对新录用的员工进行跟踪考核，评估其实际工作绩效与应聘表现是否一致。这一阶段的工作对于指导以后的招聘工作，提高招聘效率具有十分积极的意义。

8.2.3　旅游景区员工招聘的途径

根据通过招聘吸引的应聘者来源，招聘途径可以分为内部招聘与外部招聘两种。

8.2.3.1　内部招聘

内部招聘是以企业现有员工、解聘（或待聘）员工、员工社会关系等内部人力资源为依托，通过一定的方法，选拔任用符合岗位要求的合格人才的一种招聘途径。很多企业在出现内部空缺职位是优先考虑内部人选，这是因为内部招聘具备以下优点。

第一，有利于激发员工内在积极性。内部招聘可以使员工清楚地知道，只要自己努力提高自己各项能力，就会得到晋升的机会，从而有利于激发他们的工作热情，使他们更加积极、主动地工作，提高工作绩效。

第二，有利于降低用人风险。一方面，内部招聘，由于是从内部员工中选聘，故对所选人的素质和技能都能够有较准确的评估，而不像对外来者那样知之甚少；另一方面，由于内部候选人已经在企业中工作了一段时间，对企业文化、企业目标更有认同感，不会轻易辞职，故企业人员流失的风险相对较小。

第三，有利于降低企业成本，提高企业效益。一般来说，内部候选人比外部候选人的适应过程更短，需要的培训也更少，且能够迅速地熟悉工作和进入工作，可为景区节约大量的招聘时间和费用。所以有利于减少景区因职务空缺而造成的间接损失，从而提高企业效益。

当然。内部招聘也存在很多缺陷与不足，主要表现在以下几个方面。

第一，容易引发内部矛盾。在内部员工晋升时，通常都会有两个或两个以上的员工同时参与竞争同一个岗位，且由于主客观的原因，很难做到内部公平，所以内部招聘在一定程度上可能会造成内部矛盾。另外，对于未能晋升的员工，可能会感觉自己不受领导重视，从而引发内部矛盾。

第二，选择余地小。旅游景区内部员工在数量和质量方面都是有限的，仅仅在内部现有员工中挑选,往往只能找到勉强胜任的人选,对于景区吸引优秀人才、提高员工队伍素质是不利的。

第三,易产生"近亲繁殖"。俗话说"有什么样的师傅,就有什么样的徒弟",通过内部招聘,较容易出现思维和行为定势,缺乏创新性,这些员工的管理理念和方法往往固守成规,从而使景区的视野逐渐变窄,丧失活力。

8.2.3.2　外部招聘

外部招聘是从组织外部招聘适合组织需要员工的一种方式。

(1)外部招聘的优点

1)挑选余地大

外部招聘最显著的特点之一就是挑选余地大,外部人才市场可以为景区提供足够数量的高素质人才,景区可以在众多的应聘者中择优选择。

2)给景区带来新思维、新方法

外来人员不受景区原有观念的束缚,会有很多与原有员工不同的新观念、新方法,为景区创新提供可能。

3)平息内部矛盾

如果景区内部人员对某一职位的竞争过于激烈,无论如何选择,都可能给企业带来损失,这时候从外部招聘合适的人选反而可能会成为最佳选择。

(2)外部招聘的缺点

1)可靠性差

对外部应聘者的甄选工作,景区只能在有限的时间内,采用有限的甄选方法,根据有限的资料来了解应聘者的各方面信息。这种了解往往不够全面、不够准确,甚至会给景区带来风险。

2)适应新岗位所需的时间较长

来自外部的新员工对于景区地理环境、人际环境、企业文化、规章制度、岗位工作内容等方面都缺乏了解,还需要一定时间进行相应培训,因而其适应岗位所需时间较长。

3)可能挫伤内部员工积极性

由外部人员来填补岗位空缺,特别对较高级别的岗位空缺,会使很多员工失去提升的机会,部分员工会因此而失去工作积极性,甚至跳槽。

4)有可能不被内部员工接受

原有内部员工可能会认为是新员工使他们丧失了提升机会,同时新老员工之间不够熟悉,存在陌生感,这些原因都可能使新老员工之间存在融合困难的问题。

5)招聘成本高

对众多缺乏了解的外部应聘者进行招聘工作是十分复杂和困难的,不但要耗费大量的人力和物力,也需要一定的时间成本,因而导致外部招聘成本远远高于内部招聘。

8.3　旅游景区的员工培训

8.3.1　旅游景区员工培训的含义及特殊要求

8.3.1.1　员工培训的含义

员工培训是指为了满足企业不断发展的需要,提高员工的知识技能,改善员工的工作态度,使员工能胜任本职工作并不断地有所创新,在综合考虑企业的发展目标和员工个人的发展目标的基础上,对员工进行的一系列有计划、有组织的学习与训练活动。企业在招聘员工的时候,虽然进行了大量的工作,采用了考试、测试及其他科学方法,新员工并不是一开始就具备完成规定工作所必需的知识、技能和正确的工作态度。因此,企业为使他们尽快掌握必要的知识、技能和应具备的态度而对他们进行教育培训。

8.3.1.2　旅游景区对培训内容的特殊要求

由于旅游景区的特殊性,其在制订培训内容和标准时有一些特殊要求。

(1)重视服务意识培训

服务质量是旅游景区的生命,一般旅游景区都非常重视员工服务技能、服务态度、服务技巧的培训,然而对于服务意识的培训则显得不足。意识决定人的行为,行为养成习惯。提高服务质量的核心不是简单的服务技能培训,没有良好的服务意识,就不会有良好的服务质量。

(2)注重角色意识的培训

角色意识就是指员工要明白自己在不同时间、场合所扮演的"角色"及这一角色赋予的特定要求。旅游景区的员工在对客服务过程中只是充当的角色不同,不存在地位与人格高低的问题。不少员工在工作中之所以会出现这样那样的问题,原因有很多,其中员工的角色意识不强是不容忽视的原因之一。

(3)重视团队意识和整体观念的培训

服务产品质量具有整体性和关联性的特点,这就要求员工要明确旅游景区服务质量的要求,了解旅游景区服务的特点,真正树立起"零缺点"、"一次就要把事情做好"的理念,为顾客服务是旅游景区工作人员真正的全部的工作内容,虽然旅游景区划分为很多不同的部门和不同的职位,其工作职责都不相同,但他们有一个共同的目的:那就是一切为了宾客,一切为了宾客的满意。因此,员工要服从工作的需要,服从宾客的需要,培养团队意识,做到"分工不分家"。旅游景区在组织培训时,甚至有必要对不同岗位、不同工种的员工进行交叉性培训,以切实提高企业服务质量。

(4)强调标准化培训

服务产品存在质量不稳定的问题,不同员工提供的服务可能存在差异,这种情况会导致客人不满。为了保证服务产品质量的稳定性,企业在培训过程中,要强调标准化,按照事先制订的服务标准和规程进行培训,确保服务质量始终如一。

(5)强调全员外语培训

旅游景区大多存在涉外性的特点,因而员工的外语沟通能力十分重要,很多景区也十分重视外语培训,但仅仅局限于那些与外宾经常接触的岗位和人员,对于普通员工的外语培训不足。对于那些接待外宾比例较高的旅游景区,不仅要重视外语培训,还要强调全员外语培训。

8.3.2　旅游景区员工培训的类型

员工培训与开发的项目和方式品种繁多,可以从不同角度分类概括。

(1)按照培训与开发的对象与重点划分

在旅游景区中,若根据培训与开发的对象层次,可划分为高级、中级和初级培训;若按照对象及其内容特点的不同来分,则一般可划分为以下类型。

1)员工岗前培训

员工岗前培训主要包括新员工岗前培训——新员工导向培训,以及老员工工作变动,走向新岗位之前所接受的培训教育活动。新员工导向培训又称新员工定向培训、上岗培训或社会化培训,主要是指向新聘用员工介绍组织情况和组织文化,介绍工作任务和规章制度,使新员工认识必要的人,了解必要的事情,尽快按组织要求安下心来开始上岗工作的一种培训。

2)员工在岗培训

员工在岗培训,主要是指组织围绕工作需要,对从事一定岗位工作的员工开展的各种知识、技能和态度等形式的教育培训活动,为员工提供思路、信息和技能,帮助他们提高工作效率的各种培训活动。员工在岗培训可以按员工类别不同分为操作人员培训、技术人员培训、管理人员培训等。

3)管理人员开发

管理人员开发又称管理开发或管理人员培训与开发,主要对象是管理人员和一部分可能成为管理人员的非管理人员,通过研讨、交流、案例研究、角色扮演、行动学习等方法,使他们建立正确的管理心态,掌握必要的管理技能,学习和分享先进的管理知识和经验,进而改善管理绩效。

4)员工职业生涯开发

员工职业生涯开发是以组织的所有成员(重点是组织中的关键人才和关键岗位的工作者)在组织中的职业发展为开发管理对象,通过各种教育、训练、咨询、激励与规划工作,帮助员工开展职业生涯规划与开发工作,使个人目标与组织目标结合起来,培育员工的事业心、责任感、忠诚感与献身精神。

(2)按照培训与开发同工作的关系划分

根据培训和开发与员工工作活动的关联性状况,一般可以分成下列三类。

1）不脱产培训

不脱产培训也称在职培训，指的是员工边工作边接受培训，主要在实际工作中得到培训。这种培训方式经济实用且不影响工作与生产，但在组织性、规范性上有所欠缺。

2）脱产培训

脱产培训即员工脱离工作岗位，专门去各类培训机构或院校接受培训。这种形式的优点主要是员工的时间和精力集中，没有工作压力，知识和技能水平会提高较快，但在针对性、实践应用性、培训成本等方面往往存在缺陷。

3）半脱产培训

半脱产培训是脱产培训与不脱产培训的一种结合，其特点是介于两者之间，可在一定程度上取两者之长，弃两者之短，较好地兼顾培训的质量、效率与成本等因素。但两者如何恰当结合，却是一个难点。

（3）按照培训内容划分

根据学习内容与学习过程的不同特点，可以把培训与开发分为知识、技能和态度等三种类型。这种分类法在教育界和培训界被广泛使用。

1）知识培训

知识培训也称知识学习或认知能力的学习，要求员工学习各种有用知识并运用知识进行脑力活动，促进工作改善。

2）技能培训

技能培训包括对员工的运动技能和智力技能的培训。也有人认为技能培训即是对员工使用工具，按要求做好本职工作，处理和解决实际问题技巧与能力的培训与开发。

3）态度培训

态度培训又称态度学习或情感性学习，它主要涉及对员工的价值观、职业道德、认知、行为规范、人际关系、工作满意度、工作参与、组织承诺、不同主体的利益关系处理，以及个人行为活动方式选择等内容和项目的教育与培训。

8.3.3　旅游景区员工培训的实施过程

员工培训对旅游景区至关重要，而且培训的费用、时间、精力等综合成本也是不低的，所以必须精心设计和组织实施，确保其效率和效益，尽可能以较低的培训成本获得景区需要的培训成果。

旅游景区员工培训的整个实施过程，具体来讲，由培训需求分析、培训规划设计、培训过程管理和培训效果评估四个阶段组成。

8.3.3.1　培训需求分析

（1）培训需求分析的含义

所谓的培训需求分析是指在规划与设计每项培训活动之前，由培训部门、主管人员、工作人员等采取各种方法和技术，对景区及其成员的目标、知识、技能等方面进行系统的鉴别与分析，以确定是否需要培训及培训内容的过程。培训需求分析是确定培训目标、设计培训规划的前提,也是进行培训评估的基础,因而它是搞好培训工作的关键。

（2）培训需求分析的层次

1）组织分析

培训需求的组织分析主要是通过对景区的目标、资源、特质、环境等因素的分析,准确地找出组织存在的问题与问题产生的根源,以确定培训是否是解决这类问题的最有效的方法。培训需求的组织分析涉及能够影响培训规划的组织的各个组成部分,包括对组织目标的检查、组织资源的评估、组织特质的分析以及环境的影响等方面。组织分析的目的是在收集与分析组织绩效和组织特质的基础上,确认绩效问题及其病因,寻找可能解决的办法,为培训部门提供参考。

2）工作分析

工作分析的目的在于了解绩效问题有关工作的详细内容、标准和达成工作所应具备的知识和技能。工作分析的结果也是将来设计和编制相关培训课程的重要资料来源。工作分析需要富有工作经验的员工积极参与,以提供完整的工作信息与资料。

3）工作者分析

工作者分析主要是通过分析工作人员个体现有状况与应有状况之间的差距,来确定谁需要和应该接受培训以及培训的内容。工作者分析的重点是评价工作人员实际工作绩效以及工作能力。

（3）培训需求调查的方法

进行培训需求分析一般可以采用问卷调查、个人访谈、集体座谈和实际观察等方法。

8.3.3.2　培训规划设计

培训规划包括长期计划和短期计划两种,长期计划是人力资源规划的组成部分,是以组织的长期经营战略规划为基础制订的。短期计划即培训实施计划,以长期计划为依据,并从现实中的培训需求出发和结合有关条件具体制订,以提高企业培训的针对性和有效性。这里我们所制订的培训计划是指培训实施计划,即短期计划,包括:培训什么、培训谁、何时培训、在哪里培训、谁来培训和怎样培训等内容。

（1）明确培训内容和目标

培训计划要明确培训内容和目标。培训内容一般包括思想教育、文化知识教育,业务技能培训、经营管理培训等;每次培训的培训内容会有差异,要事先明确。培训目标在于指出培训对象在接受培训后,应达到的工作行为标准或应具有工作表现。

（2）确定培训对象

虽然人人都可以被培训,所有员工都需要培训,而且大部分人都可以从培训中获得收益,但由于企业组织的资源有限,不可能提供足够的资金、人力、时间给漫无边际的培训。因此,不可能对所有员工培训到同一层次或同等程度,或安排在同一时间培训,而是必须有指导性地确定企业急需的人才培训计划,根据组织目标的需求挑选受训人员。

（3）确定培训时间

培训时间的长短可以根据培训的目的、场所、师资和培训对象的素质水平来确定。新员工可实施1周到10天,甚至更长时间的岗前培训。一般员工则可根据对象的能力、经验来确定培训期限。培训时间的具体选择,要以尽量减少对日常的工作冲击为原则。旅游景区一般都在淡季组织培训,而且具体安排还要考虑一天中哪一时间段对工作影响最小等。考虑到员工培训的特点,培训时间最好能够做到少量多次。

(4)选择培训场所

培训场所一般有企业内部场所和外部场所两种。其选择根据培训的内容和方式不同而有所区别。对于要结合景区实际进行的训练项目可以选择景区内部场所,如景区定点讲解技能的培训。

(5)建立师资队伍

培训讲师是具体培训计划的执行者、引导者,其水平高低直接影响培训效果。培训讲师主要分为内部讲师与外聘讲师,内部讲师非常了解课程目的以及每名受训员工的特点,便于因材施教。外聘讲师通常是某领域或学科专家。招募配备内部培训讲师,必然增加企业的人工成本;选择聘请外部培训讲师往往是一次性的,尽管讲课费用很高,但无须其他经常性开支。但如果反复聘请,开设相同课程,也将增加景区的培训费用。所以必须考虑景区自身的特点与规模因素,来决定是否需要配备内部专职讲师。

(6)选定培训教材和方法

旅游景区要根据不同的培训内容和培训对象等来选定不同的课程和教材,并根据自身的规模、经费、技术性质、培训对象、人数、目的等实际情况选定适当的培训方法。

8.3.3.3 培训过程控制

前期的需求预测工作、培训规划工作完成后,就进入了培训实施阶段。培训实施是指把培训计划付诸实践的过程,它是达到预期的培训目标的基本途径。培训规划设计得再好,如果在实践中得不到很好的实施,也没有什么意义。培训实施过程中的控制也十分重要,是培训工作的关键环节。在培训项目即将实施之前要做好各方面的准备工作:确认并通知参加培训的员工;做好培训后勤准备;确认培训时间,教材及培训资料准备。培训过程中要做好以下工作:保持与培训者和受训者的沟通,及时将受训者的意见反馈给培训者,有时也需要把培训者的要求传达给受训者;保证培训设施、设备的正常使用;保持培训场地干净整洁;适当安排一些娱乐活动。培训后要听取双方意见,做好培训总结。

8.3.3.4 培训效果评估

培训效果的评估主要来自两个方面信息:培训课程本身的效果评估和实际运用对企业产生的收益评估。培训效果评估是整个培训工作中的最后一步,也是很多旅游景区最容易忽略的关键步骤。实施培训项目结束后,效果评估是必不可少的环节。如果培训不能增长人的知识、改变人的观念和在工作中的行为,从而提高企业的业绩,培训过程必然是不完整的,甚至是无效的。

8.4　旅游景区员工绩效管理

8.4.1　绩效管理的含义和内容

绩效管理就是管理者与员工在相互理解基础上确定绩效目标以及达成绩效目标所需的知识、技能和能力,并通过人员管理和人员开发使组织、团队和员工取得更好的工作成果的管理过程。为此,企业在绩效管理中不仅要准确评价员工绩效的优劣,还要关注员工成长的动力和条件,把员工的个人目标与企业战略结合起来,并通过持续动态的沟通和反馈,指导员工解决工作问题,鼓励他们为推动企业目标的实现作出贡献。

完善的绩效管理系统至少包括以下四个组成部分。

(1)制订绩效计划

管理者与员工就员工在该绩效考核期内应履行的工作职责、各项任务的轻重缓急、预期达到的工作效果、衡量绩效的标准、员工的自主权限、可能遇到的障碍及解决方法等问题进行探讨并达成协议。绩效计划是整个绩效管理体系中重要的前馈控制环节。其作用在于使员工理解并接受管理者和组织对他的绩效期望,认清目标,找准路线。在制订绩效计划的过程中,人力资源管理人员有责任向直线主管和员工提供必要的指导和帮助,以确保计划中确定的绩效目标和绩效标准与企业战略一致。

(2)绩效诊断和辅导

绩效诊断和辅导指管理者与员工共同分析引起绩效问题的原因,帮助员工克服工作困难。善于绩效管理的管理者会在整个绩效管理的实施过程中,以教练的身份与员工保持绩效沟通,追踪员工的工作进度和工作质量,及时排除遇到的障碍,必要时修订计划。管理者还要关注突发性的非例行事务,及时纠正员工工作过程中的偏差,以帮助员工更好地完成绩效计划。

(3)绩效考核

根据绩效计划拟定的指标和标准,采用合理的评价方法,衡量员工的各方面绩效。在员工充分参与绩效计划和绩效沟通的基础上进行绩效考核,有助于员工对自己的绩效评价结果形成合理预期,减少员工对正式绩效评价的抵触心理。

(4)绩效反馈

绩效反馈指管理者与员工进行绩效评价面谈,使员工充分了解和接受绩效评价结果,并共同探讨绩效改进计划。绩效管理不仅是为了得出一个评价等级,而是要确保员工的工作活动和产出为实现企业的目标服务。绩效反馈是实现绩效管理最终目的不可缺少的一个部分。

8.4.2　绩效管理的目的

一般说来,绩效管理的目的主要有三方面。

第一,向员工传达企业的目标,通过提高员工的个人绩效提高企业整体生产率和竞争力。绩效管理的首要任务是将员工的活动与企业的战略目标相连,使每个员工围绕企业目标而开展工作。通过明确每个成员对企业的贡献,绩效管理确保企业在公正的基础上分享利润,激励员工提高生产效率。

第二,以绩效评价结果为基础,作出调薪、晋升、调职、解雇、奖励等人力资源管理决策。绩效管理可以通过评估环节对员工的绩效表现予以评价,并给予相应的奖励或惩罚。

第三,对员工的表现予以及时、明确的反馈,并依据绩效考核情况,发掘人员潜力,制订员工的发展计划。员工一般都想知道自己的工作表现如何。如果他们不能定期得到反馈,他们可能对自己的表现有不切实际的估计。例如,觉得自己做得很好或担心自己做得很差。管理人员应通过绩效管理使员工能及时了解自己的表现,肯定员工的贡献,帮助员工找出改进工作的方法,提高技能,完善职业生涯发展。

8.4.3 有效的绩效管理系统的标准

几乎所有企业都有员工业绩考核办法或考核体系,但是并非所有企业都能有效地进行绩效管理。企业可通过以下五个标准来评价绩效管理系统是否科学。

(1)战略一致性

绩效管理的战略目标就是通过提高员工的个人绩效提高企业的整体绩效,从而实现企业的战略目标。因此,有效的绩效管理系统无论在评价内容,还是在评价标准上都应与企业的发展战略目标和企业文化一致。例如,一家强调顾客导向的软件企业就应把员工为顾客服务的质量、所开发软件是否符合顾客偏好、能否与顾客建立长期合作关系等方面作为绩效管理的重要内容,而不是仅考核员工的销售额或生产量。此外,绩效管理系统应能够随着企业战略和目标的变化而变化,以适应新的组织战略。

(2)明确性

尽管绩效评价是衡量员工业绩以及培养和激励员工的有用工具,但如果绩效评价中的不确定性和模糊性得不到澄清,它也可能使管理者和员工产生严重的焦虑与挫折感。明确性要求在绩效管理的系统设计和运行过程中向员工提供明确的信息,让员工领会组织对他们的期望,了解如何通过正确的工作行为帮助企业实现战略目标。绩效管理系统所设立的绩效标准应明确、具体,使员工准确地理解企业的要求,提高绩效评价的客观性和公正性。例如,"接到顾客投诉后应在 24 小时内处理完毕"的标准要比"尽快处理顾客投诉"的标准更明确具体。此外,绩效评价和反馈应让员工确切地了解自己的绩效问题,对症下药改善绩效,达到预期的业绩目标。

(3)效度

绩效管理系统的效度是指绩效管理系统准确考核员工绩效的程度,主要指评价手段能否很好地体现员工的实际工作情况,是否对与绩效有关的所有方面进行了评价。一个有效的绩效管理系统能够恰如其分地将被评估对象的工作绩效的各个方面纳入绩效指标体系,排除与业绩无关的内容。

（4）信度

信度是指绩效衡量系统的可靠性,即对员工绩效评价结果的一致性和稳定性程度。一般从两方面考察绩效衡量系统的信度:①评估者内部信度,即不同的评估者对被评估者绩效评价结果的一致性程度。如果两个或两个以上的评估者对同一被评估者的工作绩效所作的评价相同或非常接近,那么该绩效评价系统就具有较高的评估者内部信度。②再测信度,即在不同时期对被评估者的绩效进行重复测试的一致性程度。如果在不同时间采用同一套评估系统评价对同一被评估者的绩效结果一致或相似,那么该绩效评价系统就具有较高的再测信度。诚然,这是以员工的绩效在一定时期内是稳定的假设为前提的。如果再测信度较低,管理人员应设法确认是员工的绩效在这段时间内真的发生了较大变化,还是绩效衡量系统设计不良。

绩效指标和标准不明确,评估者凭主观评价员工,评估者缺乏必要的业绩评估培训,评价指标不够全面等原因都会降低绩效衡量系统的信度。

（5）公平与可接受性

绩效管理系统使用者(包括评估者与被评估者)对系统的接受程度,在很大程度上决定了该系统是否有效。影响绩效管理系统可接受性的原因是多方面的,包括系统的设计和运作成本、评估技术的可操作性以及绩效管理的公平性等。通常情况下,如果人们认为绩效管理系统不公平,他们就会拒绝绩效管理系统,或者对绩效管理敷衍了事。

员工感觉中的组织公平性包括三个方面:①结果公平,即员工对绩效评价体系的设计结果、评估结果及评价结果的运用是否公平的感知;②程序公平,即员工对绩效管理系统的开发和实施过程是否公平的感知;③交往公平,即员工对评估者在使用绩效评价系统过程中是否公平地对待每一名员工的感知。

8.4.4　旅游景区员工绩效管理的特点

旅游业是人与人密切接触的行业,加上旅游产品的无形性,旅游者对旅游景区的满意程度不仅取决于其"显性利益"的获得程度,还取决于其"隐性利益"的满足程度。员工的服务态度、主动服务意识、灵活性、及时反应能力等决定顾客"隐性利益"满足程度的关键因素。了解顾客满意因素中的关键因素,有助于对旅游景区战略目标的进一步分解,对于确定与顾客有着密切接触机会的岗位职责设计以及员工绩效考核有着重要意义。服务的密切接触性和旅游景区战略目标的特殊性决定了旅游企业员工特别是直接面对顾客的员工岗位职责的特殊性,具体表现在:①服务意识在岗位职责中有十分重要的地位;②服务授权可以给予员工更多服务机会;③人际沟通能力十分重要。

对一个职位的任职者进行绩效管理应该设定哪些关键绩效指标,往往是由他的关键职责决定的,对旅游景区岗位职责特殊性的理解对绩效管理有着重要意义。

8.4.5　旅游景区绩效管理的意义

无论是从旅游景区的角度,还是从管理人员或员工的角度来说,绩效管理都能给景区带来益处。

（1）绩效管理有助于旅游景区增强竞争力

通过绩效目标的设定与制订绩效计划,旅游景区的目标被有效地分解到各个业务单元和个人,保证所有人都朝向组织的战略目标努力工作。如果外部环境发生变化,景区可以作出迅速的反应,因为战略的调整会很快反映到每个人的行动上。通过对团队和个人绩效目标的监控以及对绩效结果的评估,企业可以有效地了解目标的达成情况,发现并解决阻碍目标达成的问题。旅游景区可以在绩效管理过程中,保留有效的做事方式,淘汰低效的方法,以建构高绩效的工作系统。

此外,绩效评价的结果还可以为人员的调配和人员的培训与发展提供有效的信息,通过对员工贡献的认可形成良好的组织氛围和士气。

（2）绩效管理是旅游景区员工成长的推动器

根据双因素理论,要让员工真正感到满意,就要让员工从工作中获得成就感,得到认可,从承担责任中体验到工作的意义。绩效管理为员工获得这些激励因素提供了机会。绩效管理能够帮助员工了解和改善自己的绩效表现,完成或超越目标,提高胜任能力,根据自身的优势和不足制订个人职业生涯规划,更好地实现自己的价值。

（3）绩效管理为旅游景区的人事决策提供依据

首先,旅游景区可以根据考核结果发现员工的优缺点和潜能,并以此为依据给予员工适当的训练,以强化优势,改善不足,挖掘潜能,还可以确定在招聘员工时应重点考察的知识、能力、品质等。其次,旅游景区会重点培养并提升表现佳、潜能高的员工;对表现欠佳的员工,景区会找出问题的症结,既改善组织管理方面存在的问题,又改善员工绩效。再次,在现代景区管理中,报酬与员工的工作绩效密切挂钩,报酬已经成为对员工进行激励和约束的因素。只有通过对员工绩效进行考核,才能根据员工的表现,制订合理的薪酬,即使员工感到公平和满意,又能激发员工的积极性。

（4）减少法律纠纷

绩效考核记录也为旅游景区日后可能的法律纠纷提供可靠的依据。员工的招聘和解聘常常会给景区带来官司。作为企业,必须能够提供证据证明景区不录用及解聘某些员工不是出于歧视,而是由于实际工作的需要。

本章小结

旅游景区人力资源管理是指运用科学的方法,在景区发展战略的指导下,对人力资源进行获取与配置、培训与开发、考核与激励等,最终实现景区发展目标和员工价值的过程。旅游景区人力资源管理主要包括人力资源战略、人力资源规划、工作分析与工作设计、招聘与选拔、员工培训、绩效管理管理等方面。完善的旅游景区绩效管理系统至少包括制订绩效计划、绩效诊断和辅导、绩效考核以及绩效反馈四个组成部分。而景区可通过战略一致性、明确性、效度、信度和公平与可接受性五个标准来评价绩效管理系统是否科学。

重点概念

人力资源管理的内容　员工招聘的程序和途径　员工培训的内容及程序　绩效评估的内容

案例分析

迪士尼的快乐培训

迪士尼的哲学观是:只要有梦想,你就可以实现。迪士尼的创始人沃尔特。迪士尼经常放在嘴边的一句话就是:"你可以梦想、建造世界上最漂亮的地方,但所有的这些需要有人才能完成,你们就是我们的将来。"迪士尼世界的演艺及服务水准世界一流,迪士尼员工的微笑处处可见,这一切都与这种以人为本的企业文化密不可分。迪士尼大学培养"制造快乐"的员工主要有六个方面的关键点。

(1)游戏面试

面试前半小时,迪士尼会给每一位应聘者介绍迪士尼的卡通人物,通过问答的方式营造轻松愉快的气氛。迪士尼的工作人员会将小巧的迪士尼卡通玩偶送给回答正确的应聘者,获得玩偶的应聘者更有可能被聘用。

(2)快乐培训

迪士尼非常注重员工的满意度。在培训期间,迪士尼公司会按照课时付给员工工资。老师授课时也非常注重员工的参与度,并且注重学习的游戏性。这些细节保证了员工拥有快乐的心情,并且最终将这种快乐带给游客。

(3)神秘评估

在迪士尼,有一个专门的部门被称为"战略信息及商业分析部门"。该部门的工作人员不定期对各个娱乐点,各个部门的员工进行明察暗访。他们通常会扮成一个普通客人,在和你接触的过程中,询问员工必须掌握的专业知识,观察员工在岗位上的表现是否符合工作流程,查看员工对工作环境的维护,记录员工对客人、对小孩的态度等。

(4)职业关怀

迪士尼对员工有很多激励、感谢的措施和很好的福利,这种机制是迪士尼的员工时刻用微笑迎接客人的重要保障。迪士尼招收新员工时的口号是:跟着我,你会得到一份世界上最好的工作。迪士尼深知:没有快乐的员工,哪来快乐的顾客? 欢乐=财富! 这也是这个世界最著名的娱乐业品牌的企业精神所在。

（5）社会责任

迪士尼是全球十大品牌公司之一，仅品牌价值就有 280 亿美元。迪士尼很注重对社会的贡献。迪士尼的领导人知道，一个企业要生存发展，一定要融入到整个社会中去，让社会认可，才有发展前景。而且，迪士尼要求其合作伙伴也要如此。

（6）以人为本

每个员工毕业前有一周的时间叫"影子"。在这段时间里，员工的穿着要和上司一样，系领带，手里拿着对讲机，和他一起工作，看他是如何管理园区的各项事务的。从培训那一天起，迪士尼就不仅仅局限于将你培养成一名合格的员工，而且要把你培养成一名真正的职业经理人。

思考：试从人力资源培训的角度分析迪士尼获得巨大成功的原因。

基本训练

一、判断

1. 景区人力资源管理有获取、整合、保持、创新和发展五大功能。　　　　（　　　）

2. 在职培训是指在某一段时间内景区员工暂时离开其工作环境，接受专门的培训，然后再继续工作的培训方式。　　　　（　　　）

3. 制订培训计划是景区员工培训的第一步。　　　　（　　　）

4. 员工流失率高，服务性强、人员需求量大且波动大是景区人员招聘的前五大特殊性。　　　　（　　　）

5. 景区绩效管理与薪酬管理没有关系。　　　　（　　　）

二、实训

1. 结合实际谈谈景区员工招聘的具体程序。

2. 讨论景区人员招聘的主要途径及其优缺点。

9

旅游景区游客管理

课前导读

　　游客管理是景区管理中最关键且最困难的内容之一,需要采取多种措施组合开展。游客管理就是对游客的责任管理、体验管理及协调环境保护满足游客需求。如何对游客行为进行管理? 如何对旅游景区容量进行控制? 如何做好旅游景区游客的安全管理? 这些都是本章要探讨的问题。本章内容首先分析了旅游景区游客的行为,游客行为管理的内容及管理的方法、措施;其次讲述了旅游景区容量的概念、旅游景区容量的测定和控制方法;最后提出旅游景区游客安全管理的意义和措施。

教学目标

　　1. 了解游客行为特征及分析要素。

　　2. 掌握游客管理方法和理论。

　　3. 认识如何引导游客的行为以及如何调节游客与其他群体的关系。

9.1　旅游景区游客行为管理

　　游客管理是指旅游景区运用科技、教育、经济、行政、法律等手段组织和管理游客的行为过程。通过对游客容量、行为、体验、安全等的调控和管理来强化旅游资源和环境的吸引力,提高游客体验质量,实现旅游资源的永续利用和旅游目的地经济效益的最大化。

9.1.1　旅游景区游客行为分析

旅游的本质是一种异地性的休闲体验。根据行为科学的理论,人的行为是在外部因素的作用下,通过其内在的心理活动而产生的。从内在因素看,游客到异地出游,在目的地和景区等新的环境里,人性中的公德心、责任心、羞耻心等会不由自主地弱化,表现为旅游中随意、散漫、放任与无约束;还有随大流的意识促使部分游客在无知或者无意识的情况下产生了一些高声喧哗、乱扔垃圾、乱刻乱画、破坏文物或者设施的行为。从外部环境看,旅游景区缺乏科学规划,服务设施不完善等则是导致不文明行为的客观原因。影响游客行为的因素大致可分为以下六类,即游客出游组织形式、游客年龄、出行目的、经济收入、职业和游客心理特征。

9.1.1.1　不同出游组织形式的游客行为

按游客的组织形式分团体游客和散客。前者由旅行社组织,按照一定的旅游线路和活动项目完成游览活动,通常人数在 10 人以上;后者按照自己的意愿安排旅游行程,喜欢自由活动,灵活安排游览时间。

散客、团体游客具有不同的行为特征:散客旅游是人们突破传统团体旅游约束、追求个性化的行为表现,具有决策自主性、内容多样性和活动灵活性等特点,主要以经济收入水平较高的游客为主。团体游客的行为往往受到较多约束,游客的行程安排大多比较紧凑,而且可变动性较差,团体游客大多统一行动,旅游活动按既定的路线和内容进行。旅游团体分为相似型团体和混合型性团体。相似型旅游团体由具有较多相似性因素的游客组成,目标容易整合,心理相容性比较高,行为也容易一致;混合型旅游团体由不同的年龄、职业、文化程度或不同的宗教信仰、不同的地域来源的游客组成,非一致性因素比较多,团体内成员之间容易产生冲突。

9.1.1.2　不同年龄阶段的游客行为

一般来讲,不同年龄阶段游客的行为差异明显,主要表现为以下几点。

(1)少年游客(6~16 岁)

由于少年游客最突出的基本心理特征是以成长的需要为中心,具体表现为具有较强的求知欲和探索欲,对各种旅游活动兴趣浓厚,注重参与性,对活动的内容和服务无特殊要求,由于自身身心发育不成熟,故安全意识差,自我保护能力差,一般需要家长的陪同监护和管理部门的特别关照。

(2)中青年游客(16~60 岁)

由于中青年游客担当着较多的社会角色,旅游行为需要和动机呈现出复杂性的特点。一般来讲,青年游客具有较强的求知、求新心理,注重旅游活动中的时尚性、参与性、文化性,在食、住、行、游、购、娱各个环节中最注重的是游和娱。中年游客较为复杂,与职业以及受教育程度有关。

（3）老年游客（60 岁以上）

老年游客以城市的离退休人员居多，他们是休闲旅游的积极参与者。老年游客对旅游中的食、住、行、游、购、娱都非常在意，尤其注重旅游活动的安全性，对旅游服务要求较高。老年游客一般对怀旧性的、信仰性的旅游项目兴趣较浓厚，异域的具有新异性的观光项目也对他们有吸引力。

9.1.1.3　不同出行目的游客的行为

按游客的出游目的可分为：消遣型游客、差旅型游客、家庭及个人事务型游客。消遣型游客在旅游景区的所有旅游人数中占比例最大，根据我国旅游部门历年调查，旅游景区接待的游客中绝大多数都是消遣型游客，也称观光型游客。差旅型游客相对于消遣型游客而言，一般出行人数较少，但在出行次数上较为频繁。家庭及个人事务型游客的行为特征比较复杂，他们在需求方面不同于前两类游客，但又兼有前两类游客的特征。

9.1.1.4　不同经济收入水平的游客行为

收入水平不仅影响着游客的旅游消费水平，而且会影响到游客的旅游消费构成。一般情况下，高收入水平、中高收入水平的游客会在食、住、购、娱等方面花比较多的钱，从而使交通费用在其全部旅游消费中所占的比例减少；而在经济收入水平次之的中、低收入水平游客的消费构成中，交通费用所占的比例较前者多，其原因在于食、住、购、娱等方面节省开支比较容易，相比之下在交通方面省钱则较为困难。

9.1.1.5　不同职业背景的游客行为

游客职业不同，意味着收入、闲暇时间和受教育程度不同，旅游的倾向和需求也不一样。

职业在很大程度上决定了一个人的收入水平。各类职业中，行政和企业管理人员、专业技术人员、商务人员、工人的出游机会较多，农民、离退休人员等因收入水平和体力限制，出游率较低。

9.1.1.6　不同心理特征的游客行为

从心理学角度可把游客分为：内倾/外倾、男性气质/女性气质、内控型/外控型、自卑/自尊等类型；从气质类型上可以把游客分为胆汁质、多血质、黏液质和抑郁质，四种气质类型的人在同一环境中，表现出不同的心理状态和行为特点。

由于旅游者的人格特征与旅游者的行为之间的关系十分复杂又紧密相关。通过对旅游者的人格类型和人格结构的分析，有助于旅游工作者更好地预测和引导旅游者的行为，便于做好旅游景区游客行为的管理。

9.1.2　旅游景区游客行为管理的内容

旅游景区游客行为管理涉及的内容，目前学术界见仁见智。从实践看，不同的旅游景区对游客行为的要求是不同的,如在生态旅游区,对游客的活动范围、装备乃至所穿的鞋子都有要求;在文物古迹景区,一般重点是监管触摸、涂刻及拍照等行为。景区的游客管理可以分为广义和狭义两类。狭义的游客管理是对旅游景区中游客的行为进行控制,即通过多种手段保证其按照一定的规矩进行游览,不造成对自身和他人的负面影响;广义的景区游客管理则包括对游客安全的管理、对游客行为的规范。

9.1.2.1　游客安全管理

安全是旅游的生命线。对游客的管理首要的是确保其人身和财产安全。"不伤害自己,不伤害他人,不被他人伤害"这"三不伤害"始终是安全生产管理工作的基本内涵。要实现这个目标,无论是免费参观的特定人群(老年人、残疾人和儿童)还是买票入园的游客,旅游景区都有义务做好安全管理工作,避免由人为原因或者自然因素引发游客安全问题,确保广大游客的人身和财产安全。在自然型旅游景区中,游客的不当行为如不加以制止或限制有可能演变为事故或灾难,如华山景区在 2002 年发生了两起意外事故,3名游客不慎坠落山崖造成两死一伤。这些惨痛事故的发生有游客自身的因素,但是景区在经营管理上的疏忽也不能忽略。如果在进入景区前,能够对游客进行安全教育或者在危险的地段通过警示牌来告诫游客不要靠近,这些悲剧应该可以避免。可见,景区游客管理应该根据不同的景区环境为游客提供安全的行为指引,避免因游客行为不当而引发各种悲剧。

9.1.2.2　规范游客行为

规范游客行为是指从道德标准出发对游客的不文明行为加以纠正。旅游景区常见的游客不文明行为包括:乱扔乱刻、破坏公共设施、损坏树木、践踏草坪、随意给动物喂食、随处抽烟和点火等。这些都是日常生活中被视为不文明和不道德的行为,但在旅游景区中由于旅游者在新环境中价值观念和道德观念的淡薄时有发生。为此,旅游景区经营管理者应采取措施,加强对游客基本行为的规范。

产生游客不文明旅游行为的原因很多,主要体现在以下几个方面:①游客在旅游过程中的自律意识松弛;②游客的环保意识不强、生态道德素质低下;③景区管理不完善,宣传教育缺乏力度;④游客在旅游过程中占有意识外显和部分游客的故意破坏行为;⑤缺乏责任意识和从众心理。

补充阅读材料

为了提高公众的文明旅游意识,2006 年,中央文明办、国家旅游局联合出台了《中国公民国内旅游文明行为公约》和《中国公民出境旅游文明行为指南》。

中国公民国内旅游文明行为公约

营造文明、和谐的旅游环境,关系到每位游客的切身利益。做文明游客是我们大家的义务,请遵守以下公约。

1. 维护环境卫生。不随地吐痰和口香糖,不乱扔废弃物,不在禁烟场所吸烟。

2. 遵守公共秩序。不喧哗吵闹,排队遵守秩序,不并行挡道,不在公众场所高声交谈。

3. 保护生态环境。不踩踏绿地,不摘折花木和果实,不追捉、投打、乱喂动物。

4. 保护文物古迹。不在文物古迹上涂刻,不攀爬触摸文物,拍照摄像遵守规定。

5. 爱惜公共设施。不污损客房用品,不损坏公用设施,不贪占小便宜,节约用水用电,用餐不浪费。

6. 尊重别人权利。不强行和外宾合影,不对着别人打喷嚏,不长期占用公共设施,尊重服务人员的劳动,尊重各民族宗教习俗。

7. 讲究以礼待人。衣着整洁得体,不在公共场所袒胸赤膊;礼让老幼病残,礼让女士;不讲粗话。

8. 提倡健康娱乐。抵制封建迷信活动,拒绝黄、赌、毒。

中国公民出境旅游文明行为指南

中国公民,出境旅游,注重礼仪,保持尊严。

讲究卫生,爱护环境;衣着得体,请勿喧哗。

尊老爱幼,助人为乐;女士优先,礼貌谦让。

出行办事,遵守时间;排队有序,不越黄线。

文明住宿,不损用品;安静用餐,请勿浪费。

健康娱乐,有益身心;赌博色情,坚决拒绝。

参观游览,遵守规定;习俗禁忌,切勿冒犯。

遇有疑难,咨询领馆;文明出行,一路平安。

9.1.2.3 旅游体验管理

在一定意义上,旅游景区游客行为管理的实质就是游客需求管理、体验管理。为此,要做好游客流时空分布管理、景区游客容量管理等直接关系游客体验质量和效果的关键环节的管理。

(1)游客流时空分布管理

旅游者借助交通工具,从各个游客集散中心或常住社区前往景区进行观赏、游乐等活动,在景区内部和外部系统之间形成一定强度的旅游流。景区旅游流一般具有明显的时空变化。

从时间上看,景区旅游流的强度在一年中的分布是不均衡的,表现出较强的季节性。淡季游客较少,大量设施设备闲置;旺季人满为患,景区资源环境承受较大压力。由于气候等自然条件的变化,旅游景区的植被、地表景观等一年四季呈现出节律性的变化。因此,我国的许多以自然资源为依托的室外景区都表现出明显的季节性,从接待游客数量来看,有明显的淡季和旺季。要做好旺季游客分流工作,需要控制旺季通往景区小交通的班次,对缆车、索道等景区专用观光交通工具实行预约制,配合景区住宿设施对游客实施错峰接待,对团队游客接待实行预约接待等措施。

从空间分布上看,一般而言,景区都有一个或多个出入口,进入景区后,游客在导游的带领下或在导游图、路标系统的导引下,沿着一定的线路或景区游道进行游览。在这个过程中,游客的空间位移过程是线性的、连续的,如果游客在某一处停留时间过长,或者是某个景点停留游客过多,也会出现旅游流。同时,在旅游景区出入口、高级别的吸引物、表演场所、购物场所、就餐地点等节点会形成人流汇聚,特别是在旅游旺季的高峰期,这些节点会承受游客超负荷的压力,对资源环境、接待设施产生较大的影响。要做好游客景区内分流工作,可采用在景区入口处设有专门的游客服务中心,为游客提供免费咨询和地图、手册等资料;在景区内设置多个"最佳摄影点"、"最佳观赏点",提醒游客在正确的位置拍照、观景;景区内的牌示、标志等的位置设置要合理,信息要醒目、简洁、准确;景区内的游道、游览线路的设计要合理,使游客不走回头路,达到分流游客的目的。

(2)景区游客容量管理

一般来讲,旅游景区的容量都是有限的。超过了容量的最大值,会使游客的旅游体验大打折扣,影响游客满意度和景区的环境资源保护(见图9-1)。

图9-1　2010年"十一"黄金周,故宫门前

9.1.3　旅游景区游客行为管理的方法与措施

一般来讲,传统游客管理的方法可以概括为柔性管理和刚性管理,一"软"、一"硬"两种,即服务性管理方法和控制性管理方法。

9.1.3.1　服务性管理方法

服务性管理方法是一种"软"性的管理方法,是指通过管理者对游客提供人性化的服务,间接地引导、改变影响游客意愿和行为的因素,使游客自觉地遵守景区的各项规章制度,以实现管理的目的。具体表现为:对游客进行宣传和教育,通过各种有效的方式和途径对游客进行文明旅游的宣传和教育,在全社会营造文明旅游的氛围,激发游客对景区的保护意识。

正确引导游客行为的方法有以下几点。

(1)宣传、教育引导

如在进入生态旅游地或遗产地之前,先让游客观看展览或短片,使游客增长知识,唤醒游客的责任意识,自觉进行文明旅游;在景区入口处,免费发放《入园须知》或旅游指南,提前向游客告知一些禁止的行为,使游客在入园前就了解有关规定,在游玩过程中自觉遵守;在景区醒目的地方利用大型电子显示屏滚动播出游览须知及文明宣传短片,在显要位置悬挂文明标语、设置文明提示牌;等等。

图9-2 碧峰峡景区内具有教育功能的标牌

(2)景区提供设施、设备引导

在游览过程中借助某些物品或标志来提醒旅游者注意自身行为,达到对旅游者的行为实施监控和管理的目的,如"小花多可爱,请您别伤害"之类的人性化的标示牌、温馨提示、公益广告等(见图9-2)。

(3)示范引导

在景区中,依托景区工作人员或其他旅游者的正面或负面行为来实现对游客的激励。示范的作用机制在于利用人与人行为间的差异,吸引旅游者的关注,然后在价值判断基础上形成正确的价值取向,使旅游者效仿示范者的正面行为行事或共同抵制示范者的负面行为。请游客参与管理,旅游途中或在景区里,请游客担任诸如"文明礼仪监督员"的角色,唤醒人性的优点,抑制人性的缺点。

9.1.3.2　控制性管理方法

控制性管理方法是一种比较直接的管理方法,旅游景区通过制定各项规章制度来控制游客行为达到管理的目的。旅游景区往往采用加强巡视监督、罚款,禁止在某些区域或某些时间段内从事某些活动,控制游客数量、团队规模和停留时间或在一定时间内关闭景区等措施。具体表现为以下几点。

(1)严格控制游客数量

景区要在科学测算的基础上确定自己的合理承载量,根据承载量,确定各个时段的游客容纳量,同时制订科学合理的游客接待计划,并建立超限接待情况下的景区关闭机制。

(2)有效限制游客活动

景区需要规定游客的旅游线路、旅游时间、活动范围和活动方式等内容,并以合适的途径向游客宣讲,使游客的旅游活动在规定的范围内进行。对景区而言,游客是他们的服务对象,从这种角度讲,柔性管理的目的是通过人性化的管理,用对游客的关心理解和尊重换取游客对景区的爱护与保护。对于少数故意破坏景区环境的游客要施之以刚性措施,以起到警示教育作用。总之,柔性管理与刚性管理相结合才能达到良好的效果。

9.2　旅游景区游客容量控制

旅游景区游客容量管理是当前我国旅游景区经营中的难点问题,它既与旅游者的体验有关,也与旅游景区的可持续发展密切相关。2010 年"十一"黄金周期间,北京市旅游局统计的结果显示:21 个景区游客人数持续增长,共接待 65.8 万人次,同比增长 37.5%,较首日增长 20 余万;其中,故宫接待 12.2 万人次为最多,同比增长 1.6 倍。游客超过旅游景区环境容量,"人满为患",造成景点践踏磨损,公共设施被挤坏,引发水体、水质污染、噪声污染等问题使旅游景区容量控制的重要性和必要性日渐凸显。

9.2.1　旅游景区游客容量概述

由于旅游开发规模和开发潜力与旅游资源赋存环境的容量存在密切的关系,所以旅游景区容量研究一直是旅游景区规划的基本内容,是确定景区开发建设规模和预测经济效益的基本依据,也是旅游开发理论研究的重要组成部分。旅游景区内最大限度能容纳多少游客而又不至于破坏景区环境,就是旅游景区的游客容量,是目前在游客容量管理中凸显的问题之一。

9.2.1.1　旅游景区游客容量的概念

从 20 世纪 60 年代起,很多国内外学者都就旅游容量的定义、容量概念的类型划分和容量测算的定量方法等几个方面进行过研究,并形成一系列研究成果。

有环境学背景学者的介入研究和可持续发展观的广泛普及是旅游景区容量问题出现的大背景。容量概念最初始于生态学和环境学,生态学将环境的容量定义为:生态环境所能容纳的某种生物的最大数量。环境科学则将环境容量定义为:在人类生存和自然环境不受损害的前提下,某一环境所能容纳的污染物的最大负荷量。旅游容量的概念出现于 20 世纪 60 年代,最初是与旅游生态环境的保护联系在一起的,但由于当时旅游造成的环境问题还不十分突出,所以旅游容量的研究没有得到充分的重视。

20 世纪 70 年代,生态学家和环境学家首先开始关注旅游容量的研究,所以旅游容量的定义在某种程度上受生态学的容量概念的影响。关于旅游容量的基本定义一般是:在不对环境造成不可恢复性破坏的前提下,旅游环境对旅游者的最大容纳能力。20 世纪 70 年代末,由于世界旅游业飞速发展,旅游人数快速增长,旅游接待地的环境问题日益突出,世界旅游组织和其他国际旅游组织开始重视旅游环境容量的研究。世界旅游组织将旅游环境容量定义为:"在不对资源造成负面影响、不降低旅游者满意程度,或不给当地社会、经济和文化带来问题的前提下,对旅游景点的最大利用。"

每个旅游景区都有其特定的承载力,即游客容量,这指的是旅游地开发和发展在不影响后代对旅游资源永续利用的前提下,旅游地环境和生态、旅游地社会和经济能力、旅游地居民和旅游者心理等方面所能承受的最大游人量。旅游环境承载力有两个核心,即旅游地生态环境的可持续性和旅游地居民和旅游者的心理承载力。

9.2.1.2　旅游景区游客容量控制的意义

任何一个景区都有一个游客容量的最高限额问题,景区客流量不可能无限制地增长,这是人人都知晓的道理。但要真正做到这一点,却不是一件容易的事。因为,无论是景区的管理者或是经营者,总希望接待的游客越多越好。2001 年 7 月 1 日,九寨沟管理局向旅行社发出的通告:九寨沟将对游客实施限量进入,旅行社组团进九寨沟必须提前预约。可事实却大大超出人们意料,近几年,该景区接待的游客量已超出《四川省旅游发展总体规划》游客容量规划目标的许多倍。

游客量的骤然猛增,对景区环境带来的负面影响是显而易见的。九寨沟生态环境的某些变异与游客量有关,自然生态景区是如此,人文景区亦是如此。世界文化遗产敦煌莫高窟景区在黄金周和旅游高峰时期对团队游客实行参观预约制。出台这一措施主要是为减轻游客高峰时游客过分集中给莫高窟壁画、文物带来的不利影响。众所周知,近些年,由于游客量的增多,已经给敦煌壁画和文物带来诸多问题。敦煌研究院在多年的研究中发现,除了风沙、雨水、虫害等自然因素外,人为的因素,如游客的触摸、游人呼出的气体,客流量增多引起洞内湿度的变化等是造成莫高窟壁画退色、起甲、酥碱等问题的主要原因。因此,控制旅游景区游客容量可以更好地保护旅游景区的环境,提高景区的接待能力,实现景区的可持续发展。

9.2.2　旅游景区游客容量的测定

每个景区都应测出其最大环境容量,在旅游高峰期采用不同的手段,控制游客数量。在有些景区存在着危险游览地段,必须加以严格控制,以防旅游安全事故的发生。

以下公式来测算景区的最大容量:$C = T/Ta * A/a$。

式中:C——极限容量;T——每日开放时间;Ta——人均每次利用时间;A——旅游目的地空间规模;a——每人最低空间标准。

河南焦作云台山世界地质公园位于河南省焦作市修武县北部的太行山南麓,景区面积196平方千米,含泉瀑峡、潭瀑峡、红石峡、子房湖、万善寺、百家岩、仙苑、圣顶、叠彩洞、青龙峡十大景点。其中核心景区是泉瀑峡、潭瀑峡、红石峡,这三个地方是游客参观云台山时的必游景点。红石峡是一处峡谷景观,景区内秀幽雄险,集泉、瀑、溪、潭于一谷,素来享有"盆景峡谷"的美誉。峡谷南北长约1千米,宽3~10米,两岸峭壁山石秀丽,仿佛鬼斧神工,雕凿而成一巨大盆景,又好像名山大川浓缩后的精华,园林专家称之为"自然山水精品廊"。此景点是一个单行线景点,景区全长2 000米,游览时间约一个半小时。想要游览此景点,必须先从山上下到峡谷底,然后再上山,整条路上的风景虽美,但一路险象环生,路面均宽仅为1~2米,并且上下山的道路非常陡峭,在游客过多时存在着许多的安全隐患。笔者曾经在2006年五一节期间游览过此景区,当时在下山口排起了100多米的长队,下峡谷时几乎要1分钟才能移动一步,由于此景点是单行线,游客一旦进入景区入口,便毫无选择只能前进,游客在这种情况下抱怨频频,有些游客气愤得当场就给旅游局打电话投诉,更谈不上观看美丽的自然风光了。平时游览得稍微快点只需要40分钟的景区,最后花了4个多小时才走了出来。这种游客超载的情况对云台山风景区的声誉造成了极为严重的消极影响。

现在来利用前面所列的公式($C = T/Ta * A/a$)来计算云台山景区红石峡的极限环境容量。

云台山在旅游旺季的开放时间为早上7点到晚上8点,一共为13个小时,平均每个人的游览时间约为1个小时,人均最低空间标准为5平方米,红石峡的游览面积约为2 000平方米,根据公式我们可以得出红石峡的极限时点容量为500人次,极限日容量为6 500人次。事实上每年的旅游旺季,这里的日均接待量已到到5万人次左右。

据报道,云台山风景区开创国内先河,成为全国首批建设部批准的18家实行数字化监控的景区之一,此工程耗资1.5亿,从2006年2月起开始实施。这个系统可以对景区内各个地方进行实时监控,对游客数量进行监控。但是,我们可以看到,尽管先进的技术已经投入使用,但是景区的超载问题并没有得到相应的改善。

9.2.3　旅游景区游客容量的控制

旅游景区游客容量控制的手段主要有以下两方面。

（1）积极控制

积极控制指没有出现明显的生态问题、经济回报下降、游览质量降低的情况时，所能够实施的一些带预防性质的控制手段。主要包括：①对外宣传营销时注意弱化季节差别；②合理规划游览路线，既满足游人观景需求，又避免游人进入核心自然生态区；③通过宣传提高游人、当地居民、服务人员的生态保护意识；④在不同季节出台不同的价格措施，使游客主动分流；⑤禁止在某些区域、某些时间段内从事某些活动；⑥建立生态观测站，关注生态保护指标的变动趋势。

（2）消极控制

消极控制指出现生态问题、经济回报下降、游览质量降低的情况时，所采取的补救措施。这些措施可能会以生态效益为重，而舍弃一部分经济利益和游客利益，因为良好的生态环境始终是一个景区可持续发展的根本。主要包括：①限制旅行社组团数量，限制每日旅游者人数；②限制游客的停留时间；③缩短每日、每年正常开放时间；④提高门票价格，提高整个景区内的消费水平；⑤在周围开辟新的具有可替代性的景区；⑥关闭部分自然景观为主的景区，丰富人文景观景区的游赏体验，提高容量水平，以达到替代分流的目的。

补充阅读材料

安徽黄山风景区管理的成功范例

黄山是我国首批公布的国家级重点风景名胜区，也是我国十大风景名胜中唯一的山岳风景区。1990年，经联合国教科文组织世界遗产委员会审定，黄山被正式列入《世界文化、自然遗产名录》；次年又被评为"中国旅游胜地四十佳"。黄山以其巍峨奇特的石峰，苍劲多姿的青松，波涛起伏的云海和清澈不竭的山泉名冠天下，更因其兼泰岱之雄伟，华山之峻峭，衡岳之烟云，匡庐之飞瀑，峨眉之清凉，雁荡之巧石而吸引无数中外游客。黄山风景名胜资源是人类宝贵的自然、文化遗产，是不可再生的资源。因此，建设部在《关于黄山风景名胜区规划的批复》中指出："严格保护黄山自然资源，保护其自然生态环境，是黄山管理的重大职责。"根据国家法规、政令，黄山制定出了"积极保护，合理利用，科学管理，造福人类"的保护方针，并提出五项保护目标：①保护风景名胜区自然地貌使其不受破坏；②保护风景名胜区自然生态环境系统，使之永续利用；③保护景区内物种资源（特别是濒危物种），使其不致减少或灭绝；④保护人文胜迹和景观资源，使之不受破坏或废圮；⑤在保护的前提下，立足于对自然资源保护和人类要求相协调、相统一，人为建筑与景物环境相融洽、相辉映，进行合理开发，使旅游与环境协调发展。黄山成功不是偶然的，其成功的秘诀就在于科学、严密、细致、周全的管理。

热线景点单独出售游览证，控制客流量；疲劳景点实行封闭轮休，让其休养生息,恢复小环境自然生态。对建筑物过多的景区,实行细则管理,撤除违章建筑。在景区外建居民新村,迁出景区内的全部居民,恢复景区自然风貌。

黄山风景区值得推广的管理经验主要有以下几点。

1. 保护意识深入人心

黄山是世界级名山,是中华民族的骄傲。令人欣慰的是"保护好黄山"这一意识已深入风景区及周围居民的心中。如问途中遇到的抬石料的民工:"整座黄山都是上好的花岗岩,何必费劲到山下去取?回答是:黄山是被保护的,山上的一草一木都动不得。"

2. 管理工作扎实到位

黄山风景区公安、护林防火、工商、环卫等室外工作人员,他们都能恪尽职守,在各自负责的路段巡视。这里未见游人在禁烟地段吸烟,因为有民警巡视;未见垃圾遍地或满溢,因为路旁设置足够的石砌垃圾箱,环卫工人不停地清理垃圾;未见个体商贩欺诈游客或纠缠游客强卖商品,因为有工商人员在一旁监督。更为可贵的是,工作人员也会"越权"管理,如工商人员对个别吸烟游客提出忠告。分段到人、职责明确的管理方法,以及工作人员高度的责任感,才能使管理工作真正落实处,收到明显的管理效果。

坐轿既能满足一部分体弱者的需要,也是黄山旅游的特色项目。但如果对轿夫疏于管理,也会引发诸如欺客、宰客现象。黄山的轿夫实行统一编号,并要求挂牌服务,集中在各景点,景点旁竖有经管理局核定的各条线路抬轿收费标准的牌子,游客心中有数,轿夫也难钻空子。

黄山还十分重视消防安全工作。在天都峰下有黄山风景区管理局竖的一块"诫碑",上面记叙了1972年12月8日那场由于游人乱扔烟蒂引发的大火,以及由此给黄山风景区造成的难以弥补的损失,这对游客有很大的教育作用。不仅如此,管理局也将消防安全工作做到实处,路旁石壁上均有醒目的禁烟标志,环卫工人及时清除道路两旁的残枝落叶,消除火险隐患。

3. 管理制度必须落实在日常管理之中

制定切实可行的管理制度固然是管理好风景区的重要保证,但更重要的是应持之以恒地将管理制度落实在日常管理之中。可将风景区分段落实到人,谁管理的地段出的问题,就由谁负责。管理人员应该走出办公室,在负责管理的地段来回巡视,防患于未然,并及时处理各类事件,这方面黄山风景管理局已经成为典范。

9.3 旅游景区游客安全管理

旅游安全是旅游者最基本的需求,也是旅游业发展的保障。旅游安全被称为旅游业发展的生命线。近些年,随着旅游活动的升温,旅游安全问题更加突出。

旅游者出行安全不仅影响到一个企业的运营,更重要的是它关系到整个地区的安全信誉,影响到潜在旅游者出游动机的形成或取消。景区作为旅游业的重要组成部分,是游客旅游的最终目的地和重要集散地,面临的环境相对复杂,要确保景区与游客的人身与财物安全,确保景区能够持续稳定地发展,安全管理是不容忽视的一个重要环节。旅游安全事故不仅给旅游者带来伤害,还给旅游地、旅游企业带来损失。破坏旅游景区的形象,从而给旅游业造成致命的打击。

9.3.1 旅游景区游客安全的表现形式

旅游景区安全问题有很多方面:有些是游客自身安全认知不够造成的,如在景区抽烟,不听工作人员劝阻,违反了游乐设施的操作规程等;有些是景区管理方面的原因,如在解说系统中缺乏必要的安全警示,没有定期检查旅游设施的安全,没有很好的安全事故处理机制等;当然也不排除一些客观原因造成的,如地质灾害等,但这是很少见的。

一般来讲,景区安全表现形态有以下几点。

(1)犯罪

由于给旅游者带来创伤的严重性和影响的社会性,犯罪成为最为引人注目的旅游安全表现形态之一。在旅游景区中存在的犯罪行为,具有特定的规律和特点,可分为侵犯公私财产类犯罪,危害人身安全犯罪,性犯罪及与毒品、赌博、淫秽有关的犯罪三大类。

(2)火灾与爆炸

火灾与爆炸往往造成严重的后果。例如人员伤亡、基础设施遭到破坏、财产遭受损失等,甚至造成整个旅游景区设施系统的紊乱。

(3)游乐设施安全

如机械注销设施安全事故、航空热气球事故、水难事故、景区交通事故等。

(4)旅游活动安全

如攀岩、探险,走失。

(5)疾病(或中毒)

由于异地性、旅途劳累和食品卫生等问题诱发的各种疾病。

(6)其他意外安全事故

如地质灾害等。

9.3.2 旅游景区游客安全管理的意义

在旅游景区日常管理工作中,贯彻"以人为本,关爱生命"的指导思想,遵循"安全第一、预防为主、综合治理"的指导方针,努力消除存在的各种安全隐患,积极防范意外事故的发生,成为景区管理者重要的工作内容之一。能否根据旅游景区的实际情况,建立健全适合本景区的安全管理制度,发生意外事件后能否迅速启动响应机制,并做好善后处理,是对景区管理者综合能力的重大考验。

我国景区范围内的交通堵塞、客人拥挤践踏等事件屡有发生,这里面除了经济利益的因素之外,还有就是事前没有做好足够的安全防范措施,没有制订操作性强的应急预案,事后没有及时启动应急机制,不仅给企业本身造成了巨大的经济损失,也给社会造成了负面影响。

就旅游景区而言,包括策划宣传、市场营销、资源开发、服务质量、成本核算等,任何一方面做不好都会影响到企业的效益,各项工作是相互依存又相互制约的一个有机整体,而安全管理是其中一个必不可少的组成部分。一些旅游景区没有制订应急预案,平时的督导工作也流于形式,或者消极应付上级检查,更有甚者将意外事故视为忌讳,避而不谈,一旦出现问题,就会手忙脚乱,给企业带来不必要的损失。

每年国家的安检部门与旅游主管部门都会组织相关人员对景区进行安全检查,查看景区是否制订了相关的规章制度,是否按法律、法规所规定的要求做好各项安全防范工作。实际上,面对不可控制的天灾人祸,景区可以启动应急预案和机制,最大限度减少游客及员工的人身伤害和财产损失;加强日常的安全管理,不仅可以降低意外事故发生的几率,也可以在意外事故发生时将损失和负面影响降到最低限度。

因此,无论是从国家对旅游行业的要求出发,还是从景区自身管理的角度考虑,加强旅游景区的安全管理是必要的、必需的。

9.3.3 旅游景区游客安全管理的措施

旅游景区游客的安全管理涉及景区的各部门和社会的各个环节。建立由旅游景区管理部门牵头,由旅游地居民、旅游从业人员,旅游管理、治安管理、社区医院、消防、保险、交通等多部门、多人员参与的社会联动系统,形成共享资源、社会共同关注旅游安全的局面。旅游景区游客安全管理的措施主要有以下几个方面。

(1)树立安全意识

长期以来很多景区忌谈危机,而实际上危机的发生往往不以人的意志为转移。国内外企业管理的大量实践证明,越是有安全意识,越是实行危机管理,旅游企业就会离危机越远。旅游景区管理机构和管理者一方面要树立"凡事预则立,不预则废"的意识,充分认识加强危机管理的重要性和必要性,提高危机敏感度,严格管理,在源头上降低危机事件发生的可能。另一方面运用危机教育先进经营理念,对员工进行经常性的、系统性的危机教育,强化安全意识,建构危机处理的共识,培养他们的危机处理方法和技巧,提高反制危机的能力,培育景区无形的战斗力。同时,危机管理强烈的忧患意识,可以对员工产生压力,并由压力转化为动力,从而使组织自求发展,自我完善,在日益激烈的市场竞争中始终占有一席之地,使企业始终处于良性循环的轨道中。

(2)完善规章制度,加强制度建设

景区的安全管理工作要遵循"安全第一,预防为主、综合治理"的方针,建立一系列安全管理制度:建立安全管理例会制度,定期研究本单位安全管理工作;制定有效的安全措施,并对措施的落实情况进行检查;建立游览安全管理制度,保证游客游览环境的安全;建立安全信息发布制度,及时向游客提供准确、规范的安全信息;建立特种设备安全管理制度,严格执行《特种设备安全监察条例》及国家相关法律、法规的规定,保障特种设备的安全运行和游览活动的有序进行;建立食品安全监管制度和大型活动风险管理制度。通过制度建设消除安全隐患,确保安全管理的长效机制。

（3）安全宣传和教育

确保旅游景区安全的有效途径之一就是宣传和教育。要通过各种手段来提高游客的安全意识，如在危险地段警示牌的设立，指定游客安全手册（告诉游客一些禁止事项，某些特殊活动要求的生理和心理状况，一些急救措施的介绍等）；工作人员对游客的提醒，对可能会带来危险的行为进行劝止等。

（4）完善应急处理机制

景区应当按照国家《生产经营单位安全事故应急预案编制导则》制定综合应急预案、专项应急预案、现场处置方案，并定期组织演练。建立应急预案制度，根据各类预案配备必要的应急救援物资，突发意外事件后，救援人员能够按照景区应急预案在第一时间启动救援机制，有效开展救援行动。

根据本景区内易发事故的特点建立消防、用电、交通、自然灾害事故的应急预案，预案内容应当包括应急救援组织、危险目标、启动程序、处理与救援程序、紧急处理措施等部分。应急救援预案应当每半年至少演练1次，并做好记录。

健全事故应急响应机制。景区范围内一旦发生重特大安全事故、事件或灾害时，景区负责人应以最快的速度、最大的效能，及时启动应急响应机制，按照事先制定的各种应急预案，有序地实施应急救援行动，最大限度地减少人员伤亡和财产损失，把事故危害降低到最低程度。

应设立急救中心和培训一支训练有素的救援队伍，救援人员要掌握包括疾病救援、救护、失踪寻找、水生救护、火灾抢险、突发事件的应急救护（塌方、泥石流、雪崩等）各种技能。另外，自然景区还要建立一套紧急救援的程序和其他一些事故处理程序。一旦出现安全问题，可按照这些程序快速开展科学的救援工作或其他事故处理工作。

定期的模拟训练不仅可以提高危机管理小组的快速反应能力，强化危机管理意识，还可以检测已拟定的危机应变计划是否充实、可行。

（5）完善旅游保险

通常谈到的旅游保险有两种：一种是旅行社责任险，一种是旅游意外伤害险。根据国家旅游局目前的规定，正规的旅行社必须投保旅行社责任险，游客一旦参加旅行社组织的旅游活动，就可享有该项保险的权益。对于旅游意外险，旅行社只是向游客推荐，并不强制购买。旅行社虽是旅游保险的第一大客户，然而，涉及旅行社的险种却不尽如人意。旅游意外保险只是由旅行社代理发售，通常情况下，旅行社只负责推荐旅游者购买相关的旅游保险，至于对保险的作用和重要性等方面的业务宣传已经是分外的事了。

旅游人身意外伤害保险到景区旅游，体验那惊险刺激的旅游项目之前，最好先选择自愿性的旅游人身意外伤害保险。现在保险公司开设的该险种，每份保险费1元，保险金额1万元，一次最多可投保10份。保险期限为从购买保险进入旅游景点时起，至离开景点时止。

这里需要强调的是，游客可按照旅游项目安全系数之大小，对该保险作出买与不买的选择。但参加如下旅游时，你最好投个保险：探险游，如到大峡谷、洞穴猎奇探险，到沙漠、草原旅游等；生态游，如到野生动物园观看动物，到野生植物园内野炊、露营等；惊险游，如进行水流湍急的漂流、悬崖峭壁的攀缘等。

此外,在节假日、黄金周等重点时期必须设立景区"游客安全疏导缓冲区",这也是一种有效的事先预防措施。

9.3.4　旅游景区治安管理

由于长期以来我国景区多以接待团队旅游者为主,人多势众,景区内犯罪案件相对较少。然而,随着近几年散客旅游市场的发展,景区内接待的散客人数迅速增加,由于旅游活动较分散,景区治安管理意识和水平差,使得犯罪分子屡屡得手,犯罪事件屡屡发生。消除旅游景区的治安隐患,做好旅游景区的治安管理,为游客创造一个良好的旅游环境。

(1)变景区村民为义务治安管理员

加强教育,提高素质,变景区村民为义务治安管理员。结合景区村民和旅游从业人员的实际,坚持抓思想和法制教育不放松,无论是旺季还是淡季,不管是导游还是旅饭店业主,都不放松热爱景区教育、诚信教育和法制教育,引导广大村民和旅游从业人员牢固树立"安全好,旅游兴,百业旺"的思想,景区每年都要组织管理人员和公安消防人员深入到旅游从业人员中,举办100多场法制讲座和消防安全讲座,提高群众的法制意识和安全经营意识,把景区内的每个村民和旅游从业人员都变为社会治安的巡查员、防范员。

(2)构建安全文明旅游环境

深入开展各类创建活动,构建安全文明旅游环境。把加强社会治安综合治理工作与创建"全国文明风景旅游区"、"全国文明单位"有机结合,在景区深入开展"平安景点"、"平安单位"、"平安旅饭店"、"平安寺院"、"平安家庭"、"平安校园",以及"文明经营户"、"文明村组"、"文明寺院"等丰富多彩的创建活动,并在游客中开展了"文明游客"评选活动。以活动为载体,让群众得到实惠,受到教育,在景区内营造了安全文明旅游的良好氛围。

(3)构建整体治安防控网络

构建综合管理网络,建立日常监管机制。积极组织和发动景区管理人员、经营从业人员、寺庙僧众及人民群众等共同参与治安防范,构建整体治安防控网络。充分发挥景区公安、武警、林业公安、宗教、工商、交通等部门的职能作用,以点带线、以片带面,构建起横向到边、纵向到底的责任防范网络。根据旅游治安新的特点,从强化派出所、治安部门监管责任入手,对娱乐休闲场所实行分类管理、动态监控:即A类场所实行常态管理,每月定期进行检查;B类场所实行动态管理,以日常检查为主,重点时段抽查为辅;C类场所实行重点管理,每周定期检查,重点时段必查,治安部门不定期进行抽查。

(4)建设科学数字景区

建设"数字化景区",科学管理景区。例如,峨眉山景区先后投入4 000多万元建成了"数字化峨眉山"系统,利用分布在全山的550个监测探头实现了对景区全天候、全方位的监控,并为治安管理人员开发出了专门的景管通管理系统,增强信息报送的及时性和准确性,以科学手段确保景区治安管理无死角;建成并投入使用的市城区治安电子防控系统,共投资2 600余万元,接入各类监控摄像头600个,今年又完成接入任务数145

个,在城区 6 个派出所均设立了三级监控室,实行 24 小时全天候值守监控。

(5)打击各种违法违规行为

坚决打击各种违法违规行为,确保旅游有序发展。不定期开展景区治安、消防、文化市场、车辆、物价、导游、滑竿、摊点、饭店、寺庙、乱搭乱建等专项整治工作,坚决打击景区各种违法违规行为。为鼓励广大人民群众积极参与社会治安管理,勇于同违法犯罪作斗争,永定区政府 2008 年就出台了关于抓获现行违法人员的奖励办法,确保景区旅游的有序发展。

本章小结

旅游景区游客行为各异,通过对景区内游客行为的正确分析,可以对游客进行有效管理,引导其正确行为,建立起游客与景区管理者之间的最佳关系桥梁。旅游景区的容量管理构成多样,内容繁多,需要进行一定景区容量的测试。旅游景区游客安全问题有很多方面的,有些是游客忽视安全问题,有些是景区属于管理的疏忽,无论是哪种类型都会造成很严重的后果。要树立安全意识,加强对游客的安全宣传和教育,建立有效地应急机制,并做好旅游保险工作,共同应对游客安全问题。

重点概念

旅游景区游客管理　旅游景区游客行为　旅游景区游客容量

案例分析

莫高窟景区的游览线路设计

游客游览线路的设计不仅影响到游客的旅游体验,也是调节景区客流分布,实现热点景区游客分流的重要措施。

莫高窟自 1979 年正式开放以来,游客接待人次呈不断增加的趋势,2001 年接待游客达 30 万人次,2004 年达到 43 万人次。受气候条件的影响,游客大多选择在 5 月~10 月来敦煌旅游,旅游旺季集中在 7、8、9 三个月。游客参观的时段也非常集中,在每天中午 13:00~14:00,大批游客涌入莫高窟,一方面对洞窟的保护形成威胁;另一方面也影响了游客的参观满意度。为了缓解洞窟压力,使游客在莫高窟的参观过程变得更为有序,莫高窟的游客接待部门依据以下几个要素确定了旺季参观莫高窟的 12 条路线:①当年确定开放的洞窟;②洞窟时代,每条路线尽可能涵盖早、中、晚不同时期的洞窟,使游客系统地了解各时代洞窟的内容;③洞窟位置,依据洞窟所在位置编排最简捷、顺畅的路线;④洞窟内容,每条路线尽可能包含壁画、塑像的典型内容,以满足游客的观赏需求;⑤每条路线距离,经过测量,基本上掌握了每条路线的距离,做到 12 条路线的距离大致相同,可在参观时间上保持基本一致。严格执行编排的各条路线,游客在讲解员的带领下,有序流动,洞窟游客过于集中时,选择将游客分流至陈列中心、藏经洞陈列馆和其他特色陈列馆进行讲解,缓解洞窟内的压力,有效调节参观秩序。

思考:1. 景区游览线路的设计应注意哪些问题? 如何通过游览线路设计引导的游客行为?

2. 请您就自己熟悉景区的游览线路设计谈谈自己的看法。

基本训练

一、简答

1. 旅游景区游客行为管理的内容有哪些?

2. 旅游景区的容量由哪些方面构成?

3. 旅游景区容量的控制的手段是什么?

二、论述

结合旅游景区管理的实际谈谈游客安全管理的措施主要有哪些。

10

旅游景区环境管理

课前导读

　　旅游景区环境是旅游景区的吸引力的重要组成部分,是旅游景区可持续发展的基础与保证。旅游景区环境管理是景区管理的重要内容之一,一个拥有良好的旅游环境的景区必然有较大的旅游价值,对游客有较大的旅游吸引力。如何把握旅游景区环境管理的内容? 旅游景区环境质量怎样认证? 质量控制如何进行? 旅游景区环境管理的措施和方法手段有哪些? 本章主要讨论以上问题。首先介绍旅游景区环境管理的概念及意义、影响旅游景区环境管理的因素;其次分析旅游景区环境管理的构成要素和内容;最后对旅游景区环境质量认证和质量控制进行探讨,并提出旅游景区环境管理的措施和方法手段。

教学目标

　　1. 了解旅游景区环境管理概念及意义。

　　2. 掌握旅游景区环境管理的构成要素和内容。

　　3. 认识旅游景区环境质量认证和质量控制,旅游景区环境管理的措施和方法手段。

10.1　旅游景区环境管理概述

10.1.1　旅游景区环境管理的概念

　　旅游业的生存与发展以及人们的旅游活动总是在一定的空间范围内、在一定的环境下实现的。旅游景区是指具有参观游览、休闲度假、康乐健身等功能,具备相应旅游服务设施并提供相应旅游服务的独立管理区。

旅游景区环境是指旅游者整个旅游过程的活动空间,决定着旅游者体验的质量。从旅游者体验的角度来定义的旅游景区环境就是:旅游景区环境不仅包括景区的内部,由自然生态环境和历史文化环境组成;而且包括景区的外部环境,外部环境主要指旅游目的地和旅游依托地是否有便利的交通、舒适的旅游基础设施、良好的旅游市场秩序以及满足各类旅游者要求的特定的环境条件等一系列能影响旅游者体验的环境因素。旅游景区环境是景区旅游价值的重要组成部分。一个拥有良好的旅游环境的景区必然具有较大的旅游价值,对游客有较大的旅游吸引力。

所谓旅游景区环境管理是指运用法律、经济、行政、规划、科技、教育等手段,协调景区发展与环境保护之间的关系,处理景区利益相关者涉及环境问题的相关关系,为游客营造能获得美好旅游体验的旅游环境,使景区既能够可持续发展,又能实现经济利益、社会利益和环境利益的有机统一。所谓旅游景区环境管理的概念区别于以往传统的旅游环境管理,它更加注重以可持续旅游为目标,从时空不同尺度针对旅游区以及各个景区的旅游环境进行管理,相对比较传统的旅游环境管理,景区环境管理更加具有针对性,更能发挥管理的效应。

10.1.2　影响旅游景区环境管理的因素

(1)旅游交通的影响

旅游离不开交通,交通工具是使旅游者从居住地转到风景区的载体。于是,各种车辆纷至沓来,呼啸而过,汽车尾气在空气中四处弥漫,这种废气不仅污染空气,对人体也极为有害。此外,西南与中南地区的酸雨危害面极大,已经使一些地区的树林枯死,环境质量下降。峨眉山金顶的冷杉死亡率较高主要是酸雨污染造成的。梧州市 1996 年 6 月的一场大雨使扶典林场的松林全部由绿色变为红色。酸雨的危害使广州、重庆、桂林的一些旅游汽车顶部包皮生锈腐烂。

(2)住宿设施的影响

如数年前镜泊湖旅游区因发电厂在抽走地下 40 米的湖水时,满负荷发电占湖水流量的 60%,湖水表面形成了相对的静水层,这也大大减弱了湖水自身的净化能力,造成大量浮游生物和各种污染物的沉积。镜泊湖风景区仅有污水处理设备 64 套,但沿湖的宾馆疗养院有 100 多家,一些单位的环保意识相对较差,直接将污水排放到湖中,在一定程度上污染了湖水水质。

(3)旅游设施的影响

为保护旅游资源,常须进行修缮。修缮者往往有意无意地表现自己的美学观点,使用现代建筑材料。因此,或多或少地影响了某些旅游资源的历史风貌。那种任意改造、不伦不类的修缮,破坏了旅游资源的历史旅游文化和观赏价值被称为“破坏性建设”。

(4)游客活动的影响

首先,游人在景区的超负荷活动造成对旅游资源的损害或破坏。游人过量加剧了土壤的板结化,加快了古树名木的死亡速度;建筑物因承载游人过多而损毁,如拙政园山楼前的石桥,因游人过多使桥台沉陷倒塌,鸳鸯馆的曲桥因负载过重发生裂缝;过量的生活垃圾对风景水及其他旅游资源的污染。

其次,少数游客对旅游资源的蓄意破坏。少数游客缺乏起码的社会公德及文化修养,不文明的行为使旅游资源失去了原有的价值。

10.1.3 旅游景区环境管理的意义

旅游景区环境管理的意义主要有以下几点。

(1)旅游与环境的关系密不可分

一方面,良好的活动是发展旅游的重要物质基础,旅游在某种程度上是依附环境而发展的。没有优质的环境,就不能吸引旅游者前来旅游,良好的环境是旅游业建立和发展的基础,是一个国家和地区旅游业赖以生存和发展的最基本条件。旅游业的发展又可以促进环境的保护,对环境改善发挥积极作用。例如提高环境质量,推动自然资源野生动植物及环境保护,促进对历史古迹的保护和民族传统物质、非物质文化遗产的传承。

另一方面,旅游发展与环境保护又互相矛盾、互相冲突,这主要是指盲目的、大规模的旅游开发给旅游环境带来巨大的负面冲击,既包括"破坏性建设",也包括"建设性破坏"。例如,旅游活动对地表和土壤的冲击。

从景区发展的趋势来看,未来的重心将会转移到景区包括旅游区的管理中来。因此,加强包括环境管理在内的旅游景区管理的研究在理论和实践上都有重要的意义。

(2)旅游景区环境管理是旅游景区可持续发展的重要基础

如果说19世纪是以追求批量生产为标志的提高效率的世纪,20世纪是以顾客满意为标志的质量与效率比翼齐飞的世纪,那么21世纪就是以追求可持续发展为标志的环境与经济协调发展的世纪。在21世纪,环境问题日益成为国际社会敏感的话题,环境安全成为人们各项活动中优先考虑的事项,环境保护进入了国际社会生活的方方面面,可持续发展成为人类社会的共识。

旅游业是21世纪世界上发展最快的产业,目前已经成为全球最大的产业。然而,伴随着旅游业在全球的迅猛发展,旅游资源与环境的衰退和破坏正成为世界的一个关注焦点,成为以追求可持续发展为标志的新世纪中的一个热点问题。世界旅游业发展的事实已经说明,旅游与环境的关系极为密切,旅游如果不合理发展,必然会造成旅游环境的污染和破坏,导致旅游资源的损害和浪费,甚至使一些旅游资源枯竭或消失,最终影响到旅游业的发展。可以毫不夸张地说,旅游业作为一项长远的经济文化事业,在未来能否有更大的发展,关键要处理好旅游与环境的关系,实现旅游与环境的良性循环。因此,对旅游资源和环境的保护应成为旅游可持续发展的基本出发点。

一方面,景区作为旅游活动发生的主要场所,是发旅游者产生旅游动机的基础性因素,其环保工作对推动整个旅游业的可持续发展具有重要意义。另一方面,保护环境、防止污染涉及很多方面,是一项综合性的工作,需要具备系统思维,运用系统管理方法统筹兼顾,既能为旅游市场提供优质的旅游产品满足游客的需求,又能把景区环境的负面冲击降低到社区居民可接受的限度,不损害景区未来的可持续发展。

（3）旅游景区环境管理是预防和解决旅游景区环境问题的重要环节

从研究结果看,人类不适宜的活动是造成景区环境问题的最主要原因。

第一,思想观念落后,保护意识薄弱。旅游业是无烟工业,旅游景区是低投入高产出的劳动密集型产业,不会造成大污染,旅游资源不会枯竭等思想仍残存于一些景区决策者和高层管理者头脑中。错误的思想必然导致错误的行为。这些落后观念导致景区管理者忽视甚至漠视环保法规,刻意回避环境破坏问题,拒不执行环境影响评估和"三同时"制度。游客和当地居民环保意识不强也是导致景区环境恶化的重要因素。一些游客在观赏过程中,只顾个人畅快,乱扔乱抛垃圾,肆意践踏草坪,随意攀花折柳,刻字留名,破坏环境,污染景区,甚至给文物古迹造成无法弥补的损失。在景区开发中,当地居民的合法权益往往被忽视,他们大多充当了旁观者的角色,景区的建设也极大干扰甚至改变当地居民的传统生活方式,从而引发景区所在地居民与景区开发者、游客之间的冲突,分不到景区发展带来的"一杯羹"的当地居民也就丧失了保护环境的动力。仇视景区、敌视游客从长远看会加速景区生态环境的恶化,最终断送景区未来可持续发展之路。

第二,景区管理体制机制问题。主要体现在广大国有、集体景区上,由于管理体制不活,一些正常环保投入、环保规划制订修订、制度建设等往往因为个别决策者重视不够或者审批程序烦琐,导致资金投入不及时不足额不到位,使相当多的国有景区环保投入欠账太多,再加上一些景区经营管理不善生存难以为继,环保就更是纸上谈兵,心有余而力不足。

因此,景区环境管理涉及面广、环节多、意义重大、影响深远,是业界和学术界必须正视的重要课题。

补充阅读材料

九寨沟景区环境管理成果显著

九寨沟位于四川省阿坝藏族羌族自治州九寨沟县境内,南距四川省省会成都400多千米,属高山深谷碳酸盐堰塞湖地貌。景区长80余千米,森林2万余公顷,茫茫6万多公顷,因沟内有盘信、彭布、故洼、盘亚则查洼、黑角寨、树正、荷叶、扎如等九个藏族村寨而得名。据《南坪县志》记载:"羊峒番内,海峡长数里,水光浮翠,倒影林岚。"故此地又名中羊峒、翠海。

1982年,九寨沟成为国家首批重点风景名胜区。1978年,被列为国家自然保护区。1990年,在全国40佳风景名胜区评比中,名列新自然景区榜首。1992年,被联合国教科文组织纳入《世界自然遗产名录》,成为全人类共同拥有的宝贵财富。

"黄山归来不看山,九寨归来不看水"。九寨沟的精灵是水、湖、泉、瀑、溪、河、滩,连缀一体,飞动与静谧结合,刚烈与温柔相济,千颜万色,多姿多彩。九寨沟发展旅游这 20 多年来,保护措施不断在改变,不变的是保护优先的理念。九寨沟方面认为,要让保护切实可行,保护当地居民的利益是关键因素。只有社区居民意识到自己的利益与保护区的利益是一致的,他们才可能发自内心地去保护自己生活的这片环境。为此,近年来,九寨沟在全国景区率先提出"社区共同发展",管理局从每年的门票收入中拨钱给当地居民作生活保障费,同时安排当地人给景区打工。沟里 1 000 多居民绝大部分都在景区内找到了保洁、护林、消防、票务等工作。有了稳定的收入,农民自觉地退耕还林还草,64 000 公顷的保护区,森林覆盖率恢复到 63.5%。在这之前,随着游客数量成倍增加,九寨沟内忙着修葺旧屋,平地起新楼,几百户人家都成了客栈,有的还建起了带"星"的宾馆,整个沟里竟然有 5 000 多张旅客床位。

　　为此,九寨沟在全国景区中第一个提出限量旅游政策,第一个运行绿色环保观光车,第一个全面实行环保免水冲厕所。从 2001 年 7 月 1 日起,九寨沟管理局又实行"限量旅游",限制每天进沟的人数。所有旅行社都必须在网上预订,给沟内减压。为了避免游人直接践踏林区,九寨沟管理部门投资了数千万元在各景区建立起人行栈道,游人全部在栈道上行进,既能不受干扰地观赏美景,又可避免直接接触景区。为了满足游人接触自然的愿望,有关部门在一些次森林地带用铁丝网圈出一定的区域,让游人在限定的范围内直接"下地",而更多的原始森林则被封闭在游人活动范围之外,这样以较小的代价在发展旅游与保护生态间取得一个平衡点。同时在景区栈道、景点(不影响景观)已修建 17 处钢架结构游人休息厅,集观光、休息、购物(限饮料、干杂食品)于一体,每个休息厅可容纳 50～100 人。为了解决游客的吃饭问题,管理局在沟口兴建了唯一的一个带环保设施的餐厅。

10.2　旅游景区环境管理的内容

10.2.1　旅游景区环境要素构成

　　旅游景区环境是一个系统,是景区及其周边地区与旅游活动相关的要素之和。它主要由下列要素构成。

　　(1)自然环境

　　旅游景区的自然环境是指影响旅游景区存在和发展的各种自然要素,主要包括生态环境和自然资源两个方面。生态环境指构成景区生态系统的各种要素的集合,主要包括大气、水、土壤、地质、植被、野生动物等,构成景区生存和发展的基础。自然资源特指影响旅游开发的自然资源,包括自然景观资源和自然能源(风能、太阳能、潮汐能、波能等)。

表 10-1　旅游对景区自然环境的主要影响

影响内容	潜在和现实的影响
动植物群落的物种组成	生境破坏
	狩猎引起的动物被杀害
	商品贸易中动物成为牺牲品
	动物迁移(迁入或迁出)
	踩踏和机器对植物的踩压
	树木的集聚生长对植被覆盖率的影响
	野生生物保护地建设
自然环境质量	污水排放和油类溢出造成的水污染
	汽车尾气和取暖引起的大气污染
	旅游交通和旅游活动引起的噪声污染
地表形态变化	土壤紧实
	滑坡可能性加大
	灾害危险度加大
	地形破坏
	河岸受损
自然资源	地表水和地下水资源枯竭(水体富营养化)
	化石原料供应不足
	火灾危险性加大
	用于建筑材料的矿物资源枯竭
	生物资源过度开发和利用(如过度捕捞)
	水生态模式的变化
	土地利用的原始方式的改变
视觉影响	设施(如建筑、停车场、索道)
	堆弃物
	垃圾

（2）人工环境

旅游景区的人工环境是指为了旅游景区的生存和发展而进行开发、建设所形成的设施和服务环境。它包括两个方面。

1）景区设施

专为旅游者旅游活动而建造,供旅游者使用的专门设施(见表10-2)。

表 10-2　旅游景区设施

类别	内容
基础设施	道路交通、电力通讯、给排水、绿化环卫设施
服务设施	接待服务设施:餐饮、住宿、商业服务设施
	导游服务设施:各种引导标识、解说设施
娱乐游憩设施	附属于接待服务设施:如健身房、保龄球馆、茶室、棋牌室、游泳池等
	散布于景区内的:不同类型景区差异较大,如漂流设施、滑道、过山车等

2)服务环境

服务环境是指旅游景区人员的服务环境。

(3)社会环境

社会环境是指影响旅游景区存在和发展的各种社会因素,包括以下三个方面。

1)人文环境

人文环境包括当地的文化习俗、历史古迹(古建筑、古遗迹、古陵墓、园林、碑刻等)及居民对旅游开发的态度和承受力(见表 10-3)。

2)经济环境

经济环境主要是指旅游开发的经济背景和能力。

3)管理环境

管理环境包括当地的社会管理、旅游政策、旅游景区管理所形成的旅游气氛等。

表 10-3　旅游对社会人文环境的主要影响

影响内容	潜在的和现实的影响
历史	文物品的丧失(买卖、偷盗等)
	文化资源中,博物馆的吸引力加大
	文化景观的变迁(如传统农业消失、传统民宅为现代建筑所取代)
传统工艺	传统雕塑品、画品和工艺品的市场需求刺激了当地艺人群体队伍的扩大
	对传统戏剧、音乐、舞蹈需求增加
	传统节日和其他文化、艺术节事活动的复兴
	传统文化作品受到瞩目
语言	外来语(词汇、词组)增加
	少数民族语言成为文化旅游资源的一个吸引要素而得到保存
经济文化传统	传统经济秩序发生变化(例如从自给自足到依赖进口)
	当地传统服饰的冲击
	餐饮品种花样增加,饮食习惯发生变化

续表 10-3

影响内容	潜在的和现实的影响
宗教	宗教节事和朝圣活动愈显重要
	游客量的增加对宗教地产生巨大压力
	宗教活动世俗化
价值与行为规范	家庭结构和价值观发生变化
	优良的服务态度得以提倡
	犯罪率提高,色情活动增加

10.2.2　旅游景区环境管理的类别

作为自然环境中的一部分,旅游资源一般分为自然旅游资源人文旅游资源,因此,旅游景区管理也可相应的分为景区自然环境管理和景区人文环境管理,此外还有研究者提出旅游氛围作为景区管理的第三方面。

(1)景区自然环境管理

景区自然环境是指与景区旅游活动相关的各种地球表层因子的总和,这些因子构成了景区存在的基础。自然环境可进一步细分为生态环境和自然资源。

图 10-1　福建武夷山

生态环境是指构成景区生态系统的各种要素的集合,包括大气、水、土壤、植被等。大气的质量对人们的身心健康影响巨大,优良的空气质量是游客产生旅游动机的重要因素之一,目前众多的森林氧吧、康体养生旅游线路和产品均以清新怡人的空气为卖点,吸引游客眼球。如广东昆山氧吧项目和福建武夷山负离子概念项目。"仁者乐山,智者乐水"、"游山玩水"旅游的代名词,水体景观对旅游者具有天然的吸引力,是激发旅游动机的一大诱因。地质环境是指景区地表的固体层,是人类居住生活的载体,主要由岩石和土壤构成。一些独特的地貌如喀斯特地貌、丹霞地貌等还成为独特的景观。生物环境指的是景区内植物、动物、微生物等所有生命形态,其中多样性是景区管理的一个重要任务。景区内的自然资源主要指包括旅游资源在内的一切景观资源,是景区吸引力的重要吸引因素。

为了维护正常的旅游景区运转,对自然环境的管理尤其重要。首先,要树立保护为主的理念,引导自然环境保护、利用和培育三者的和谐统一。其次,建立合理的景区环境功能分区。再次,在自然生态类型的景区中,划分不同的保护层次。划分核心区、缓冲区和试验区和外围保护地带,分别进行不同程度的严格保护。

(2)景区人文环境管理

景区人文环境是指对景区存在和发展产生影响的社会因素,一般景区所在地的社会和人文积淀构成主要包括古建筑、园林等各种文物古迹以及具有地方风味的民俗风情。景区人文环境管理主要包括对景区文物及历史文化景观和景区特色民俗风情的保护两大方面。旅游业和景区的可持续发展离不开高水平的景区人文环境管理。

1)对景区文物及历史文化景观的管理

要在景区内开发建设现代化旅游设施的同时,充分发掘、保护和发展旅游地的传统特色和历史风貌。例如河南开封清明上河园景区围绕大宋文化的发掘整理和保护,成功的建设了一个大型宋代民俗文化主题公园,主题公园是对宋文化特色和历史风貌的成功再现。在景区环境管理中,还要坚持与时俱进,动态思维,不断创新,及时赋予景区新的时代特色,尤其要做好代表旅游景区所在地历史文化标志性建筑物、文物遗迹的重点保护。

2)对景区特色民俗风情的管理

要将景区的民俗风情加以提炼升华,以当地民俗风情为背景和底本,在景区内建设多种样式"活化"的载体(包括文化符号传承人、文艺表演形式),做到"有形展示"。同时控制和消除景区内与主题不相关的建筑内容和服务设施。

(3)景区旅游氛围管理

景区旅游氛围直接影响着游客的心情和观赏感受。景区旅游氛围管理主要涉及两个方面:景区设施、服务环境。

景区设施是专为旅游活动建造、主要供游客使用的专门设施。作为游客直接消费的景区的"硬件",其质量高低直接关系到游客的切身感受。游客对这些设施都有一定的"感知底线",如对景区内的住宿设施一般要求干净、整洁、舒适;对购物设施要求特色突出、物美价廉;对餐饮设施要求干净卫生、美味可口。通过对景区设施的维护和保养,确保其安全性、实用性和完好性,能够带给游客良好的直观感受和质量评价。

服务环境主要是从"软件"方面考量,指的是根据游客能够从景区工作人员那里得到的服务、感受到的好客程度、服务的便利性、综合性等指标构成的综合评价体系。一般来讲,服务环境管理应贯穿服务前期准备、服务提供和后期信息反馈等环节,涉及服务人员培训、服务质量标准、服务质量检查和投诉处理等方面。景区服务环境管理的目标是提高游客满意度和景区美誉度。

此外,还要注重景区内文化氛围的营造,在景区内建筑装修、店铺门面、园林绿化、环境卫生、广告标识、交通工具等景区综合风貌上体现文化品位。

补充阅读材料

普陀山景区建设

普陀山四周环海,拥有一流的海滨沙滩,空气清新无污染,岛上至今没有一家工业企业;全山森林覆盖面积高达80%以上,古树名木参天茂盛,是野生动物的天然乐园。素有"海岛生物园"之称;一年四季分明,夏无酷暑、冬无严寒,平均温度20.3℃左右,是非常适合养生休闲的人间净土、海上仙山。特别是在大慈大悲、众生平等、禁止杀生、因果报应等观音.文化思想的影响下,全山农民自觉保持着一种亲近自然、保护生态的朴实环保观;当地政府很早就非常重视利用文化中的积极因素,引导景区群众全面推进"和谐景区,人文社区"建设;并在维护文化生态的基础上,创造性的挖掘、弘扬文化,积极向山游客和景区居民传播一种"世界和平、社会和谐、人间和美、家庭和睦、做人和气"的行为理念,为景区管理营造了一种良好的精神氛围和文化基础。特别是近几年来,普陀山进一步强化了"保护第一、生态联山"的方针,在"经营和谐、打造精品"发展理念的指导下,加快了景区生态、人居环境建设,着力打造"海天佛国、人间净土"的国际旅游品牌。每年投入景区环保及基础设施、旅游环境建设的资金上亿元,建立了完善的景区环保生态系统。相继获得国家级安全山、文明山、卫生山、国家4A级旅游景区、全国保护旅游消费者权益示范单位等荣誉;2004年,国家建设部、国家环保总局又授予普陀山"ISO14000国家示范区"称号,成为全国第四家、浙江省第一家获此国际环境标准认证的旅游景区;2005年,普陀山风景区以优秀的生态资源、优越的人居环境被联合国国际交流与合作委员会授予了"全球优秀生态旅游景区"光荣称号;2006年普陀山还将举办首届世界佛教论坛,这一切,为海天佛国旅游品牌进军国际旅游市场,全面推进普陀山"国际佛教圣地、世界旅游胜地"建设迈出了更加坚实的步伐。

10.3 旅游景区环境管理的方法与手段

10.3.1 旅游景区环境质量

旅游景区环境质量是指在特定的历史时期和特定的空间条件下,旅游景区环境系统状态的整体表现,即环境的总体或其中的某些要素(如空气、水体、地质、地貌、生物、设施等)对游客的生理、心理及旅游活动的适宜程度。一般来说,评价一个旅游景区的环境质量可以从景观质量、空气环境质量、水环境质量、声学环境质量、土壤环境质量、固体废物环境质量以及社会软环境质量等方面进行测评,测评可以采用定量或定性的方法。

旅游景区环境质量与旅游发展的关系表现在两个方面:一是景区环境质量支持着并约束着旅游发展。旅游景区环境质量的优劣不仅制约旅游开发的过程与成果,同时还直接影响着游客旅游经历的质量。二是旅游的发展改变着景区环境质量。旅游开发经营活动和旅游活动均会对旅游景区的环境质量产生正面或负面的影响。因此,无论是待开发的旅游景区,还是已开发的旅游景区,旅游景区环境质量均是表征和判定旅游景区环境系统优劣的重要因素。

旅游景区环境质量是旅游地环境质量的集中体现。随着人们生活质量的提高和旅游消费观念的转变,人们在旅游地的选择上,除了考虑优美独特的自然风光和人文景观外,还注重旅游景区的整体环境质量。良好的旅游景区环境有助于树立旅游地的形象,可以增强旅游景区的竞争力。此外,旅游景区生态环境质量的优劣还是影响旅游业可持续发展的重要因素之一。当旅游景区的经济活动行为(生产、旅游等)与生态环境的承载力相适应时,系统就朝着良性方向发展,从而产生更大的社会和经济效益;当旅游景区的旅游经济活动超过生态环境的承载力时,就会导致生态环境的恶化。恶化的环境又会加速旅游资源的破坏过程,如文物的腐蚀、水面景观的污染、动植物资源的退化等。这些变化短期内表现可能不明显,但从长远来看,最终会影响资源的永续利用,影响旅游的可持续发展。世界一些著名风景区因生态破坏而倒闭的例子足以证明这一点。

10.3.2 旅游景区环境质量评价

旅游景区环境质量评价是旅游环境质量控制和环境管理的重要手段,它不仅是旅游开发管理和组织旅游活动应关注的重要方面,而且是保护旅游生态环境、促进旅游可持续发展的战略课题,对旅游业的发展具有很强的实用性。

所谓旅游景区环境质量评价是指对人们的旅游发展需要与环境系统状态之间存在的客观关系进行评定,即从旅游开发经营和旅游活动的需要出发,运用相应的数理方法,对旅游景区环境系统状态的价值进行科学的评定。其实质是在对旅游景区与旅游相关的环境要素调查的基础上,以旅游开发经营和旅游活动要求(适宜性或满足程度)为标准,对其质量优劣程度进行深入剖析和研究;其目的在于调整人们在旅游领域的行为,使旅游环境在人类社会行为作用下朝着更加有利于人们旅游发展需要的方向变化。

10.3.2.1 旅游景区环境质量评价的类型

旅游景区环境质量评价的内容广泛,种类繁多。按照不同的标准,可以分为以下几种。

（1）从评价时间角度

旅游景区环境质量评价可分为:旅游景区环境质量回顾评价和旅游环境质量现状评价。

1）旅游景区环境质量回顾评价

它是指对某一个旅游景区过去一定时期的旅游环境质量,根据历史资料进行的回顾性评价。通过回顾性评价可以揭示旅游景区环境污染的发展变化过程。目前,我国只有少数旅游景区开展回顾评价。

2）旅游环境质量现状评价

一般是根据近两三年来的有关环境资料,对待定区域范围内的旅游环境质量进行的现状评价。它着眼于当前的现实情况,通过现状评价,可以阐明环境的污染现状,为环境污染的综合防治及保护旅游环境提供科学的依据。

（2）从参数选择的角度

旅游景区环境质量评价可分为:美学参数评价、生态学参数评价、卫生学参数评价、污染物参数评价等。环境质量评价的类型不同,目的不同,所选择的参数和标准也就不同,得出的结论也会随之而变化。

10.3.2.2 旅游景区环境质量评价的内容

环境质量评价的内容随不同的研究对象和不同的评价类型而有所不同。目前多数旅游景区的评价为旅游环境质量现状的综合评价。旅游景区环境质量现状评价的基本内容可以归纳为以下四个方面。

（1）旅游景观质量

旅游景观质量主要包括旅游景观的美学价值、历史文化价值、科学价值、奇特性、规模与组合状况、旅游功能等方面。

（2）自然环境质量

它包括大气环境质量、水体环境质量、地质环境质量、土壤环境质量、生物环境质量、环境噪声六个方面。这六个方面是任何旅游景区的基础环境,也是对旅游者产生吸引力的物质基础。

旅游景区的自然环境质量决定了旅游景区的自然环境容量。旅游景区的自然环境容量是自然环境和环境要素对污染物质的承受量或负荷量。这种承受量以人类和生物能忍受、适当和不发生危害为准则。环境容量的研究可以为环境质量的分析、评价和环境区划提供科学依据,也为国家制定环境标准和排放标准提供依据。环境容量的大小与环境自净能力的强弱有密切关系。环境自净能力强,环境容量大,如流量大的河流自净能力强,环境容量就比流量小的河流大。

因旅游景区自然环境质量的确定涉及面广,不确定性因素较多,操作较复杂及缺乏实证研究等原因,目前尚未形成一套完整而又实用的旅游景区自然环境质量的评价标准和指标体系。当今评价旅游景区自然环境质量时,多参照通用的环境质量标准,如《环境空气质量标准》(GB 3095—1996)、《地表水环境质量标准》(GB 3838—2002)、《地下水质量标准》(T 14848—1993)、《景观娱乐用水水质标准》(GB 12941—1991)、《土壤环境质量标准》(GB 15618—1995)、《城市区域环境噪声标准》(GB 3096—1993)、《污水综合排放标准》(GB 8978)等。

表 10-4　不同 A 级旅游景区的质量标准

环境质量标准　　　A 级	空气质量 GB 3095—1996	噪声质量 GB 3906—1993	地面水环境质量 GH2B
4A 级景区	一级	0 级	达到规定
3A 级景区	一级	0 级	达到规定
2A 级景区	一级	0 级	达到规定
A 级景区	二级	1 类	达到规定

(3)旅游基础设施质量

旅游景区基础设施质量包括住宿设施质量、娱乐设施质量、安全设施质量、卫生设施质量等内容。评价景区内基础设施时可参照国家及行业的相关标准,如《饭馆(餐厅)卫生标准》(GB 16153—1996)、《文化娱乐场所卫生标准》(GB 9664)、《游泳场所卫生标准》(GB 9667)等。

(4)社会经济环境质量

社会经济环境质量是指旅游者所接触的旅游地社会、经济及文化状况,如旅游地政府的旅游政策、物资供应、社会治安、当地居民对游客的态度等。

10.3.3　旅游景区环境质量监控

旅游景区环境质量监控主要从以下几个方面进行。

(1)制定景区环境监控规章制度

旅游景区应当建立公共安全环境监控制度,为游客创造安全的公共环境。景区内环境噪声应当严格执行《城市区域环境噪声标准》(GB 3096—1993)的规定;空气质量应当严格执行《环境空气质量标准》(GB 3095—1996)的规定。在突发疫情期间,按照《突发公共卫生事件应急条例》的有关规定做好防疫警示等安全预防措施。通过入园手册、景区讲解员和公共广播系统及景区门口触摸屏、大型电子显示屏、发放景区自办报刊等方式告知游客,取得广大游客的积极参与和支持。

（2）增加景区环保设施

增加景区环保设施，加大对游客宣传（温馨提示、环保小贴士等），鼓励举报破坏环境不文明行为。强化核心景区的管理，加强防火，增加环卫工人，增加垃圾箱，增设景区环保厕所，增设环景区游道的语音播报、自助讲解及游客呼叫系统，全面提升景区服务档次与管理水平。景区旅游厕所数量的增加，设施的不断完善，将间接或直接地改善游客卫生意识、如厕习惯以及生活习惯等。

（3）提高技术水平，实施数字化监测

运用信息化技术手段推进数字化景区建设，直接影响到景区综合管理水平的高低和服务质量的好坏，直接关系到景区的经济效益和社会效益，直接关系到精品景区的建设。例如玉龙雪山管委会投资 1 000 多万元开发建设"数字玉龙"信息化管理系统，完成景区信息化系统工程的建设，包括无线网络建设、景区综合管理系统、森林防火及景观区域监控等先进管理技术的建设，实现对景区内核心景点的森林防火及游客行为的全面监控。同时，旅游区还开发了以玉龙雪山景区为核心、方圆 60×60 千米的玉龙雪山三维虚拟空间场景软件项目，使突发事件远程防控指挥的可能变成现实。通过数字玉龙体系的建设，大大提高环保工作效率，节约环保工作成本，提升景区管理水平。

（4）实施动态管理

动态管理，定期巡视，制订应对预案，及时处理破坏环境的案件和事件。景区应当成立专业环保队伍。配齐人员，配齐各种设备设施，建立应急措施，发挥他们景区环境保护工作的中坚力量，定期巡视，弥补电子监控的死角和盲点，使各种破坏环境行为和突发事件得到及时处理。

（5）做好旅游景观影响评价

（景区外）做好旅游景观影响评价，打通游客的"视觉走廊"。景区要严格执行环境影响评价、"三同时"、总量控制和环境保护目标责任制度。景区环境资源保护的监测设施和配套运行率应达到 90%；景区内严格禁止污染物排放，确保各项环境质量指标均符合国家标准。

10.3.4 旅游景区环境管理的措施

（1）加强景区规划管理

景区要发展，规划需先行。景区环境管理规划是景区规划的重要组成部分。制订旅游规划是确保景区环境改良的预先安排。高起点、高标准规划建设旅游景区，规范景区开发建设和管理，也是提升景区和旅游产业核心竞争力的重要举措。例如，我国《风景名胜区条例》规定："风景名胜区规划经批准后，应当向社会公布，任何组织和个人有权查阅。风景名胜区内的单位和个人应当遵守经批准的风景名胜区规划，服从规划管理。风景名胜区规划未经批准的，不得在风景名胜区内进行各类建设活动。"国家对风景名胜区有严格的强制保护规定。

风景名胜区总体规划应当包括下列内容：①风景资源评价；②生态资源保护措施、重大建设项目布局、开发利用强度；③风景名胜区的功能结构和空间布局；④禁止开发和限制开发的范围;⑤风景名胜区的游客容量;⑥有关专项规划。

(2)科学合理的确定景区的环境容量

根据上述景区环境容量测定方法,测算景区的最大容量,在实际接待时,如果突破这一容量限度,则可采用部分时段暂停接待、提高门票价格或者事先发布游客高峰预警等方式控制进入景区游客数量,确保景区实现经济收益和环境保护的平衡,兼顾近期利益和长远利益,达成可持续发展的目标。

(3)划分不同类别管理区域,实施分级保护

根据功能和性质,可以将景区划分若干不同的类别加以环境保护。例如建设与开发自然保护区、风景名胜区和文物保护单位、水利风景名胜区和森林公园、地质公园、世界遗产地、旅游度假区等。根据我国《自然保护区条例》规定,自然保护区可以分为核心区、缓冲区、实验区、外围保护地带。核心区"禁止任何单位和个人进入;除依照本条例第二十七条的规定经批准外,也不允许进入从事科学研究活动"。缓冲区"只准进入从事科学研究观测活动"。实验区"可以进入从事科学试验、教学实习、参观考察、旅游以及驯化、繁殖珍稀、濒危野生动植物等活动"。原批准建立自然保护区的人民政府认为必要时,可以在自然保护区的外围划定一定面积的外围保护地带。《风景名胜区条例》规定:"风景名胜区内的景观和自然环境,应当根据可持续发展的原则,严格保护,不得破坏或者随意改变。禁止违反风景名胜区规划,在风景名胜区内设立各类开发区和在核心景区内建设宾馆、招待所、培训中心、疗养院以及与风景名胜资源保护无关的其他建筑物;已经建设的,应当按照风景名胜区规划,逐步迁出。"我国《文物保护法》规定:"据保护文物的实际需要,经省、自治区、直辖市人民政府批准,可以在文物保护单位的周围划出一定的建设控制地带,并予以公布。在文物保护单位的保护范围和建设控制地带内,不得建设污染文物保护单位及其环境的设施,不得进行可能影响文物保护单位安全及其环境的活动。对已有的污染文物保护单位及其环境的设施,应当限期治理。"

(4)加强对废弃物、污染物的管理,有效减少环境污染和破坏

景区内生活垃圾分类收集、集中处理和清运率,污水做到合格排放,废油、废电池等危险品无害化处理达到100%,禁止在旅游景区内随意倾倒、堆放或扔弃建筑垃圾、食品和饮料包装物、果皮、废纸等生活垃圾及其他固体废弃物。在各旅游景区积极推行随票进门发放清洁袋并有效回收的制度。对景区内的经营户和经营项目实行严格的准入审查,经营项目产生废水、废气、废渣或噪声的,应符合国家相关标准要求,最大限度地减少对环境污染和破坏。同时加大对经营户环境违法违规行为的惩处力度,严格经营者退出机制。例如舟山市普陀山管理局为处理好景区固体废物,投资125余万元购置4辆后装式垃圾压缩车和455余只(组)分类垃圾筒(箱),分设在各居民小区、单位及主要景点、道路两旁,方便居民和游客投放垃圾,同时实行上门收集垃圾。在各单位、景点设置60余只废旧电池回收箱,减少汞镉污染。目前,垃圾已全部清运出山,无害化处理率达100%。

(5)加强游客生态伦理建设,提高游客环保意识

环境问题归根结底是人的问题,现阶段人们的旅游热情越来越高,而游客对景区的保护意识淡薄令人担忧。虽然我国政府及相关管理部门对旅游景区环境保护的力度不断加大,但缺少游客的广泛响应。游客的环保意识不强、参与度低,使环境政策实施的效

果甚微。如何提高游客的环保意识,增进游客参与度,加强游客生态伦理建设是其中一个十分关键的环节。具体做法有:在景区设立景区环保建议栏,评选景区环保明星游客,组建环保志愿者服务队等。同时加大对游客和从业人员环境违法违规行为的惩处力度。

图 10-2 游客拿到环保卡,支持西藏环保工作

(6)加强景区环境保护人才队伍的建设

培养加强景区环境保护人才队伍建设关键在人才,要加强对导游员、解说员及管理人员、表演人员等的培训,提高其文化素养;与大中专院校、科研单位和专业社团等合作,聘请一些专家、教授等担任景区建设的顾问、讲解员,也可向社会招募一些志愿者作为景区的生态知识义务讲解员、普及人员,让更多的人有机会接受到自然、生态知识的教育普及,广泛增强公众的生态意识和责任意识,使人与自然和谐相处的价值观深入人心。

(7)积极参加绿色景区以及景区质量和环境体系认证

第一,参加绿色景区创建。

绿色旅游景区就是旅游业正致力于寻找的一种新型旅游景区,它不会影响环境,反而有效支援了对自然的保护,改善了当地人民的生活水平,增强了可持续发展的动力。

要成为绿色景区必须达到以下标准:①促进积极的环境道德,强化参与者的受欢迎的行为模式和行为规范;②不使用使自然环境受到侵蚀破坏的消费模式、避免资源退化;③所有的设施和服务都是为了提供方便,决不能喧宾夺主,成为旅游吸引物;④以环境为中心,承认并接受环境的现状,不能为了人们的方便而去改变或改造它;⑤有益于野生动植物和自然环境,涵盖社会效益、经济效益、科学效益、管理效益和政治效益;⑥提供和自然环境直接接触;⑦积极鼓励当地社区参与旅游活动并使其受益,从而有利于对环境价值更好的认识;⑧根据提供的教育功能和满意度来对绿色景区进行等级评定,而不是看它的刺激程度或令人兴奋的程度;⑨绿色旅游景区对管理者和参与者都有较高的知识要求和知识储备。

绿色景区的基本构成如下:景区景点、景区设施、使用绿色技术、利用风能、使用沼气技术、美化绿化旅游景区。

在旅游产品的创新上,要做到:①充分利用野生资源和乡土资源,如:喝矿泉水、吃野菜、尝农家饭、住农家屋等;②开展生态教育活动;③绿色景区绿色产品,如:环保夏令营、果树认养等;④提供绿色交通方式,如:电瓶车、自行车、畜力等;⑤提高绿色住宿设施,如:乡土风情旅馆、森林小木屋等。

第二,积极参加 ISO14000 景区环境质量体系认证。

ISO14000 是国际标准化组织继 ISO9000 之后颁布的第二个管理体系系列标准,目前已被 120 多个国家采用。ISO14000 标准是一项旨在规范各类组织和行业的环境行为,促进资源保护、节约能源,提高防灾抗灾能力,减少和预防污染,提高环境管理水平,改善环境质量,促进经济持续健康发展的系列综合管理型国际标准。ISO14000 环境管理体系标准作为 ISO14000 系列标准的核心,是企业建立环境管理体系并开展审核认真的根本准则。

补充阅读材料

设立世界旅游组织第一个旅游可持续性发展观测点

在阳朔这个被世界旅游组织推为"休闲度假最佳旅游目的地"的中国旅游名县,2005 年 7 月 26 日至 28 日举行了"2005 世界旅游组织旅游可持续性发展指标国家研讨会",并在阳朔的遇龙河边,正式设立了世界旅游组织的第一个旅游可持续性发展观测点。在为期 3 天的时间里,会议以阳朔为例,就用什么样的指标体系来衡量旅游业的可持续发展,旅游业对社会经济、文化以及环境会带来什么样的影响,如何使旅游业的正面影响达到最大化,负面影响缩小到最小化等话题进行了研讨。会议通过的《中国桂林(阳朔)宣言》中,各方与会代表达成了如下共识:中国是世界上国内旅游和国际旅游都发展得最迅速的旅游目的地国家之一;中国的旅游资源独特,有着丰富的自然和人文景观,但同时也在自然环境和人文环境方面面临因旅游业的发展而不断增长的压力;旅游发展的可持续性对中国及其目的地非常重要;社会、经济和环境诸方面与旅游相关的更好信息对中国像桂林、阳朔这样的目的地的旅游可持续发展将起到决定性作用;从长远保障可持续性看,良好的指标是旅游目的地旅游规划和管理的关键支持工具;阳朔是中国首个申请旅游可持续指标的目的地,阳朔同时也成为世界旅游组织旅游可持续性观测点;在中国旅游目的地充分完成和利用指标涉及多个方面;在阳朔取得的有关世界旅游组织指标应用和研讨会方式,对中国其他目的地同样适用。

10.3.5 旅游景区环境管理的手段

旅游景区环境管理的手段主要有以下几种。

（1）法律手段

法律手段是一种强制性的管理手段，主要有：①环境保护基本法，即《中华人民共和国环境保护法》；②环境保护单行法，即《中华人民共和国大气污染防治法》、《中华人民共和国水污染防治法》、《中华人民共和国环境噪声污染防治法》、《中华人民共和国废物污染环境防治法》、《中华人民共和国海洋环境保护法》、《中华人民共和国水土保持法》、《中华人民共和国水法》、《中华人民共和国草原法》、《中华人民共和国文物保护法》、《中华人民共和国野生动物保护法》等；③环境保护行政法规和部门规章，如《风景名胜区管理暂行条例》、地方旅游法规及规范性文件。

（2）行政手段

行政手段是行政机构通过命令、指示、规定或指令性计划等来对管理对象进行指挥和控制。具体形式有国家标准、行业标准、规章、行政命令、通知、通告等。

表 10-5　我国现有的旅游业环境保护的标准、规章、规范性文件举例

名称	内容
旅游行业国家标准	《旅游区（点）质量等级的划分与评定》（GB/T 17775—2003）
	《旅游规划通则》（GB/T 18971—2003）
	《旅游资源分类、调查与评价》（GB/T 18972—2003）
	《旅游厕所质量等级的划分与评定》（GB/T 18973—2003）
相关国家标准	《旅游业卫生标准》（GB 9663）
	《景观娱乐用水水质标准》（GB 12941—1991）
	《文化娱乐场所卫生标准》（GB 9664）
	《饭馆（餐厅）卫生标准》（GB 16153）
国家旅游局规章及规范性文件	《旅游景区质量等级评定管理办法》2005 年 8 月 5 日执行
	《游乐园（场）安全和服务质量》（GB/T 16767—1997）
	《旅游涉外饭店星级的划分与评定》（GB/T 14308—1993）
	《全国农业旅游示范点、工业旅游示范点检查标准》
	《旅游发展规划管理办法》
	《创建中国优秀旅游城市工作管理暂行办法》
建设部行业标准、规章及文件	《风景名胜区管理处罚规定》
	《游乐园管理规定》
	《城市公共厕所管理办法》
	《城市公共厕所设计标准》

（3）经济手段

经济手段是通过经济杠杆来调节景区和旅游者的行为。经济手段包括税收调节、环保费用征收、经济奖励与处罚。

（4）技术手段

NOAA 即 National Oceanic and Atmospheric Administration。（美国国家海洋和大气局）根据对北美五大湖（面积从大到小依次为苏必利尔湖，休伦湖，密歇根湖，伊利湖，安大略湖，同属美国和加拿大）的环境检测数据，制作了三款地标，其中，水温和浪高两个地标，平均每天更新 4 次。

（5）教育手段

通过各种媒介向公众传达保护环境的相关知识，从而达到提高公众环境保护意识，促进景区旅游环境质量提高的目的。

本章小结

旅游景区环境管理是景区管理的重要内容之一，要根据旅游景区环境的构成要素进行有效的管理，才能够为游客营造的旅游环境，使景区既能够可持续发展，又能实现经济利益、社会利益和环境利益的有机统一。旅游景区环境质量是旅游地环境质量的集中体现，旅游景区环境质量与旅游发展的关系表现在两个方面：一是景区环境质量支持并约束着旅游发展。旅游景区环境质量的优劣不仅制约旅游开发的过程与成果，同时还直接影响着游客旅游经历的质量。二是旅游的发展改变着景区环境质量。

重点概念

旅游景区环境　旅游景区环境管理　景区自然环境　景区人文环境　旅游景区环境质量　旅游景区环境质量评价

案例分析

玉龙雪山的马帮道

云南丽江玉龙雪山下的玉龙、玉壶两村都有通往雪山的马帮道，目前开展由村民牵马上山的生态旅游活动，每户出一匹马，轮流出工。马票根据线路不同，价格从280～380元不等，上交有关部门管理费1/3左右，其余收入除了少量管理费和村提留外，在村民家庭平均分配。由于无需购买进入主景区的门票，且马票价格和主景区索道及门票价格相当，加上骑马对部分游客的吸引力较大，目前两村游客接待生意不错，日游客平均接待量500人次左右，在旅游旺季两村还会出现马匹数量不够的情况。

马帮道是 2003 年前后劈山开路而成,没有硬化,没有铺路石。玉龙雪山经过 1986 年森林火灾以后,目前大部分山体都是低树和灌木丛,所以山风特别大,风一吹,踩踏形成的山路灰尘满天飞舞,令游客难以忍受。一旦下雨,山雨顺着路沟冲刷而下,不但泥泞难行,而且水土流失特别严重。由于马匹长年累月踩踏,加上大风和雨水的作用,在山间形成一条深约半尺的土石路沟。马帮道引发了较大的环境问题,急需改善。

思考:1. 马帮道对自然生态环境的影响主要表现在哪些方面? 如何评价其环境影响?

2. 如果要重建马帮道,结合环境因素考虑,设计中要注意哪些问题?

基本训练

一、简答

1. 旅游景区环境构成要素有哪些?
2. 旅游景区环境管理的内容包括什么?
3. 怎样正确运用旅游景区环境管理的方法手段?

二、实训

结合家乡的某个景区谈谈如何进行旅游景区环境质量的监控。

11

旅游景区安全管理

课前导读

    进入 21 世纪,随着旅游活动的升温,特别是在黄金周,旅游安全问题更加突出。旅游安全事故不仅给旅游者带来伤害、损失,而且破坏旅游景区的形象,给景区乃至旅游地造成致命的打击。如浙江"千岛湖事件"曾经严重损害了我国的旅游形象,也一度造成浙江旅游业的衰退,小浪底水库沉船事件也给河南旅游蒙上了阴影;国际上,素有"人间天堂"美誉的印度尼西亚旅游胜地巴厘岛发生了多次恐怖爆炸袭击事件,已经给整个印度尼西亚的旅游业造成了沉重的打击。因此,安全管理已成为旅游景区非常迫切的任务。

    本章从旅游景区安全范畴的界定为出发点,探讨了旅游景区安全事故的常见表现形式和预防手段,提出了旅游景区安全管理的机构设置、安全标志和事故的处理程序。

教学目标

1. 了解旅游景区安全的含义和景区安全管理的意义。
2. 了解旅游景区安全事故的常见表现形式。
3. 掌握旅游景区安全事故的处理程序。
4. 明确景区安全管理的主要内容。

11.1 旅游景区安全管理概述

    旅游景区安全管理是指根据国家旅游安全工作方针政策,为确保景区和旅游者的人身及财物安全,在企业接待服务过程中所采取的一系列制度、措施、方法等管理活动的总称。旅游景区安全范围包括:交通安全、治安安全、消防安全、食品卫生安全、建筑物安全、设施设备安全、地质安全、生物安全等。

景区安全管理对于景区的发展有着重要的意义:首先,景区安全管理有助于保护旅游者和旅游从业人员的安全,这样就能调动他们的积极性,忽视景区安全管理,一旦出现问题则补救成本大。其次,景区安全管理有助于旅游企业按照安全法定要求开展业务,能够健全各类旅游安全相关法规,促进社会稳定。最后,景区安全管理最直接的作用在于其能够减少旅游安全事故的发生,降低损失并提高旅游经济效益,是景区品牌生存和企业正常运作的根本保证之一。

11.1.1　旅游景区安全的概念和内容

11.1.1.1　旅游安全的概念和内容

旅游安全指旅游活动中各相关主体的一切安全现象的总称,包括旅游活动各环节中的安全现象,也包括旅游活动中涉及人、设备、环境等相关主体的安全现象。

旅游安全是一个复杂的问题,涉及面极广,可以从多角度来分析。从旅游业运行的环节和旅游活动特点看,旅游安全贯穿于旅游活动的“食、住、行、游、购、娱”六大环节,可相应分为饮食安全、住宿安全、交通安全、游览安全、购物安全、娱乐安全六大类;从旅游学研究对象看,旅游安全可分为旅游主体安全、旅游媒体安全和旅游客体安全。旅游主体安全即旅游者安全。旅游媒体安全表现为旅游产业安全,包括从业人员安全和产业健康持续发展安全,指影响旅游者信心、妨碍旅游业正常运转的任何不可预见的事件。其中包括对目的地形象造成不安全影响的洪水、飓风、火灾、火山爆发等事件,也包括将对目的地的旅游吸引力产生影响的国内动荡、意外事故、犯罪、疾病等事件,甚至包括诸如汇率的剧烈波动等经济因素。旅游客体安全即旅游吸引物的安全,其核心是旅游资源,涉及资源的保护、环境容量与可持续发展。

11.1.1.2　旅游景区安全的概念和内容

旅游景区安全主要是指旅游主体安全,即游客在旅游景区的整个活动中的安全问题,包括饮食安全、住宿安全、交通安全、游览安全、购物安全、娱乐安全等方面。

(1)景区饮食安全

景区饮食安全问题表现形式主要有食物中毒和水土不服造成的消化道疾病。

1)食物中毒和疾病

食物中毒是景区饮食安全中最严重的问题,其原因可分为饮食加工原料和饮料过期变质、不洁,操作环境卫生状况差,餐具消毒不彻底等多种情况,一般会造成恶性事故。

2)水土不服和营养不良引发的疲劳症

游客在旅游途中活动量较大,能量消耗也相应增加,如果游客不注意饮食卫生;或者条件所限,往往会产生将就的心理,导致消化道疾病和疲劳状态的出现。

（2）景区住宿安全

景区里的住宿场所是旅游活动中容易发生安全事故的场所，其表现有犯罪、火灾、名誉、隐私安全和心理安全等方面。景区饭店中不法分子针对游客钱、财的盗窃活动猖獗。景区饭店内部功能复杂、设施繁多，存在多种隐患。因此，火灾是威胁游客安全的一大因素。

（3）景区交通安全

旅游交通事故是旅游景区交通安全的主要表现形态，也是旅游活动中影响较大、发生频率较高的事故。其中汽车、有轨电车、索道缆车、游船等都可能发生车毁人亡的事件，即便是步行也会有游客坠落山涧的恶性事故发生。景区交通安全的发生原因主要表现在：①在面积广阔的综合性山岳型旅游区，道路崎岖陡峭，自然性危险大；②游客对旅游生活的热切期盼和旅途中长途跋涉体力消耗较大，容易发生意外；③旅游旺季往往会出现景区人满为患的现象，环境容量严重超载，造成运力相对不足的交通瓶颈问题。

（4）景区游览安全

景区游览安全主要是指游客在游览活动中面临的安全问题。游览是景区吸引游客的核心内容和精华，属于审美愉悦范畴，既是游客性质最高的时刻，是最容易发生事故的时候。景区游览安全包括犯罪、自然灾害、交通和服务设施安全、疾病、火灾和其他意外事故等。

1）景区犯罪

景区犯罪是景区最常见的安全问题，这有主客观两个方面原因。客观上景区地形相对复杂，特别是一些山岳型风景名胜区，在游客稀少的地段，极容易发生针对游客钱财的盗窃、抢劫和性侵犯等各种犯罪活动。

2）自然灾害

自然灾害威胁人的生命财产安全，其主要表现形式有气象灾害、地质灾害、火灾等。如2004年10月1日下午，海南省定安县数十名中学生集体出游途中遭遇雷暴，有3人在雷击事故中死亡，另有11人受伤。

3）设施安全

景区交通、服务设施安全问题主要表现在空中索道缆车、游艇、漂流驻法、防护栏事故等。

4）疾病

在旅游景区特殊环境和自然条件下，游客由于自身抵抗能力较弱会导致多种疾病反映，如高山缺氧反应等身体不适的状况。

5）其他意外事故

由意外因素引起的事故。如1998年4月18日，郑州铁路职工宁毅清与27名同事在黄山游览时，被1块从10多米高山崖上滚下来的2千克重的"飞来石"砸中，成为一个丧失技艺、瘫痪在床、生活完全不能自理的残疾人。

（5）景区购物安全

景区购物安全指旅游者在景区活动期间的购物活动中的安全问题，主要表现形式有欺诈、偷盗、抢劫、强迫购买等。欺诈往往表现为以次充好、冒充古董、高价宰客等，如假冒胶卷、电池,假冒纯金戒指等。盗窃指犯罪分子利用游客人生地不熟的心理,肆意偷窃,甚至明目张胆地勒索、抢劫。如 1998 年 7 月 17 日,一名女游客在南平市延平区鼓楼街买衣服,遭抢劫、殴打。

(6)景区娱乐安全

景区娱乐安全事故是指游客在景区进行娱乐时遭受火灾、斗殴、偷窃、黄赌毒和游乐设施问题等带来的伤害性事件。娱乐场所人口密度较大,火灾、打架斗殴和偷窃、敲诈等时有发生,会给游客的生命财产造成极大的损失。

11.1.2　旅游景区安全事故

11.1.2.1　旅游景区安全事故的等级

旅游安全事故分为轻微、一般、重大和特大事故 4 个等级。

(1)轻微事故

轻微事故是指一次事故造成旅游者轻伤或经济损失在 1 万元以下者。

(2)一般事故

一般事故是指一次事故造成旅游者重伤或经济损失在 1 万~10 万元以下者(含 1万)。

(3)重大事故

重大事故是指一次事故造成旅游者死亡或旅游者重伤致残,或经济损失在 10 万~100 万元以下者(含 10 万)。

(4)特大事故

特大事故是指一次事故造成多名旅游者死亡,或经济损失在 100 万元以上者(含 100万),或性质特别严重,产生重大影响者。

11.1.2.2　旅游景区安全事故的处理

(1)旅游安全报告制度

《旅游安全管理暂行办法实施细则》规定,事故发生后,现场有关人员应立即向本单位和当地旅游行政管理部门报告。同时,地方旅游行政管理部门在接到一般、重大、特大安全事故报告后,要尽快向当地人民政府报告,对重大、特大安全事故,要同时向国家旅游行政管理部门报告。在事故处理过程中也要及时报告处理进程,对事故处理后,应写出事故调查报告。例如重大旅游安全事故报告内容:①事故发生后的首次报告。事故发生时间、地点、概况、相关单位、报告人的姓名、单位、联系方式。②事故处理中的报告。事故损失、处理进展、事故原因分析、各方反应以及需请示的情况。③事故处理后的报告。事故原因、经过、处理结果、教训和有关各方的反应。

(2)旅游景区安全事故的处理程序

旅游景区安全事故的处理程序有:①景区相关工作人员应当立即上报主管部门,主管部门应当及时报告归口管理部门;②会同事故发生地的有关单位严格保护现场;③协同有关部门进行抢救、侦察；④有关单位负责人应及时赶赴现场处理；⑤对特别重大事故，应当严格按照国务院《特别重大事故调查程序暂行规定》进行处理。

（3）旅游景区安全事故处理的相关法规

国家出台的关于旅游景点景区安全管理的法规主要有：①《旅游安全管理暂行办法》（国家旅游局，1990年2月20日发布）；②《旅游安全管理暂行办法实施细则》（国家旅游局，1994年1月22日发布）；③《重大旅游安全事故报告制度试行办法》（国家旅游局，1993年4月15日发布）；④《重大旅游安全事故处理程序试行办法》（国家旅游局，1993年4月15日发布）；⑤《关于加强旅游涉外饭店安全管理，严防恶性案件发生的通知》（国家旅游局、公安部，1993年8月10日发布）；⑥《旅行社办理旅游意外保险暂行规定》（国家旅游局，1997年5月30日发布）；⑦《漂流旅游安全管理暂行办法》（国家旅游局，1998年4月7日发布）；⑧《游乐园（场）安全和服务质量》（GB/T 16767—1997）（国家技术监督局，1997年4月22日批准）。

11.2　旅游景区安全管理的现状与意义

11.2.1　我国旅游景区的安全现状

（1）安全事故发生频率较高

就目前我国旅游景区安全事故情况来看，景区旅游安全问题主要表现在四个方面，即交通安全问题、治安问题、设施问题和饮食卫生问题。旅游交通安全是景区旅游安全的重中之重，大多是由于使用非法旅游车队、旅游运输过程中车船超负荷运作、司机疲劳驾驶或者违反交通法规驾驶而发生的。旅游景点（区）、旅游服务设施中的安全隐患也是引起旅游事故发生的重要原因。食物中毒事故主要是饮食卫生引起的严重的饮食安全问题，其主要原因是由于饮食提供者提供的食品、饮品过期、变质或不洁净等原因导致的较为恶性的事故。

（2）游客安全意识和安全知识欠缺

由于我国旅游业起步晚，各项规章制度不健全，各项措施不完善，人们的安全意识薄弱，安全知识严重不足，旅游者对自身安全认知不够，同时由于旅游环境的多样性以及高风险旅游项目的增多，再加上景区管理工作的失误，导致旅游安全事故频繁发生。

11.2.2　旅游景区安全管理的意义

旅游景区安全问题已成为目前景区管理中非常突出、影响游客旅游体验质量的重要问题，也成了严重影响旅游景区效益的问题。因此，旅游景区安全管理具有重要的现实意义。

世界旅游组织预测到2020年中国将成为世界第一大国际旅游接待国和第四大国际

旅游客源国,中国政府也在世纪交替之际雄心勃勃地提出了建设世界旅游强国的目标。根据美国心理学家马斯洛的需求层次理论,安全需求是包括旅游需求在内的各种高层次需求的基础,只有满足了旅游者的安全需求,旅游者才会产生旅游需求。因此,旅游安全是旅游景区的生命线,是景区旅游活动得以正常进行的前提,是促进旅游景区健康持续发展的基础。旅游景区安全管理为旅游者的"身心愉快"提供了保障,使旅游者能真正融入景区的旅游体验中,满足了旅游者的体验需求,为景区的形象塑造和经营效益都带来积极的影响。

11.3　旅游景区安全管理

旅游景区安全管理是指为了达到安全的目的,景区经营管理者有意识、有计划地对景区旅游活动中各种安全现象进行安全教育、防范与控制活动的总称。这些活动包括对员工、游客的安全宣传与教育,包括安全管理方针、政策、法规、条例的制定与实施,包括安全防控、管理措施的制定与安全保障体系的构建与运作。

11.3.1　旅游景区安全管理的原则

(1)安全第一,预防为主

旅游景区安全管理应当贯彻"安全第一,预防为主"的方针。在旅游全过程中,无论是国家旅游行政管理部门、旅游企业和经营单位,还是旅游从业人员,都必须始终把安全工作放在头等地位。景区必须保证安全管理的资金投入,各项设备、设施符合安全管理的要求,发现事故隐患必须及时消除,不能为了赶任务、追效益而置安全于不顾。

(2)专人防控,全员参与

旅游景区安全管理工作实行在国家旅游行政管理部门统一领导下,各级旅游行政管理部门分级管理的体制。旅游景区应把安全指标作为经营管理中的一项重要内容,在景区推行岗位安全责任制,设置专门的机构,配备专门的人员进行安全的防控和事故发生后的处理工作。每个员工都要牢固树立安全意识,严格执行岗位安全责任制,增强自我保护意识,任何时候都不能违章作业,对危及安全的违章指挥应当拒绝执行。

11.3.2　旅游景区安全管理措施

11.3.2.1　旅游景区安全管理机构的设置

为了保证旅游景区能够安全平稳地运行,设立科学、合理、高效的景区安全管理机构是组织保证,意义重大。

在宏观环境上,根据国家有关政策和法规,除旅游局外,旅游业正常运作上有其他主管机构。例如,旅游景区的主管有旅游局、建设部门、林业部门、环保部门、消防部门等。

这些部门形成了旅游景区安全管理的机构群体,从专业化角度能比较有效地抑制安全问题的发生。但由于主管机构多而分散,往往容易造成旅游景区安全管理"三不管"地带,导致旅游景区安全管理的低效。

在旅游景区内部,景区应设立并完善高效的安全管理机构,明确各岗位的安全职责。景区安全管理的主要机构有安全意识教育机构、技能培训机构、操作规程制定和监督机构、快速营救机构、医疗救护机构等。其主要工作内容包括以下几个方面。

第一,建立完善的安全工作制度,并经常开展安全培训和安全教育活动。全体员工应熟悉工作区环境情况,具备基本的抢险救生知识和技能。

第二,定期组织安全检查,发现安全隐患立即整改。对暂时不能解决的,应采取有效措施,确保不发生安全事故。

第三,建立紧急救援机制,设有突发事件处理预案。在问题发生时有负责人及时处理。有关人员业务熟练,与有关方面联系畅通。应急处理能力强,事故处理及时、妥当,安全事故档案记录准确、齐全。

第四,消防、防盗、救护等设备齐全、完好、有效。交通、机电、游览、娱乐等设备完好,运行正常,无安全隐患。

第五,各游乐场所、公共区域均应设置安全通道,确保畅通无阻。狭窄、危险地段应设保护围栏和警示标志,特殊地段应有专人看守。各水上游乐项目均应设立监视台,有专人值勤,并配备足够的救生员。大面积景区要为游客设置避风、避雨的安全场所或采取其他必要保护措施。

第六,购置、安装、使用、管理游艺机、游乐设施和水上游乐设施等,要按国家有关部门制定的相关规定执行。使用这些设施、设备,应取得技术检验部门验收合格证书。游乐活动开始前,应对游客进行安全知识讲解和安全事项说明,具体指导游客正确使用游乐设施。

第七,游览旺季和游人拥挤时有专人负责疏导,必要时限制游客流量,防止发生游人伤害事故。规模较大或离医院较远的景区应设置为游客服务的医务室,为游客进行一般性突发疾病的诊治和救护。

11.3.2.2　旅游景区员工安全意识管理

旅游景区产品是景区从业人员借助特定的设施、设备为游客提供服务活动,即景区是通过从业人员和游客发生联系的。因此,景区员工的安全意识水平是直接决定旅游景区安全状况的重要因素。

(1)景区员工安全意识管理的意义和作用

1)能有效预防旅游安全事故

引发旅游安全事故的因素主要包括旅游者行为失当、服务人员的操作不规范、设施故障和自然灾害等因素,这些因素一般和景区员工的服务行为有千丝万缕的联系。此外,还有许多安全事故本身就是由于景区员工安全意识薄弱、服务操作不当而造成的,如门卫未认真审查出入证件而放陌生人进入宾馆,导致客房被盗事件。

在管理学上,事先控制是最有效的一种管理手段,它可以做到防患未然,把隐患消灭在萌芽状态,避免安全事故的发生。景区服务是员工和游客面对面的服务,提高旅游从业人员安全意识,加强对员工安全意识培养,不仅有助于员工在对客人服务过程中更好地预防、发现和消除安全隐患,而且有利于旅游安全管理制度的贯彻执行。

2)能有效降低企业经营成本

企业之间的竞争是通过产品竞实现的,控制经营成本是提高企业竞争力的主要手段之一。培养员工安全意识,加强安全管理是降低企业经营管理成本的有效手段,其理由如下:①减少旅游安全事故可以有效降低企业经济损失。旅游安全事故能造成极大损失,包括有形的生命、财产和无形的企业品牌形象,减少灾害发生的几率不仅可以为企业避免因灾害引起的赔偿,降低企业经济损失,而且能为企业树立良好的社会形象,通过降低成本来提高企业竞争能力。②能有效降低安全事故造成的损失。旅游安全事故造成的损失大小多与处理事故时所采取的方法措施有关,及时有效的处理需要有良好安全意识的人。旅游从业人员往往是安全事故的当事人,或者是发生事故后最先赶到现场的人,如果他们具有安全意识和事故处理能力,往往可以把事故造成的损失降到最低限度。③能降低企业购置并维修、保养安全设施的费用。安全设施的维修保养费用和员工的保养使用水平密切相关,员工的安全意识和安全设施使用水平直接决定了安全设施的使用寿命,延长安全设施的使用寿命就是节约设备购置费用,就能降低经营成本。

3)能提高企业服务质量,扩大市场份额

游客到一个新的旅游地之后,面对陌生的环境会产生一种忧虑、烦躁、紧张不安的感觉,旅游安全需要通过旅游心理安全表现。旅游心理安全是否得到满足直接影响游客对企业产品的满意度。相对抽象的旅游安全制度体系和机械的安全设施,景区从业人员和游客面对面的服务接触则更具人性化,即员工通过服务中展示出来的高超技术,高度的安全防范意识,严谨、高效的工作作风和人情,周到的服务态度来缓解游客紧张心理。消除了游客的紧张心理必然会增加游客满意度,这无疑是扩大企业旅游市场份额的良药。

(2)景区员工安全意识培训的方法

1)课堂讲授法

课堂讲授法是指在一定时间内把相关员工集中起来,进行岗前培训和在岗短期强化的一种方法。这种方法具有费用低、操作方便、适用范围广等优点。但课堂讲授一般属于信息的单项传播,接受培训的员工参与程度低、印象不深。

2)安全技能模拟训练法

有针对性地对从业人员实行模拟安全事故现场训练,可以克服课堂讲授枯燥、呆板的缺陷,实现迅速提高员工实际方法意识和能力的目标。这种方法对具体操作性内容非常合适,如防火、灭火技能演练,而对安全预防等安全基本知识的普及效果不太好。

3)板报、专栏和内部刊物宣传法

通过板报、专栏和内部刊物进行旅游安全事故通报,可以由景区相关部门发布国内外旅游安全事故信息,景区安全管理部门以这些信息为基础,展开讨论。

4)考核比赛法

考核比赛既是了解员工安全知识水平的常用方法,也是保证培训效果、促进员工掌握安全知识技能、提高安全意识、遵守安全规章的有效措施。一般地,发生安全事故是偶然的,从业者容易忽视安全操作规章,犯麻痹大意的毛病。因此,考核工作要配合培训定期进行。

(3)景区员工安全意识培训的内容

1)树立旅游安全至上的意识

旅游安全重于泰山,旅游景区工作人员必须从内心认识到旅游安全的重要性,才能在日常工作中时刻注意旅游安全问题,有针对性地提高发现和处理安全隐患的能力,把旅游安全威胁降到最低,做到防患未然,把安全隐患消灭在萌芽状态。

2)建立严格遵守安全操作规章制度的意识

现代化企业的高效管理需借助规章制度来实现,规范旅游安全服务操作是预防和及时控制景区安全隐患的基础,让员工从内心深处认可旅游服务安全操作程序与安全的关系,认可规章制度的权威性,从而自觉地遵守它。

3)掌握使用和维护各种安全设施、设备的实用技能

防患未然是杜绝安全事故的重要措施。景区安全管理部门应要求员工在平时必须坚持爱护和及时定期维护各种安全设施,实行计划维修检查、坚持每天保养、坚持安全设备专项专用,保持设备处于最佳状态。

4)增强事故应急处理意识

安全事故往往具有意外性、偶然性和突发性等特征,并非所有的从业人员都有远见卓识,也并非所有的危险都能在发生之前就有准确地预见。因此,当险情发生之后,景区工作人员如何沉着应对就显得尤为关键。这就要求员工有敏锐的判断力、快速的反应能力和灵活的控制手段,特别是要有紧急事故处理意识。

补充阅读材料

马岭河峡谷缆车坠落事件

1999年10月3日上午10时20分左右,广西3家旅行社组织的游客聚集在马岭河峡谷谷底唯一的缆车乘坐点,等待乘坐缆车去山顶吃午饭,然后去"西南第一漂"——马岭河漂流。11时10分,一阵难以想象的拥挤后,面积仅有五六平方米的缆车厢满载了35名乘客,开始又一次缓慢上升,10多分钟后到山顶平台停了下来。景区一名工作人员走过来打开了缆车的小门,准备让车厢里的人走出来。就在这一瞬间,缆车不可思议地慢慢往下滑去。有人惊叫起来:"缆车失控了!"景区另一名工作人员正在平台旁吃午饭,见此情形大吃一惊,立即跑进操纵室猛按上行键,但已失灵。他又想用紧急制动,仍然无效。不得已拉下电开关,以为可以让缆车停下来,但缆车还是向下滑。缆车缓慢滑行了30米后,便箭一般向山下坠去,一声巨响后重重地撞在水泥地面上。事故造成14人死亡,死者年龄最大的40岁,最小的为7岁,也使风景区一名工作人员意外受伤。

11.3.3　旅游景区安全标志设置

安全标志是由安全色、几何图形或文字、图形符号构成的,用以表达特定安全信息的标志,其作用是引起人们对不安全因素的注意,预防安全事故的发生。

景区安全标志是保证景区安全的保障手段之一,按照要求,景区安全标志必须做到:在与安全有关的场所和位置,应按 GB 2894 设置安全标志;安全标志应在醒目的位置设立,清晰易辨,不应设在可移动物体上,以免在这些物体位置移动后,看不见安全标志;各种安全标志应按时检查,发现有变形、破损或变色的,应及时整修或更换;室内项目要有醒目的人、出口标志。

景区旅游安全可以概括为犯罪、疾病、交通事故、自然灾害和其他意外事故。与之相对应,景区安全标志设施可分为以下几种类型。

(1)预防旅游犯罪有关的标志设施

旅游活动中存在的犯罪现象依照发生率排位,前三位的分别是盗窃、欺诈、暴力侵犯。因此,针对犯罪的心理对游客进行犯罪预防教育就非常必要。如用宣传广告栏等设施来揭示犯罪分子惯用的盗窃、欺诈手段以及预防方法;在游客稀少且暴力事件易发地段和餐饮、住宿等游客集中场所设立法律警示标语和报警电话,从心理上威慑犯罪分子,客观上也给游客提供救援帮助。

(2)预防疾病有关的设施

旅游活动对游客的体力和精神都是一个考验,旅途劳累极易诱发疾病,旅游的异地性也可能导致游客"水土不服"现象的发生。因此,景区除了做好餐饮和住宿安全管理之外,还要建立完善的标示设施向游客介绍合理餐饮和住宿常识,特别是疾病预防知识。

(3)预防交通事故标识

在旅游业运行的各环节中,交通安全是最重要的一环,每年都有恶性旅游交通事故的发生,所以,防患于未然最重要的手段就是标示牌的布置。如在道路急转弯和陡坡路段设立相应提示标志,在缆车索道、游船等高风险交通设施售票处设立游客注意事项和工作人员的操作规范等,是保障旅游交通安全的重要措施。

(4)预防火灾等自然和人为灾害的标识

消防安全标识中,消防常识宣传,灭火器等消防设备的安放地点和使用方法的要设在显眼的地方,紧急疏散通道的标示也要显眼、规范。飓风、台风、洪水、地震、火山、泥石流、雪崩以及接触野生动植物等自然灾害的预防也需要明确的标示牌给予警示。

(5)预防其他意外事故的标识设施

在旅游景区进行的多种活动项目中,娱乐项目存在一定的安全隐患。据统计,过山车等高刺激性项目正在成为游乐园中的头号杀手。所以,除了建立健全各项安全管理制度、安全操作规程外,各种安全标志也要齐全,在与安全有关的场所和位置,严格按照 GB 2894 设置安全标志。如,要在显眼位置设立紧急疏散出口通道标志,游乐项目对游客身体状况的要求、注意事项。常见安全标志见图 11-1。

当心落水　　　当心坑洞　　　当心腐蚀　　　当心烫伤

当心中毒　　　当心火车　　　当心弧光　　　当心滑跌

当心塌方　　　当心触电　　　注意安全　　　当心伤手

禁止吸烟　　　禁止带火种　　　禁止靠近

图 11-1　常见安全标志

补充阅读材料

旅游景区质量等级的划分与评定中对旅游安全的要求

(1)5A 级景区

a) 认真执行公安、交通、劳动、质量监督、旅游等有关部门制定和颁布的安全法规。建立完善的安全保卫制度,工作全面落实。

b)消防、防盗、救护等设备齐全、完好、有效。交通、机电、游览、娱乐等设备完好,运行正常,无安全隐患。游乐园达到 GB/T 16767—1997 规定的安全和服务标准。危险地段标志明显,防护设施齐备、有效,特殊地段有专人看守。

c)建立紧急救援机制,设立医务室,并配备专职医务人员。设有突发事件处理预案,应急处理能力强,事故处理及时、妥当,档案记录准确、齐全。

(2)4A 级景区

a)认真执行公安、交通、劳动、质量监督、旅游等有关部门安全法规。建立完善的安全保卫制度,工作全面落实。

b)消防、防盗、救护等设备齐全、完好、有效。交通、机电、游览、娱乐等设备完好,运行正常,无安全隐患。游乐园达到 GB/T 16767—1997 规定的安全和服务标准。危险地段标志明显,防护设施齐备、有效,高峰期有专人看守。

c)建立紧急救援机制,设立医务室,并配备医务人员。设有突发事件处理预案,应急处理能力强,事故处理及时、妥当,档案记录准确、齐全。

(3)3A 级景区

a)认真执行公安、交通、劳动、质量监督、旅游等有关部门安全法规。建立完善的安全保卫制度,工作全面落实。

b)消防、防盗、救护等设备齐全、完好、有效。交通、机电、游览、娱乐等设备完好,运行正常,无安全隐患。游乐园达到 GB/T 16767 规定的安全和服务标准。危险地段标志明显,防护设施齐备、有效,高峰期有专人看守。

c)建立紧急救援机制,设立医务室,至少配备兼职医务人员。设有突发事件处理预案,应急处理能力强,事故处理及时、妥当,档案记录准确、齐全。生符合国家规定,餐饮服务配备消毒设施,不使用对环境造成污染的一次性餐具。

(4)2A 级景区

a)认真执行公安、交通、劳动、质量监督、旅游等有关部门安全法规。建立完善的安全保卫制度,工作全面落实。

b)消防、防盗、救护等设备齐全、完好、有效。交通、机电、游览、娱乐等设备完好,运行正常,无安全隐患。游乐园达到 GB/T 16767 规定的安全和服务标准。危险地段标志明显,防护设施齐备、有效。

c)建立紧急救援机制。配备游客常用药品。事故处理及时、妥当,档案记录完整。

(5)A 级景区

a)认真执行公安、交通、劳动、质量监督、旅游等有关部门安全法规。安全保卫制度健全,工作落实。

b)消防、防盗、救护等设备齐全、完好、有效。交通、机电、游览、娱乐等设备完好,运行正常,无安全隐患。游乐园达到 GB/T 16767 规定的安全和服务标准。危险地段标志明显,防护设施齐备、有效。

c)事故处理及时、妥当,档案记录完整。配备游客常用药品。

本章小结

旅游景区安全管理是为了实现景区长期稳定、协调发展的目标,景区经营管理者有意识、有计划地对员工进行安全教育,并对景区旅游活动中各种安全现象进行防范与控制。景区安全管理机构的设置,员工安全意识的培训和景区安全标志设置,做好景区日常治安管理工作是保证景区安全保障的重要手段。

重点概念

旅游景区安全事故　旅游景区安全　旅游景区安全管理　景区安全标志

案例分析

"人间天堂"的地狱噩梦

印度尼西亚旅游胜地巴厘岛 2005 年 10 月 1 日几乎同时发生三起爆炸,造成 26 人死亡、100 多人受伤。这是继 2002 年恐怖爆炸袭击事件以来,巴厘岛第二次遭遇重大袭击,噩梦在这块被称为"人间天堂"的土地上重演。

爆炸发生后,在位于库塔海滨的爆炸事发地"拉贾"酒吧附近,警察已经用黄线把餐馆围了起来。从 10 米开外望去,看到餐馆的三层小楼轮廓还在,但三楼的门窗已被炸飞,楼体被熏黑,只有白底红字的方形招牌还算完好,它的完好和漆黑的楼体形成了鲜明对比。

金巴兰发生的爆炸威力更大一些。在金巴兰区的一家医院里,一名 33 岁的受伤者说,当时他正在金巴兰吃饭,突然就发生爆炸了。"我当时试图逃跑,但我摔倒了,然后突然响起了第二声爆炸,人人都惊恐万状。"

曾亲历过 2002 年巴厘夜总会爆炸的澳大利亚人拉里·金一家这次又经历了一次爆炸。拉里的夫人休说,他们是两周前回到巴厘岛度假的,当他们正在饭店游泳池边坐着时,听到了爆炸声。她说,她当时就意识到是怎么回事了,因为他们在两年前经历过一次。本来这次度假一家人都很开心,但转瞬间一切全变了。

爆炸给慕名前来"人间天堂"巴厘岛旅游的游客制造了一个惨痛的噩梦,很多游客至今回忆起来都还心有余悸,一些游客甚至表示这辈子再也不愿到这个制造噩梦的地方。

思考: 巴厘岛的爆炸事件告诉我们景区安全事故会给景区造成什么影响?

基本训练

一、简答

1. 简述景区安全管理的原则。

2. 景区常见的安全事故有哪些? 应该如何处理?

3. 景区治安管理的措施有哪些?

二、实训

对我国目前旅游景区安全事故发生的原因进行调查,提出安全管理的建议。

12

旅游景区信息系统管理

课前导读

　　信息技术的飞速发展给传统的景区管理带来了极大冲击。随着人们出游方式的改变,自助游与自驾游游客的增多,旅游信息已经越来越滞后与缺乏,不能满足旅游消费者日益强烈的对舒适、自主、自由等方面的要求,旅游业信息化的呼声越来越高。本章从信息化与信息技术的理论研究入手,对景区对外的市场动态信息系统、游客接待信息系统、门禁票务系统和景区对内的财务会计信息系统、物流资源信息系统、人力资源信息系统、总经理信息系统的信息化管理进行详细阐述,从而推动景区的信息化经营与管理,满足现代旅游对景区信息化管理的需求。

> **教学目标**
> 1. 了解信息技术的特点和作用。
> 2. 熟悉我国旅游景区信息化管理的现状及发展趋势。
> 3. 了解旅游景区信息管理系统。

12.1　信息化与旅游景区信息化管理

　　信息化是当今世界经济和社会发展的大趋势,也是我国产业优化升级和实现工业化、现代化的关键环节。

12.1.1　信息化管理

12.1.1.1　信息与信息化

（1）信息的概念

信息就是反映客观事物运动变化的、能够被人们所接收和理解的、对人类的行为决策有用的各种消息、情报、数据、指令、图像、信号等资料的总称。

信息既是人们管理的对象，又是各项管理活动的基础。信息管理就是讨论人们如何从事信息的收集、加工、整理、传输等活动。这些管理活动的结果又表现为大量的信息资料，这些信息资料又是人们从事各项决策和管理活动的依据和基础。

（2）信息化的内涵

信息化是指在经济和社会活动中，通过普遍采用信息技术和电子信息装备，建设先进的信息基础设施，大力发展信息技术，更有效地开发和利用信息资源，使信息产品和服务在社会经济中的地位逐步提高到占主导地位，从而加快和促进经济发展和社会进步。

信息化是 21 世纪世界经济和社会发展的大趋势，是实现管理现代化和国际化的必经之路。信息化是将信息的地位提升到较高层面的产物，是经济水平和技术手段不断发展的结果。

（3）信息化与数字化

随着现代数据处理技术和计算机多媒体技术的飞速发展，计算机已经成为人们日常工作和生活中重要的工具之一。于是很多人简单地将信息化等同于数字化，认为只要是利用计算机进行操作和管理就是实现了信息化，就进入了信息化的管理阶段。

所谓数字化是指将各种信息通过计算机的加工以便于计算机识别的"0"、"1"的编码技术进行存储的过程。如在向旅游者展示景区景观效果时，传统的方法是利用景区内景观的纸质图片集，而如今更多的是向旅游者展示数码影音以及三维虚拟现实效果。再如，传统的文件保存形式是利用笔墨和纸等材料，而当今越来越多的文件采用了电子文档的形式进行传递和保存。上述展示形式、存储方式和传递方式的产生都源于数字化技术的发展。

从信息化的概念来看，数字化只是获取信息以及对信息进行初步加工的一种手段，并非将信息作为管理决策的依据，数字化并不等同于信息化。

12.1.1.2　信息化管理与信息技术

（1）信息化管理与信息管理

信息化管理是以信息技术为基础，通过对组织所需信息进行收集、整理、分析等过程来为组织的管理者提供决策依据的系统化管理模式。

信息管理以实现组织目标，满足组织需求，解决组织的环境问题而对信息资源进行开发、规划、控制、集成、利用的一种战略管理，其管理的对象是各种信息的组织和利用。信息管理属于信息化管理的重要内容之一。

（2）信息技术及其构成

信息技术是保证信息化管理实践的技术产品与方法，按照信息化管理系统的构成来划分，可以将其中的信息技术分为：计算机系统、软件系统以及管理网络等三部分。

计算机系统对于大多数人来说比较熟悉，主要由中央处理器（CPU）、主存储器、辅助存储器、输入输出设备以及通信设备组成，这些设备是进行信息化管理的硬件基础，是必备条件之一。

计算机软件又可以进一步分为系统软件和应用软件。系统软件用于协调计算机系统的不同部分，如目前常用的操作系统 Windows。而应用软件则是为完成最终用户的工作而设计的软件，如常见的数据统计分析软件、空间分析软件、图形处理软件和平面设计软件等。

信息化管理作为一种系统化的管理模式，需要有多个计算机系统的终端共同构建一个管理信息网络，只有形成网络才能共同分享信息和资源，为管理决策提供必要的信息支撑。因此，管理网络成为信息化管理的另一个技术要素。所谓网络是将计算机系统的终端通过信息通路联系起来形成的网状结构系统。目前，网络在组织管理中应用范围逐渐增多，按照网络覆盖的范围可以将网络分为局域网、城域网、广域网以及互联网等四类。在信息化管理中，管理信息就是依靠这些不同层次的网络实现共享和传递。因此，管理信息化并非添置几台电脑、买几套软件那么简单，信息化管理的最终实现需要景区付出一定的人力、物力，构建一套完整的现代化管理信息系统。

另外，信息技术按照流程还可以分为信息收集技术、信息处理技术、信息分析技术等。

（3）信息技术的特点

与其他技术相比，信息技术具有以下特点。

1）显著的知识密集性

如果说其他技术是人的体力延伸，那么信息技术则是人的智力的增强。信息技术的研究开发需要更高水平的专业技术人员来进行，更需要专业技术人员的联合和协作。

2）极高的创新性

目前，世界信息技术已经进入一个加速发展的新时期，它的更新速度是每 3 年增加 1 倍，信息技术专利每年超过 30 万件，科研资料的有效寿命平均只有 5 年。20 世纪以来，信息技术领域的几项重大突破——半导体、计算机、卫星通信、光导纤维等都体现了信息技术的高度创新性。可见，信息技术的创新速度是其他技术所不能比拟的。当代经济的增长和技术创新的联系越来越紧密，发达国家 40%～90% 的经济增长主要归功于技术的创新。

3）极强的渗透性

由于信息是一切生产活动、经济活动与社会生活都离不开的要素，并且随着时间的推移越来越显露其锋芒，因而，现代信息技术具有更为广泛的用武之地。目前，信息技术的渗透性主要表现为两个方面：一是信息产业内部有关产业部门的相互渗透；二是信息产业对其他产业的渗透。

4）强大的带动性

信息技术对信息产业及其他产业都有很强的带动性，在信息产业内部，带动微电子、半导体、激光、超导等产业的发展；在信息产业外部，带动一批如新材料、新能源、机器制造、仪器仪表、海洋、航空航天等产业的发展。利用信息技术对传统产业进行改造，可使之重现辉煌。美国经济在世界经济中的份额自20世纪50年代以来，一直呈下降趋势，但从1991年3月以后开始逐年回升，正是依靠了以信息技术为基础的高科技产业的迅速发展及利用其对传统产业的改造，美国经济获得了蓬勃发展。

5）高度的增殖性

信息技术的高增值性主要取决于信息产品生产中的低消耗与高产出、高附加值。一方面，在信息产品的生产、流通及提供利用的过程中，在信息产品生产和服务中虽然增加了信息资源的投入，但由于信息资源是一种非消耗性的资源，可多次反复使用，因而其成本比较低廉；另一方面，信息劳动是智力劳动，而智力劳动是一种高效率、高效益的劳动；有些信息劳动能在短时期内创造出超出其本身价值多倍的价值。

6）高额的投入性

信息技术的R&D需要大量的资金投入。以美国为例，为了开发360系列计算机，总投资达50亿美元。目前，一个景区的力量难以负担庞大的信息技术R&D的资金投入，许多景区往往采取结盟、合资、兼并的办法联合起来，实施某一计划。

7）极强的时效性

我们知道，国际上集成电路的开发生产遵循着"摩尔定律"：计算机的发明虽不到50年，但现今第六代产品的研制已形成热点，微机出现才20多年时间，不仅设计工艺几经革命，而且新机种纷纷问世；特别是当前的数字技术革命正促进电脑、电信、电视等方面的技术走向大规模融合，使信息产业的方方面面呈现出日新月异的景象。

8）巨大的风险性

现代信息技术的发展、更新和普及应用都需要高额投资。但考虑到信息技术极强的时效性，所以绝投资同时又意味着巨大的风险。一旦决策失误，不仅会招致惨重的损失，而且会贻误发展时机。

12.1.1.3 信息技术对旅游景区的影响

"信息是旅游业的生命线"，旅游业适合应用信息技术。信息技术对景区的影响，在运作层面上表现为景区采用基于信息技术的新生产运作方式、新管理工具和新营销工具，在管理层面上表现为组织结构的变化、管理过程的变化和经营理念的变化，在战略层面上表现为采用基于信息技术的新手段获得竞争优势。一般来看，最先引进信息技术的是操作层面，操作层面的技术升级产生了新的管理问题，要求管理层面作出相应的调整，当管理层面的调整适合新技术的应用时，景区具备了制定新战略的基础。反过来，在信息技术飞速发展的今天，景区在制订战略的过程中不可能忽略掉对信息技术的应用，为了保证技术的应用顺利实现，要相应地对组织结构等管理层面的问题进行调整。另外，信息技术对景区的影响还表现为景区之间网络化关系的加强，并有可能形成"竞争合作"关系。

12.1.2 旅游景区的信息化管理

12.1.2.1 旅游景区信息化管理的意义

（1）顺应信息时代发展的要求

以因特网和多媒体技术为代表的信息化浪潮正席卷全球，人类的生活和工作方式都因为这场信息化产业革命而彻底改变。面对海量的知识和信息，人们只有学会识别并利用他们才能在社会中生存。对于景区而言，由于其管理的对象较多，涉及面十分广泛。因此，景区在经营管理过程中面对的信息量十分惊人，与此同时，景区作为旅游产业中的有机组成部分，又必须随时与其他产业部门进行联系，实现信息的沟通。

另外，在信息时代中，景区通过掌握信息和利用信息来有效配置景区资源，合理安排景区生产力，景区必须按照信息化管理的要求，建立起完善的管理信息系统。

（2）优化管理效率，提升竞争力

信息化管理可以提升景区管理效率，极大地提升景区的市场竞争力。

首先，从旅游者的行为方式来看，随着自助游、自驾游等新的出游方式的兴起，较为流行的信息获取渠道就是互联网络。传统的景区制作的宣传性网站已经不再成为旅游者关注的焦点，现在的旅游者更倾向于在旅游门户网站以及旅游者论坛上互相交流旅游心得，获得更加真实、有效、具体的关于景区的信息。

其次，在现代市场营销观念的指导下，景区经营管理者开发旅游产品时应以旅游者的需求为依据，而确认旅游者的需求则需要构建旅游者与旅游景区之间畅通的信息渠道。

最后，从景区内部经营管理和外部合作的角度来看，信息化管理同样能够有效提升效率。景区内部管理涉及的部门较多，尤其是大型景区部门分布较为分散，如果没有建立完善的信息网络，部门之间信息的交流和传递成本将会较高。与此同时，景区还要与外界的企业和组织建立合作关系，通过互惠互利实现共同发展。因此，景区与其他企业和组织间的信息流通同样十分重要。

（3）增强应变能力，保障持续发展

景区有一定的脆弱性，极易受到各种自然因素、政治因素和经济因素的影响而发生波动，有效地获取信息以辅助科学决策就显得特别重要。如通过建立景区内的资源管理信息系统可以帮助景区管理者有效监控景区内资源的状态，又如景区安全管理信息系统可以帮助景区管理者预测未来气候变化以及会对景区内旅游者的安全带来的影响，以便管理者制订针对性的措施。

12.1.2.2 我国旅游景区信息化管理现状

伴随着旅游业日益发展和日趋成熟，旅游信息化管理显得越来越重要。近年来，我国虽然不断加速旅游业和信息技术的集成，但与国际先进水平相比，与企业面临的国际化、市场化、信息化环境要求相比，仍存在着很大的差距。

第一,对旅游资源的重要性和战略地位认识不足。大部分景区尤其是中小型景区只追求短期经济效益,而忽视了长期战略决策中信息资源在景区发展中的巨大作用。

第二,信息化建设实施策略不当,尚需进一步研究符合中国景区实际情况的技术。目前我国景区信息化还没有走出技术驱动、信息技术厂商推动以及从技术和系统中寻找应用的格局。

第三,信息化建设的投入不足,成本代价高,装备能力弱。我国国内众多景区尤其是中小景区连最基本的计算机硬件设施都严重不足,更不用说处理信息的高级软件和专门的人才。

第四,信息资源开发利用的基础工作大大滞后。景区对所获得的信息往往只停留在表面上,缺乏对旅游信息资源有效的、深层次的加工利用,难以更高效地把信息资源转化为收入和财富,这在一定程度上制约了旅游业的发展。

第五,旅游信息管理水平低,绝大部分景区的信息化建设管理还处于分散、低层次、缺乏远见的初级阶段,无法与战略规划紧密结合。同时,旅游信息管理的高层次人才也存在很大的缺口。

第六,旅游信息化建设与景区的业务脱节,应用程度很低,大部分景区只是把景区信息化看成信息技术和产品的展示场,忽略了在景区战略发展中的巨大作用,从而造成旅游信息资源和设施的极大浪费和贬值。

从建设旅游信息系统的角度看,传统的旅游信息系统(TIS)是在数据库系统的基础上发展起来的,其内容涵盖了旅游业的食、住、行、游、购、娱,包括许多子系统。目前,传统的 TIS 越来越清晰地暴露出不足之处,主要表现在:①只重视对景区的介绍和对旅游产品的宣传与促销,而在当今旅游市场中,散客市场占据的份额越来越大,游客的自主性不断提高,因此提供便捷的旅游服务系统已是大势所趋。②没有一个系统采用了图形系统、超媒体系统或其他多重媒体系统。对游客来说,直观的、动态的画面更具有吸引力,更能激发旅游者的购买欲望和消费理念。③地区性和国家性的 TIS 都具有其区域的局限性,旅游业作为信息时代的高成长性行业,要求它跨越地域的局限,与国际互联网相融。④TIS 的用户不仅包括游客,还包括旅游规划与管理人员。因此,旅游数据的统计分析,景区环境的动态监测,都应当成为 TIS 功能的一部分。

12.1.2.3 旅游景区信息化管理发展趋势

(1)基于 Geomatics 旅游信息管理系统的萌芽和发展

Geomatics 是国外学者对"3S"集成技术的统称。"3S"技术即指遥感技术(RS)、地理信息系统(GIS)和全球定位系统(TIS)。借助 GIS 强大的地学分析与空间数据管理功能为旅游规划、管理和决策提供高科技的技术支撑已是发展的必然趋势。具体可以达到以下目标。

第一,为 TIS 提供电子地图的技术支持,同时提供游客所需的空间及属性信息,通过数据的输入、编辑、建库,对空间数据进行查询、漫游、管理和分析(如最佳路径分析、选址分析、缓冲区分析等。)

第二,对旅游数据(客源、客流、游客需求)进行分析,为管理者提供决策依据。

第三,对于一些大面积的自然景观旅游区(如国家森林公园、原始森林),将 GIS 和 RS 技术相结合,实时更新景区的遥感数据进行 GIS 分析,可以有效保护景区的环境质量。

(2)景区信息管理系统与 Internet 的高度融合

对旅游业而言,可利用 Internet 提供的网上调查服务在网上进行形式多样的调查活动,并以各种方式鼓励网络用户参加;可利用网上服务器自动记录用户访问站点的次数,了解网上广告的效果;可利用 Internet 和日益完善的转账支付方式进行旅游产品的网上交易;可利用 Internet 的远距离数据检索功能,进入各种商业性或专业性数据库,检索各种数据和信息,为旅游经营者决策提供数据。

(3)多种功能、多种表现形式的开发

针对旅游需求多样化趋势,各个景区根据自己的特点和地方优势,在旅游信息管理系统的开发中做出一些有益的探索和尝试。例如,针对旅游者开发的游客信息管理系统、城市旅游信息管理系统等。特别是旅游信息管理系统与多媒体相结合,使旅游信息以声音、图像、动画等不同的形式表现出来,激发旅游者和潜在旅游者的兴趣,从而促进消费,加快旅游业的前进步伐。

12.2　旅游景区信息系统构成

景区信息系统是为适应景区管理需要,针对业务流程与信息需求特点而专门建立的信息处理系统。景区信息系统是一个人机系统,能针对景区信息进行收集、传递、储存、加工、维护和使用等数据处理,能实测景区的各种运行情况,能利用过去的数据预测未来,能从景区全局出发辅助景区进行决策,能控制景区行为以实现其规划目标。

12.2.1　市场动态信息系统

市场动态信息系统是景区收集、处理并利用相关环境数据的工具。此系统是负责以各种方式从景区内部和外部收集与市场活动有关的数据资料系统,产生各种产品、价格、广告与人员推销、分销渠道与实体分配等市场信息,为管理者提供决策支持。其基本任务是及时地、不断地收集、分类、分析、评价和提供准确的信息。对景区而言,建立一个有效的市场动态信息系统是相当重要的。图 12-1 描述了市场动态信息系统的信息运行过程。

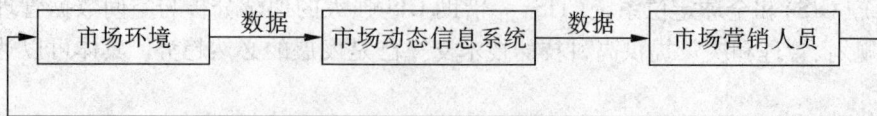

图 12-1　信息运行流程

从图 12-1 可见,景区的市场动态信息系统是一个完整的有关信息、数据的传递与反馈的全过程。首先,对环境(包括宏观环境和微观环境)进行研究、分析,从而得出各种相关信息;其次,从这些相关信息中提取出精华,对之进行收集、处理与加工;再次,由市场营销管理人员对这些收集加工整理后的信息进行分析与归类,并据此来制订合理的计划,从而进行控制执行;最后,可再一次将执行的结果反馈到环境信息上,使得景区的运营形成一个完整的有机体。

12.2.1.1 收集处理子系统

市场动态信息系统是以景区对市场各组合要素的分析为基础而建立的研究方法,是围绕将旅游产品从经营者销售至游客的整个过程所开展的各项活动。因而,收集处理子系统是整个将大量相关的信息从系统外采集到营销信息系统,以进一步加工处理,包括内部报告子系统、市场情报子系统、市场调查子系统和市场分析子系统。

(1)内部报告子系统

该子系统主要是收集来自景区内部各项活动的数据及外部环境的数据,建立各种相应的数据库,它在市场动态信息系统的构建中,主要作用是对信息进行储存,便于管理人员在适当的时候进行信息检索。其信息来源可从经营管理模块数据库系统中提取,并根据这些信息对经营情况进行评价,再依据评价结果修改文件中的级别。此外,还可从经营管理模块中读取发票文件,从而作出各种经营统计报告。

(2)市场情报子系统

该子系统可用于向管理人员提供外部环境的变化资料,以提醒管理者注意市场发展的新趋势,促使他们了解新技术及竞争者的动态。

(3)市场调查子系统

市场调查主要是针对游客有计划进行的情报活动,它是景区针对营销活动中反应的问题,自觉地、有计划地和集中地收集有关资料,取得数据,其目的在于了解游客特别是潜在游客某些方面的需求,从而寻求、发现新的市场营销组合。同时,通过对资料、数据进行营销分析,找出问题的原因,指导景区改进经营管理策略(见图12-2)。因此,市场调查子系统的主要任务是收集、评估、传递管理人员在制定决策时所必需的各种信息,其主要功能是对各种资料、信息进行评定和审核。由于此子系统的信息获取必须通过各种调查方法获取,因此要精心设计调查表,力图使调查结果具有可使用性,数据具有可靠性,调查资料具有可分析性。景区的管理人员在此子系统中必须请求市场研究部门从事市场调查、游客偏好测验、营销研究广告评估等工作,然后针对某一特定问题加以分析研究,并撰写调查报告供最高管理层参考。

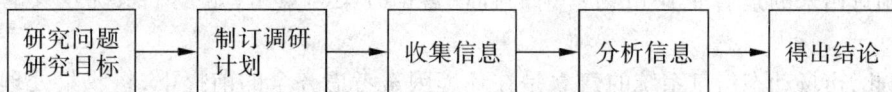

图12-2　市场调查五步骤

(4)市场分析子系统

该子系统是市场动态信息系统构建的核心,是对市场情报进行分析与预测的重要模块。其主要任务是:从改善经营或取得最佳经济效益出发,通过对信息的深加工,分析各种模型,从采集的信息、数据中提炼出恰当的调查结果,以反映某些客观的变化规律,揭示营销活动中的各种关系,帮助市场营销管理人员分析复杂的市场营销问题。换言之,该系统的运行机制主要是对前三种子系统的结果进行重组合,再分析,以便为决策者提供更准确的决策。它包括一些先进的统计程序和模型,借助这些程序和模型,可以从信息中发掘出更精确的调查结果。

12.2.1.2 执行子系统

执行是使数据转变为效益的必要手段,管理阶层在环境分析与收集处理子系统后,就拥有了一份较完整的企业营销的信息网络系统。信息网络系统的作用能否发挥,必须通过执行子系统将收集处理子系统中的各项有用信息与数据运用于计划与决策活动中。因而,管理层就应据此制订出各种方案,帮助其从事计划与决策活动并控制执行。

执行子系统主要包括产品子系统、分销渠道子系统、促销子系统和市场组合子系统。这些子系统都是在处理子系统的基础之上,经过决策者的分析判断制订出来的计划和方案。

(1)产品子系统

它是依据市场情报子系统的信息,对新产品的开发方案、销售分析报告、产品解除报告等进行综合整理而制定出来的系统。该系统的主要功能是制定出原产品的制作方案和新产品的开发方案,目的是使产品永葆活力,使消费群对该产品具有好感,并保持新鲜感。

(2)分销渠道子系统和促销子系统

这两个子系统都是决策者在分析收集处理子系统后,制订出的正确分销渠道和有效的促销方案,如采用定位营销、互补营销、攻心营销和网络营销等多种途径的市场营销方式,以实现产品的高销量,从而使企业获取较高的利润。

(3)市场组合子系统

决策者根据市场调查、市场情报和市场预测数据等,综合分析市场营销因素各种可能的组合,得出每个特定时期、特定市场、销售特定产品的具有最佳效果的组合策略,并由此制订出企业的销售计划,合理地实现产品的全方位销售,达到投入与产出的均衡化,进而实现利润最大化。

由此可见,执行子系统主要是属于管理者的决策阶段,是一个有效的市场营销信息系统建设的最后阶段,也是市场营销的管理人员在对收集处理子系统和环境因素进行分析后,制订出来的适合企业市场营销的合理营销方案与策略,是整个系统建设的关键一环。

因此,市场动态信息系统的建立是在环境因素考虑齐全的前提下,将收集处理子系统和执行子系统两者进行有机结合的结果。只有这样,才能促使企业的市场营销信息系统建设的完整与巩固。

12.2.2 游客接待信息系统

游客接待信息系统主要面向游客发布各种旅游信息,提供交互式搜索、预订等信息服务,并方便游客进行景区各种信息的查询。

(1)信息查询服务

提供景区相关信息(如交通信息、食宿信息、娱乐信息、购物信息、门票信息等),旅游活动信息、旅游线路信息以及旅游常识的信息查询。

(2)在线预订服务

提供景区门票、食宿等的实时、动态的在线预订业务。

(3)客户服务

提供可实施 Internet 在线旅游产品预订的客户端应用程序,利用这种预订客户(指通过系统进行预订的个人及机关团体),景区可以与食、住、行、游、购、娱等旅游企业进行实时的网上业务洽谈,管理自己的预订记录。

(4)网上促销

景区可以借助网络开展各种网上宣传活动,同时可以在网络平台上利用著名网站像 SOHU、YAHOO 等发布公司网址,设法让尽可能多的消费者知道景区网址。

由此可见,景区利用游客接待信息系统迅速整合景区各种资源,方便旅游者分门别类的查询相关出游信息,为旅游者节省了信息搜寻成本,并便于旅游者在不同的旅游项目、路线和方式中选择,提高景区的竞争力。

12.2.3 门禁票务信息系统

目前,我国绝大多数景区的门票管理体制采用人工售票、人工验票、人工统计、人工报表(周、月、季、年报表)等人工管理模式,已远远不能适应现代旅游景区管理的需要。随着信息技术的不断发展,电子门票管理信息系统成为实现景区管理信息化不可缺少的一部分,是提高管理水平、方便游客旅游、提高旅游景区品位的重要措施。

12.2.3.1 电子门票简介

旅游景区电子门票系统是以当代数据技术与通讯技术为基础,综合智能卡与身份识别技术作为主要手段的高科技信息化综合处理系统。系统包括门票生成管理系统、电子门票初始化系统、售票系统、验票系统、信息统计及查询系统,可扩充和完善到公众信息查询、全景区电视实时监控、电子导游系统等,甚至可延伸到安全、保护、防火等系统。景区采用先进的电子门票信息系统,管理更加方便快捷,使整个景区实现售票电脑化、验票自动化、数据网络化、管理信息化的高科技管理体制,对提高景区管理水平、方便顾客旅游、提高景区的品位都有重要的推动作用。

12.2.3.2　电子门票管理信息系统的组成

（1）总体结构

景区电子门票系统由中央控制系统、售票系统和验票系统三大部分组成。在实体结构上，整个系统中涉及的重要部件除计算机网络外，还包括电子门票系统（见图12-3）、电子门票识别系统、通道控制系统。

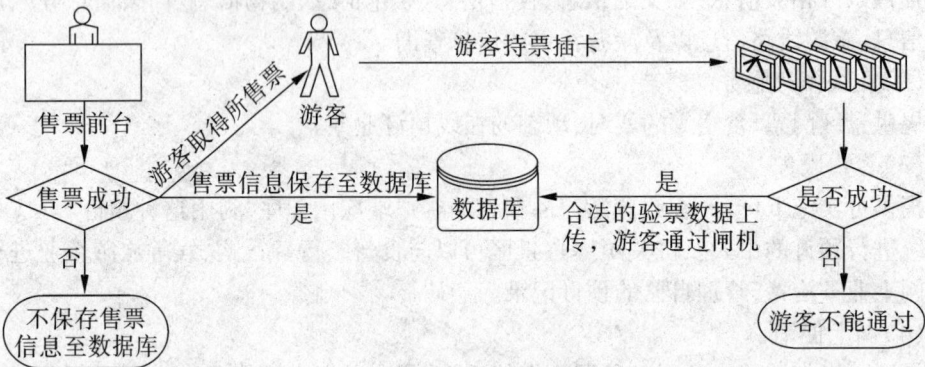

图 12-3　景区电子门票系统组成

（2）电子门票种类

景区电子门票系统利用高科技产品——光盘或磁卡作为通行电子门票，结合电子技术、磁记录技术、单片机技术、自动控制技术、精密机械加工技术及计算机网络技术等诸多高科技技术，从而实现了计算机售票、验票、查询、汇总、统计、报表等各种门票通道控制管理功能，具有全方位实时监控和管理功能，对提高景区的现代化管理水平有显著的经济和社会效益。目前，国内外常见的电子门票主要有以下几种。

1）多媒体光盘型电子门票

多媒体光盘型电子门票是高科技应用于日常生活的典范，完全突破了传统景区门票的限制，将景点的图文声像资料通过多媒体技术整合到一张名片大小的光盘上，游客不仅可以使用光盘门票进出景区，而且可以将光盘插入电脑中浏览景区资料，通过预设网址即时上网了解景区的最新动态；也可以通过 VCD 欣赏景区风光。多媒体光盘可以有多种语言转换功能，满足国内外不同游客的需要，具有展形象、便携带、易操作、易收藏、印刷美、防盗版等特点。

2）磁卡（IC 卡）电子门票

磁卡门票和使用的电话卡（IC 卡）类似，名片大小，介质上印刷着精美的景区图画，表面记录了门票购买信息，加密防伪信息等。

在管理方面，磁卡（IC 卡）电子门票管理的应用，提高了现代化的管理水平，整个系统由计算机实行全封闭门票卡的发售、统计控制工作，自动检验门票。采用日、月报表的核算，从而有效地杜绝了假票、偷票、漏票的产生，保证了国家和企业的利益。对每天的客流统计，门票收入金额，参观者的类别及预售票数量的控制，提供给管理者准确、可靠的第一手资料,有效地给管理者提供疏导游客流量、合理及时安排项目服务、提供丰富的餐饮供应,改善接待服务环境等,提供了超前的决策依据,赋予管理者最有力的决策支持和科学的管理依据,形成改善管理、提高水平的良性循环。

（3）电子门票识别系统

景区电子门票识别系统主要分为射频识别技术、数字指纹技术和条码识别技术。

1）射频识别技术

射频识别是一项新高科技识别技术,游客通过安装有读码器的景区景点大门时,无线感应器会将电子门票中唯一的20位辨识数码传回读码器,再将电子门票信息送回中央处理电脑,由电脑控制的识别系统自动完成验票工作。整个验票过程中游客无需停下即可通行,即使当电子门票证装在参观者的身上也可以识别,从而实现了景区大门快速通过。射频识别的门票感应距离可达2米,系统的复杂程度小,设备易于维护,而且同时感应识别多种类别的电子票证。

2）数字指纹识别技术

指纹识别技术是利用个人指纹的唯一性与不变性来对个人身份进行识别的技术,并将其与非接触式IC卡系统有机地结合,集成为非接触式IC卡指纹识别系统。售票时,系统将IC卡持有人的指纹图像信息与姓名、性别、年龄等信息写入IC卡中。在进出景区景点大门时,将手指按在指纹仪上与卡中指纹信息进行比较识别。该系统将IC卡识别、指纹识别结合起来,一步一步对个人身份进行识别,指纹的唯一性与不变性大大增加了系统的安全性与可靠性。卡与读卡器之间为无线通讯方式,一秒钟内即可完成指纹识别与开门动作,实时显示卡号及进出大门的时间。卡与读卡器之间无接触,避免接触等机械类故障,提高了卡的使用寿命。

3）条码识别技术

电子门票条码系统采用动态数字加密信息打印技术,同时具有数字防伪与文字信息记录等功能,实现防伪与识别的目的。系统利用每张门票属性的动态信息编号,通过加密运算与条码生成软件,变成加密条码,在线送出条码图像,由售票人员使用打印机自行打印出二维码,成为防伪电子门票。该防伪电子门票通过条码阅读器与解密运算,读出相应信息,并识别出真伪。主要特点有:第一,防伪性强,含有每张门票申请的动静态信息(购票人个人信息、申请时的物理信息、景点门票本身随机码信息、门票张数信息);第二,识别简易、快速;第三,管理功能大,加密条码可同时隐含每份申请的个体属性性质,在打印、识别过程中就可建立数据库,自动实现数据管理;第四,有效解决冒用、多次复印、多次使用、是否为有效门票等难题。

（4）通道控制系统

1）自动控制三杆机通道

游客持电子门票进入旅游景点内在验卡过程中,闸机根据卡上记载的信息检验门票的时效性确认是否放行。并记录读卡的时间、卡号等信息。在设定时段内再次读到该卡时,即视为非法票。上位机还可以下载"黑名单"卡号给闸机,闸机一旦读到该卡号即报警,禁止通行。闸机和中央计算机的通讯可靠稳定,一旦通信终端,闸机还可以单独工作,数据可保存7天,等通讯正常后,一并发送给中央计算机。闸机对中央计算机的依赖性小,保证了系统可靠性。紧急情况下闸机可接受命令自动落杆,保证所有进出口通道畅通。

2)人工扫描识别通道

这种识别方式是人工与电脑系统相结合。由工作人员在景区景点入口手持扫描器,扫描游客所持电子门票所附的条码信息,将该信息传输回电子门票系统管理中心,由中央控制服务器中的售票信息来判断该游客所持门票的合法性,再将判断结果传回入口处,通过信号灯指示放行与否。

12.2.3.3 电子门票管理信息系统的开发与设计

(1)景区电子门票系统的体系结构

景区电子门票系统的整个结构体系包括管理指挥中心、售票工作站、监控工作站、门禁通道控制器、通讯服务器和数据服务器六个部分。

1)管理指挥中心

管理指挥中心与门票售票系统和通道监控执行系统进行网络通讯;采集门票售票系统和通道监控执行系统的各种信息,及时进行清算;向门票售票系统和通道监控执行系统传递数据及各种指令参数;查询、统计各种相关信息,并据此作出科学合理的管理决策;输出打印各种报表;完成本局域网内的各项系统设置及系统管理;向各工作站传送系统密码、参数及命令。

2)售票工作站

售票工作站主要负责门票的销售,通过功能窗口显示此时的售票状况,控制并判断发卡器的正确写入,向本网上的主服务器传送发卡信息。

3)监控工作站

监控各门票通道控制器的工作状态,采集各门禁通道控制器的有关信息,完成门禁密码及各项参数的设置,向本系统网上的主服务器传送监控信息。

4)门禁通道控制器

门禁通道控制器的主要功能包括:验证门票的合法性及有效性,并自动做出正确执行动作;与监控工作站传输相关的数据、状态及数据管理信息。

5)通讯服务器

通讯服务器主要完成整个系统中各个网间的通讯功能。

6)数据服务器

数据服务器主要用来存储各种数据信息,并协调整个网络的运作。

(2)景区电子门票系统的模块组成及其功能

景区电子门票管理系统的各个子系统都是基于系统平台的一个应用系统模块,各子系统之间通过中心服务器进行数据共享,达到统一管理的目的。整个系统包括系统管理平台、售票系统、通道管理系统、大型数据库景点应用管理系统几个功能子系统。

1)系统管理平台

系统管理平台是连接各个子系统的交通枢纽,其主要功能模块包括:①设备注册。设备注册就是将整个网络上与电子门票系统有关的控制设备有效地进行多层次的管理,是系统对上传及下传数据时的分发、设备状态的监控进行全面的控制不可少的功能。

②系统操作员授权及维护。操作人员授权控制,经系统管理员授权后所有的操作员在运行该系统时只能在授权的范围进行操作。③报表管理中心。统一管理系统报表输出,用户可依照需求设计自己的报表输出样式,亦可按系统的标准报表输出,同时还可以进行二次开发。

2) 售票系统

售票系统在售票工作站上运行,操作员利用它可以完成前端收款、售票资料录入及电子门票扫描注册(售出)等工作。其内部功能模块主要包括:①票种类设置。在正式售票前需定义本系统将要出售票的种类、单价及有效期等参数,以便提高售票时出票工作的效率。②售票出票。售票员只需在工作上选择出票和种类并完成现场的交收,便可将需要售出的电子门票进行注册。表明票已经售出。③统计。操作员可以按此功能进行统计各个时间段的售票情况。④查询、报表。统计出来的数据可生成用户需求的各种报表,并可查询售票的资料。

3) 通道管理系统

通道管理系统主要的功能用于验证售票系统发出的票,并通过控制程序控制通道机进行工作,同时将验证的所有的数据即时写入指定的数据库中,该系统为 TCP/IP 协议的 DOS 版本在工控机上运行,出现异常情况系统能自动复位并重新启动。因此,保证系统不关机长期运行。

控制器接收到读卡器的信息后,如控制器与服务器联网成功时,控制器将收到的信息发到服务器的数据与售卡信息进行验证。控制器验卡后,如是合法的卡,控制器发出指令开启三转闸机,同时点亮绿灯,刷卡者可根据三脚转机的使用说明通过闸机;如验卡是非法卡,控制器将发出警告指令,同时点亮红灯,刷卡者将被三脚转机拒绝通过。

4) 大型数据库景点应用管理系统

大型数据库景点应用管理系统由数据库、通道机实时监控及系统的景点管理组成,所有子系统的数据、售票的记录及通道控制系统验卡的权限、通道数据采集都由该系统集中处理,处理完成的数据存放在指定的数据库上供管理人员调用。其主要功能模块包括数据库的结构定义、统计、实时监控、查询等。

12.2.4　财务会计信息系统

12.2.4.1　财务信息系统

财务息系统包括内部财务审查子系统、财务情报子系统、输出子系统、资金管理子系统、财务控制子系统和财务核算子系统等。

(1) 内部财务审查子系统

该系统执行的是审计功能。审计包括财务审计和运营审计。财务审计主要是审计景区的财务记录是否正确,钱账是否一致;运营审计是审计财务手续是否完备、高效,它往往和信息系统的再设计联系在一起,一般应有信息系统分析员参加。

（2）财务情报子系统

该系统执行向股票持有者（股东）、财务社团以及政府机构提供信息，帮助了解景区经济环境的功能，还具有负责收集股东的意见和建议，并及时和股东沟通，从政府报告、期刊、网上数据库收集经济信息，分析经济形势的功能。

（3）输出子系统

该系统是财务系统的主要系统，它能帮助景区进行财务决策。

（4）资金管理子系统

该系统是财务系统最重要的子系统，它帮助景区实现现金管理的目标。现金和证券管理是财务管理的重要内容，资金管理系统应使现金较快流动而不要停滞，计划日、周、月的现金收支，防止现金短缺。用计算机模拟寻求最佳的现金来源，并处理多余现金的投资问题，确定合理的证券组合、资金组合。

（5）财务控制子系统

该系统的功能是控制一些支出和一些景区性能的参数。控制的支出包括销售、电话、租金、办公用品等，它可以给出表格以便管理人员发现问题。

（6）财务核算子系统

该核算系统主要是对凭证档案、明细账、日记账、余额表及银行对账单进行管理。凭证登录后完成余额表、总账、明细表及日记账的输出，并打印各种报表。

12.2.4.2 会计信息系统

会计信息系统包括库存处理、会计应收、会计应付、工资、总账和财务报告系统等。

（1）会计应收应付系统

会计应收系统的功能是加入新的应收项目，它由开票后的订单出发，一般每日一次批处理。删除已付的项目，从而真实地反映对顾客的业务。会计应付系统设计应付记录，进行向供应商付款、删除已付的处理。会计应收应付系统提供有关数据给总账。

（2）工资核算子系统

工资核算系统是根据工资的固定项目和变动项目，分别计算、输入应发数、应扣数和实发数。

（3）库存系统

库存系统包括采购和库存处理系统两大部分。采购包括选择供应商，得到口头允诺，准备采购文件，关闭采购订单。和采购相联系的就是接收，接收包括处理接收和通知其他系统。库存处理，根据库存文件，校核重点订货，填好订单中的项目，并给顾客开票，开好订单通知会计应收系统，并提供总账数据。

（4）总账系统

总账系统的功能是综合各子系统的数据，提供一个景区运营的全貌。它包括两个子系统：一是总账更新系统；二是报告准备系统。

12.2.5 物流资源信息系统

在信息技术的支持下，发达国家的现代物流已经成为推动国民经济发展的重要支柱产业,提高经济效益的重要源泉,产业升级和企业重组的关键推动力以及区域创新和经济发展支撑环境的关键因素之一。物流资源信息化的发达程度和水平高低是反映一个景区现代化程度和综合竞争力的重要标志之一。

物流资源管理是景区采购、管理运营、流通等环节的统称,是景区经营发展的"第三利润源泉",是景区降低成本的手段。物流资源信息系统支撑着企业信息系统各种功能的实现,完成各系统间的数据交换,实现信息共享,有利于加强物流企业与上下游企业之间的合作,形成并优化供应链;有利于提高景区大量闲置物流资源的利用率,起到调配景区物流资源、优化供应链、理顺经济链的重要作用。

物流资源信息系统是以现金的计算机技术为平台,以网络、运输、存货、仓储为资源,通过商流、物流、资金流、信息流等物流信息经过网络平台的进一步整合,为景区管理者提供操作方便、性能可靠、数据正确、分析全面、定位准确、统计合理的物流资源信息系统。物流资源信息系统包括基于计算机技术的物流商品采购系统、物流库存管理系统、信息识别系统(如条形码)、通讯系统(如红外通讯)、控制系统(如可编程序控制系统)、调度系统(如物流调度理论)等,还包括各种硬件设备,如计算机、打印机、扫描器、红外通讯器、激光测距器、PLC 等。

12.2.5.1 物流商品采购系统

当景区对物流中商品产生需求时,通过订单处理系统通知物流中心为其准备相应的物品。当景区提交订单后,物流中心向供应商提供采购单,景区接收进货验收。一方面,在模块中可以设置一定的采购规则(即当库存量少于多少时应作出采购,采购量也可以设置),模块自动生成采购申请单,提供人工确认,采购人员可以取消采购申请单的生成。另一方面,采购人员可以根据实际需求,手工生成采购申请单。申请单中,标明了申请部门、申请时间、申请购买商品的名称、数量及单价、总价预算,具有相应权限的用户可以查询、修改采购申请单内容。

该系统的应用能使管理者全面了解所购商品信息与物流进展情况,强化对供应商的管理、采购价格管理、应付账款管理等。进行配送绩效评估,确保高效、快捷完成此项工作,从而提供翔实、可靠的物流信息。该系统主要包括数量统计、交易方式、采购类型、收货(退货)管理、报表等内容。

12.2.5.2 物流库存管理系统

该模块提供库存数量详细情况,适时控制和管理库存物品的入库、出库、调拨等各项业务,并及时将库存状态变化传递给管理者,使管理者对全局情况能全盘掌握,并具有出入库管理、盘点管理、调拨管理、成本核算、库存登账、期末结账、库存账表等功能。系统可采用条码、无线射频等先进的物流技术设备,对出入仓库货物实现联机登录、存量检索、容积计算、仓位分配、损毁统计、状态报告等自动处理,并向系统提交图形化的仓储状态。与此同时,ERP 技术的运用对商品库存进行严格监控,为高层管理者提供存量预警和有效存量控制信息,以加快库存周转率,消除库存积压,基本实现"零库存"管理,从而达到减少资金占用的目的。

12.2.5.3　物流决策支持系统

该子系统的功能不仅能获取内部各系统业务信息,关键在于获取外部信息,并结合内部和外部信息综合编制各种分析报告和建议报告,作为高层管理人员进行决策的依据,通过决策支持系统,及时掌握商流、物流、资金流和信息流所产生的信息并加以科学利用,在数据仓库技术、运筹学等模型的基础上,运用数据挖掘工具对历史数据进行多角度、立体分析,实现对人力、物力、财力、游客、市场信息等各种资源的综合管理,为景区管理、游客管理、市场管理、资金管理等提供科学决策的依据,从而提高管理层决策的准确性和合理性。

12.2.6　人力资源信息系统

人才是景区发展的根本,所以人力资源管理在景区管理中显得尤为重要。一般来讲,人力资源管理业务主要包括人事管理、人力资源计划管理、人力资源管理工作分析、员工招聘、培训计划、绩效评估、报酬管理、人力资源的测评等。人力资源信息系统是支持人力资源管理的系统。人力资源信息系统的结构和其他系统一样,也有输入系统和输出系统。输入系统包括记账子系统、人力资源研究子系统和人力资源情报子系统。输出系统包括人力计划子系统、招聘子系统、人力管理子系统、酬劳子系统、津贴子系统和环境报告子系统等。通过数据库将它们联系起来。

目前市场上有独立的人力资源信息系统提供,但最好与 ERP 系统集成,人力资源信息系统只有结合财务会计信息系统模块、物流资源信息系统等各大模块,才能全方位地进行人力资源管理绩效评估,同时为服务成本提供人工费用。

12.2.7　总经理查询信息系统

总经理查询系统是对景区整个管理信息系统所产生的结果进行查询,包括景区当前的资料和历史资料,并汇集日常办公所需各类综合信息,如记事簿、名片夹、电话号码、经理信箱、天气预报、每日新闻等。该系统的主要目的是对景区管理信息系统中所保存的各种信息加以充分利用,为领导决策提供可靠的依据。该系统的具体功能有以下几种。

(1)财务

查询景区利润情况和资金运用情况。

(2)人事档案

查询人事档案相关信息。

(3)门票销售

查询游客量信息、门票销售情况和对内对外结算价格等。

(4)统计报表

查询游客量的当月数据和历史数据,各种财务会计报表等。

（5）综合统计

自动产生提供客源人数、批数大于设定值的游客接待类型；根据系统内的各种数据，综合分析各客源地市场份额；根据历年的游客量，自动预测来年的游客量、接待情况（各种不同的预测方法）；根据历年的财务数据自动预测来年的财务收支情况；根据人力资源部提供的有关学历、年龄、岗位技能等数据，重新对各岗位进行优化组合等。

（6）经理信箱

定期通过计算机审阅由各部门上报的有关情况，并将处理意见反馈给各部门。

12.3　旅游景区信息管理系统

12.3.1　旅游景区信息管理系统建设目标

景区信息管理系统是把景区信息管理作为景区战略发展的一部分来考虑，具有实用性、可靠性、先进性、经济性、方便性的特点。景区信息管理系统建设应注意实现以下战略目标。

第一，建立有利于景区信息资源共享和促进景区信息资源开发的管理和服务体制，提高景区资源的完整性、系统性、标准性和数据化、网络化，满足景区信息资源管理的办公自动化需要，为景区管理者决策和景区参与旅游资源开发提供有效的信息服务体系。实现景区管理数据、图件和文档资料的输入、存储、管理、查询、变更、分析和传输。

第二，为景区管理者决策提供景区信息服务，为游客对景区信息的需要提供服务，实现景区资料的公开查询，开展网上宣传等延伸服务。

第三，通过使用景区信息管理系统，对景区的运营状态进行监控，如每天的经营状况、财务收支情况、景区的游客量等，实现景区的静态管理向动态管理转变，景区的断点向实时控制转变，事后追踪向事前控制预测转变。在监控过程中对数据进行加密处理和集中化备份，确保数据的安全性和可靠性，避免对数据的任意涂改，保证经营活动的真实性。

第四，培养一支适应现代化管理需要的景区信息管理队伍。在系统开发的过程中培养和锻炼人才，包括系统的开发、维护、使用，管理人员，领导者，工程技术人员。这样才能够保证系统在交付使用以后，使用者会使用，遇到问题和困难能够排除，发生异常时有人维护。

第五，随着市场经济体制的完善，旅游业处在不断发展之中，应用系统必须留有一定的发展扩充空间，以适应系统的扩充和升级，避免软件的结构性变动。同时，在网络规划和硬件选择时，也要提供适应今后发展的较为经济的升级扩充方案。

第六，系统的开发可能是分开的，但是系统的总体必须是完整的，且分别开发的子系统应该能够有机地结合起来，组成一个有机的整体，提供给使用者。系统将来必然会与其他管理信息系统联网。因此，与其他信息系统的可兼容性是必须考虑的。

第七，必须符合景区的整体部署，在实施过程中必须立足于长远发展，所使用的各种信息标准要尽量向旅游业国际标准、国家标准和部颁标准靠拢，最终实现景区管理的数字化、网络化、现代化。统一规划、统一设计、分步实施，并与国家"数字景区"工程衔接。

12.3.2 旅游景区信管理系统建设的内容

景区信息管理系统建设，具体包括两个层面和两个中心的建设内容。具体见图12-4。

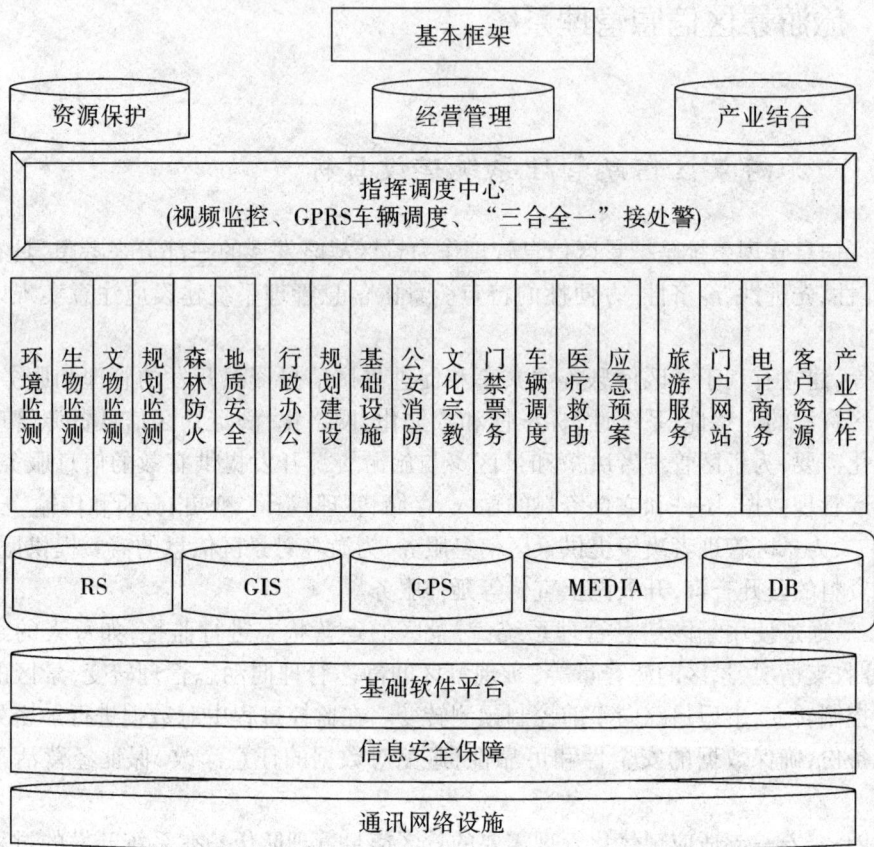

图12-4 景区信息管理系统建设基本框架

12.3.2.1 基础层

景区信息管理系统建设的基础层主要涉及通讯网络设施、信息安全保障及基础软件平台等。

12.3.2.2 应用层

首先，面向各职能部门的应用信息系统。

景区面向各职能部门的应用信息系统主要包括:景区环境监测系统,景区生物、文物资源监测系统,景区规划监测系统,景区森林防火系统等。

其次,面向日常经营管理的应用系统。

景区面向日常经营管理的应用系统主要包括:OA 办公系统,规划管理信息系统,GPS车辆调度系统,视频监控系统,电子门禁及票务管理系统,LED 大屏幕信息发布系统,等等。

再次,面向产业发展的电子商务、酒店、客户关系管理系统。

12.3.2.3 数据中心

景区数据中心主要实现对景区各业务系统数据的集中管理和共享服务。数据中心包括:遥感(RS)数据、地理信息(GIS)数据、GPS 数据、多媒体(MEDIA)数据,以及其他综合业务信息数据。

12.3.2.4 指挥调度中心

景区智慧调度中心主要实现景区管理资源的整合,以及景区对各职能部门的统一组织和协调。

12.3.3 旅游景区信息管理系统的功能实现

旅游景区信息管理系统是由各个功能相异、层次不同的子系统结合而成。在开发应用过程中通常将这些子系统称之为模块。系统总体上所具备的功能由各个模块相互结合的方式决定。这种决定了系统功能的结构实现就是功能实现。

模块功能实现主要是根据系统的目标来计划系统的规模,确定系统的各个组成部分,并说明各个组成部分在整个系统中的作用与相互关系,从而保证系统总体目标的实现。在不同的景区、不同的管理模式下,模块功能实现的方式也各不相同。在分析和研究了一些景区系统中的信息类型后,我们将系统的功能分为以下两类。

(1)纵向功能

从功能上来划分,景区系统从纵向可分解为四个层次。

1)电子数据处理层

电子数据处理层主要完成基础数据的采集、输入、数据库管理、查询、基本运算、日常报表的输出等。

2)数据加工分析层

数据加工分析层是在电子数据处理层基础之上,对数据进行深加工,如运用各种管理模型、定量化分析手段、运运筹学方法等对组织的生产经营情况进行分析。

3)决策层

管理信息系统的决策模型多限于以解决结构化的管理决策问题为主,其决策结果要为高层管理者提供一个最佳的决策方案。

4）数据管理控制层

数据管理控制层是管理信息系统的核心部分，主要完成数据文件的存储、组织、备份等数据管理功能。

（2）横向功能

根据管理功能的不同，系统从横向可分为市场动态信息系统、财务会计信息系统、物流资源信息系统、人力资源信息系统、总经理查询信息系统五个子系统。用于指导景区内部人员特别是帮助管理者决策的子功能，如市场动态信息系统、财务会计信息系统、人力资源信息系统、总经理查询信息系统。其安全性要求高，交互性强，使用范围小，地点固定，同时处理数据量大。为此，应采用 C/S 模式，以保证上述要求。

面向游客的子功能，如游客接待信息系统、门禁票务信息系统、物流资源信息系统。其要求使用范围广，地点灵活，功能变化频繁，同时安全性及交互性要求不高，如景区信息发布、会员登录、信息查询以及一些征求游客意见的意见箱等。

尽管不同应用方向有着不同的功能实现，但大多数景区中有部分相似或相近模块，景区信息资源管理系统通过对各种功能的管理子系统的有机结合与集成，并能在相互之间建立相应功能连接，从而实现景区中业务的统筹运作与有效的科学管理。

本章小结

本章从信息化与信息技术的理论研究入手，对景区对外的市场动态信息系统、游客接待信息系统、门禁票务系统和景区对内的财务会计信息系统、物流资源信息系统、人力资源信息系统、总经理信息系统的信息化管理进行详细阐述，为景区信息管理提出具体的管理办法和措施，并提出景区信息管理的未来发展趋势，指导我国景区信息化管理的可持续发展。

重点概念

信息　信息资源　信息化　信息技术　信息系统

案例分析

云台山：建设数字化提升景区管理水平

作为全国首批 18 家数字化景区建设试点单位，自 2006 年年初以来，云台山根据住房和城乡建设部的要求以及景区发展的需要，规划了投资 1.5 亿元的景区数字化建设工程，从 2006 年至 2010 年分三期进行，涵盖监管信息、办公自动化、电子门禁、DLP 多媒体展示、智能监控、车载 GPS 调度、智能全景导游图、LED 信息发布、网上售票、环境监测、规划管理、应急无线智能广播、电子巡更、智能停车场管理、森林防火、视频会议、客户关系管理、酒店管理等 18 个系统。目前,包括电子门禁、智能监控、多媒体展示、GPS 车辆调度、LED 信息发布、电子商务、智能全景导游图、停车场智能收费等系统在内的一期、二期工程均已建成并投入使用。

云台山在每辆大巴车上都安装了车载 GPS 定位仪,通过先进的 GPS 全球卫星定位系统,将车辆的运行时速、方向、位置准确地定位在数字化监控中心的电子地图上,实现对景区所有大巴的实时定位。同时,通过车载的无线摄像机实时掌握车内情况,对司机和讲解员的工作情况做出有效监督,防止司机疲劳驾驶。通过安装在各景点、停车场以及景区各岔路口的摄像头,控制中心工作人员可以实时了解各景点在任何时间段内的游客流量,并对车辆、人员等进行合理调配,保证游客的安全以及游览秩序,从根据上解决了游客在景区内拥堵的问题。不仅如此,数字化监控系统还对景区 240 平方千米内的自然资源进行有效监控,防止地质灾害的发生,很好地保护了景区内珍贵的地质资源。云台山电子商务系统的开通使广大游客足不出户就可以通过在线支付的方式提前买到景区门票。目前有 5% 的游客是通过网络在线支付的方式购买到景区门票的。景区内的 6 个大型 LED 显示屏滚动播出景区风光片、温馨提示,还可以直播时事要闻,让游客在游玩之余还能关注到正在发生的大事、要事。

　　思考:1. 结合案例,谈谈信息技术在景区管理中的地位和作用。
　　　　　2. 简要说明信息技术在景区管理中有哪些应用前景?

基本训练

一、简答

1. 简析数字化和信息化的区别。

2. 什么是信息资源?

3. 什么是信息技术? 它的特点和作用是什么?

二、论述

我国景区信息化管理的现状如何? 具有什么样的发展趋势?

参考文献

[1]　崔风军.风景旅游区的保护与管理[M].北京:中国旅游出版社,2002.

[2]　董观志.景区经营管理[M].广州:中山大学出版社,2007.

[3]　冯淑华.景区运营管理[M].广州:华南理工大学出版社,2004.

[4]　李红,郝振文.旅游景区市场营销[M].北京:旅游教育出版社,2006.

[5]　黄惠伯.饭店安全管理[M].长沙:湖南科学技术出版社,2001.

[6]　阚如良,邓念梅.新编旅游景区管理[M].天津:南开大学出版社,2008.

[7]　李蕾蕾.旅游地形象策划:理论与实务[M].广州:广东旅游出版社,1999.

[8]　刘纯.旅游心理学[M].上海:上海科学技术文献出版社,1987.

[9]　邹统钎.旅游景区开发与管理[M].北京:清华大学出版社,2008.

[10]　马骏.交通运输安全管理[M].北京:人民交通出版社,1998.

[11]　吴必虎.区域旅游规划原理[M].北京:中国旅游出版社,2001.

[12]　熊元斌,吴恒,熊凯,等.旅游营销策划理论与实务[M].武汉:武汉大学出版社,2005.

[13]　徐进.旅游开发规划及景点景区管理实务全书(第三卷)[M].秦皇岛:燕山出版社,2000.

[14]　杨桂华.旅游景区管理[M].北京:科学出版社,2006.

[15]　杨正泰.旅游景点景区开发与管理[M].福州:福建人民出版社,2000.

[16]　赵黎明.旅游景区管理学[M].天津:南开大学出版社,2009.

[17]　张帆.旅游景区管理[M].福建:福建人民出版社,2006.

[18]　刘峰,董四化.旅游景区营销[M].北京:中国旅游出版社,2006.

[19]　张进福,黄福才.景区管理[M].北京:北京大学出版社,2009.

[20]　张俐俐.旅游市场营销[M].北京:清华大学出版社,2005.

[21]　郑向敏.旅游安全学[M].北京:中国旅游出版社,2003.

[22]　周贺来,王彬.旅游企业信息化管理[M].北京:中国水利水电出版社,2010.

[23]　李明,杜军平.基于KKL的旅游景区信息管理系统研究[J].北京工商大学学报:自然科学版,2004(5).